刘立云 —— 著

明清时期

陕商川藏贸易研究

社会科学文献出版社
SOCIAL SCIENCES ACADEMIC PRESS (CHINA)

《陕西人文社会科学文库》著作出版资助

序　言

明代著名科学家宋应星在其著作《天工开物·野议·盐政议》中分析当时商人势力时说："商之有本者，大抵属秦、晋与徽郡三方之人。"陕商（秦商）在明清时期排名全国十大商帮之首，对中国古代社会后期商业贸易经济的发展做出了重大的贡献。但陕商"其兴也勃焉，其亡也忽焉"，强势崛起和遽然衰落的历史使其成为三秦大地的口碑传奇，长期湮没在中国历史发展的漫漫长河中，很少引起现代学者关注。一个显著的例证就是山西省研究晋商历史和安徽省研究徽商历史的学者队伍各自有数千人之多，而陕西省研究陕商历史的学者寥寥数十人而已。研究陕商历史的领军人物西北大学李刚教授（也是我在西北大学历史系读书时政治经济学任课老师）常常为此扼腕长叹，感慨良多。陕西省社会科学院刘立云博士长期致力于陕商历史的研究工作，其国家社会科学基金项目阶段性研究成果《明清时期陕商川藏贸易研究》即将付梓，并嘱余作序。余本普通学人，生性散淡，鲜为别人作序或者题词。但仔细研读本研究成果后，不禁为其深厚的功底、深刻的笔触、深沉的思考所吸引，故写了这篇读后感，姑且作序。

《明清时期陕商川藏贸易研究》采用文献研究法、实地调研法和问卷访谈法，以明清时期陕商西南贸易为研究对象，紧扣"商帮""商道""商品"三个方面，挖掘文献资料，走访川藏地区，寻找秦商后裔，最后形成了这部共八章逾20万字的著作。全书的突出特点有以下四点。

一是坚持问题导向，还原历史真相。该著作以"明清时期陕商川藏贸易发生了什么"这一问题为导向，梳理相关研究成果，考察了明清时期陕西商帮的兴起、繁盛状况，分析了陕商开拓的西北商道、西南商道的发展及其演变，清晰勾画出陕西商帮物流路线网络，并以此为切入点，探索陕西商帮贸易路径与古代丝绸之路的关联与转向，在进行量化史学的多维度分析与行业性整理的基础上，明确回答了"明清时期陕商川藏贸易发生了什么"的问题。为了还原历史真相，作者深入三秦大地，寻访陕西商帮遗址，走访商帮后裔；穿越四川盆地，登上青藏高原，走过河西走廊，探寻陕西商帮足迹。细读该书，作者经历的艰难险阻可想而知，赤诚的学者之心自不待言。

二是坚持求真务实，旨在寻根溯源。为了研究陕西商帮当年筚路蓝缕的开拓之路和"厚重质直、忠义仁勇"的文化精神，作者不仅挖掘陕西的府、州、县志记载，遍访关中鄠邑区、泾阳县、三原县、富平县等陕西商帮后裔，而且沿着陕西商帮当年开拓或者走过的商道，寻找会馆、客栈、祠堂、锅庄等历史遗迹，不仅探索了陕西商帮各大家族起根发苗、兴盛衰落的实际状况，而且考察了陕商经营的八大产品（茶叶、食盐、布匹、药材、烟酒、皮货、木材、典当）的生产—流通—交易—消费等实际状况，并以宏观的笔触，分析了陕西商帮入川进藏贸易的地理、经济、制度、文化、历史五大因素，拓展了陕西商帮研究的视野。特别是第五章"明清时期陕商川藏贸易商品研究"的内容与观点，可以说是拾遗补缺、弥补空白之作，具有较高的地域文化研究价值。

三是坚持发微抉隐，力求稽古振今。作者的研究视野比较开阔，一方面致力于钩沉稽古，细心梳理学术研究成果；另一方面致力于理论联系实际，积极为"一带一路"建设建言献策。在第二章"文献综述"中，作者力图构建丝绸之路与古代商道的全景认识框架，详细梳理了古今中外对丝绸之路、古代商道、陕西商帮、汉藏贸易等问题的研究成果，并提出了个人的观点，认为目前学术界对基于丝绸之路"特殊性和互联性"视角下的"商道"关注不足，对明清时期陕川藏商道整体性研究不够，并强调中国历史发展过程中极强的历史关联性需要特别注重历史特性的经济学研究。因之，这部著作的突出特点就是坚持以史学研究为主，结合经济学研究理论，勾勒陕西商帮入川赴藏贸易过程、经营种类与主要特点，通过典型历史案例和地方志典记载，发微抉隐，探究经济演变历程及其规律，探索有中国特色的商帮发展道路。将明清时期的陕西商帮西南贸易研究置于现代"一带一路"建设大背景之下，聚焦少数民族地区经济发展，分析西藏如何依托内地（陕、川）参与西北、西南丝绸之路经济带建设问题，具有重要的理论与实践参考意义。

四是坚持文化自信，弘扬诚信精神。文化自信是"更基础、更广泛、更深厚的自信",是推动经济发展的文化基础。为了探求陕西商帮的文化精神,作者与课题组成员深入乡村农户,拜访户县"炉客"后裔,解剖典型个案,总结归纳出户县"炉客"经营商业贸易的主要精神是勤奋学艺、吃苦耐劳、以诚为本、以信为先,追求开源节流,讲究才智。认为秦人厚重质直,淳朴归真,以诚实闻名天下,这是明清时代陕西商帮几乎垄断西部贸易的坚实基础。陕西商帮创新商业贸易模式和制度的基础是立足于诚实守信。如陕西商帮开创的中国最早的合伙股份制企业制度中以"万金账"为主要宗旨的融资制度、以委托经营为主要特色的"东西制"企业管理制度、以"记名开股"为主要追求的利益分配制度、以"驻中间、拴两头"为主要方式的企业经营制度、以"学徒制"为主要商规的企业人力资源管理制度等,无不建立在诚信为本的基础之上。作者指出,深入挖掘陕西商帮的文化精神特别是诚实守信精神,对于当代中国坚定文化自信、弘扬社会主义核心价值观,具有特别重要的意义。

总之,《明清时期陕商川藏贸易研究》这本书结构合理,内容充实,论证细密,逻辑严谨,堪为近年来研究陕西商帮文化不可多得的一部学术佳作。当然,正如作者在文后所言,作为国家社科基金项目阶段性研究成果,该作依然存在一些不足与尚待进一步研究的问题,如研究面向略显单一、注重经济现象而对文化交流着墨不多等。相信作者在今后的研究中会持续发力解决这些问题,成为陕商文化研究的一颗学术新星。

卢 鹰①

2019 年夏于古城西安南郊

---

① 卢鹰,陕西省二级教授,陕西省委党校硕士生导师,陕西省廉政文化研究会会长,陕西省历史学学会理事,国家社科基金项目评审专家。

自　序

　　马克思和恩格斯指出："一个民族本身的整个内部结构都取决于它的生产以及内部和外部的交往的发展程度。"① 王子今先生也曾强调："交通系统的完备程度决定古代国家的领土规模、防御能力和行政效能。交通系统是统一国家维持生存的必要条件。社会生产的发展也以交通发达程度为必要条件。"② 明清时期，陕西商帮千里跋涉至川西藏区的雅安、康定，并在此生存、生产、生活，历时 500 多年。1872 年 3 月，德国地理学家李希霍芬考察南方丝绸之路，来到荥经、汉源交界的大相岭，目睹身负 15～18 条藏茶（每条 16～20 斤）艰难行进在崎岖小道上的背夫，由衷惊叹，全世界其他地方的人不可能如此负重前行。随后，法国外交官方苏雅于 1903 年、英国植物学家威尔逊于 1905 年、美国探险家小西奥多·罗斯福兄弟于 1928 年、中国纪录电影开创者孙明经于 1939 年先后来此考察，用文字、图片等形式记录了当时雅康贸易的繁荣。当年陕商经营四川南路边茶贸易，使康定由小山村变为"藏卫通衢""茶马重镇"。陕商聚集于康定"老陕街"，店铺有百余家，仅茶店就有 80 余家。自宋代起发展至民国，1928 年中华民国国民政府发布的《全国商会条例》中，将康定与上海、武汉并称为三大商埠。康定"茶马互市"带动了藏区社会经济的发展，促进了藏族与其他民族的文化交流，维护了祖国统一和民族团结。

　　本书以明清时期陕西乡村为背景，探寻当时中国的基层传统社会体系及其多元化的反映，具体选取陕商在川藏的贸易往来作为研究对象，

---

① 马克思、恩格斯：《德意志意识形态》，载《马克思恩格斯选集》（第 1 卷），人民出版社，1972，第 25 页。

② 王子今：《秦汉交通史稿》，中共中央党校出版社，1994，第 4～5 页。

借助田野调查、文本分析及人物访谈等，尽可能还原明清时期陕川藏贸易的形成、发展及演变历程。紧扣"商道""商帮""商品"，通过发掘道路、客栈、祠堂、锅庄、会馆等陕川藏贸易遗迹，听取政府、学界、民众三层主体对陕川藏贸易的不同认识，结合文献考证，考察陕川藏商道上的八大重要产品——茶叶、食盐、布匹、药材、烟酒、皮货、木材、典当的商贸实际状况，研究并解决"明清时期陕商川藏贸易发生了什么"的问题。由此，揭示明清陕商及其西南贸易的深刻意涵与影响，阐释其对当代西南、西北经济联合发展的重大启示与经验借鉴，赋予当代陕商新的发展思路。因此，这既是对"一带一路"的交叠拓展，亦是用当代眼光对过去史实的重新发掘与借鉴。遥遥呼应丝绸之路的"特殊性和互联性"，以便更好地理解历史事件发生的必然性与规律性。

本书的主要结论是：首先，陕商利用从事西部畜牧产品与中部农耕产品交易的优势地位，促成了关中、秦巴、川边、藏地的冶铁、木厢、造纸等行业市场经济的萌芽及焙茶、制革、水烟等产业开发，推动了西部经济的融合发展，构筑起西南、西北的贸易网络；其次，陕川藏贸易促进了民族贸易的往来及区域经济的繁荣，保证了民族关系的稳固及边疆统治的安定，推动了民族文化的传播及民族关系的融洽；最后，通过构建准确权威、开放共享的商帮资源公共数据平台，加强商道典籍整理编纂及陕川藏经典文献互译出版工作，推进全方位、多层次、宽领域的商道文化传播格局，不断丰富、细化"一带一路"背景下的商道内涵及实施举措，促进西南滇、川、藏大三角区域与西北陕、青、甘的经贸文化合作共建机制。

本书的创新之处是：首先，坚持以史学为主，结合经济学理论，基于研究理论基础勾勒陕商入川赴藏贸易过程与经营特点，通过经典案例，探讨经济演变规律，明确有中国特色的商帮发展道路；其次，基于"一带一路"的视角，进行明清陕商川藏贸易整体化专门研究，明确回答明清"陕川藏商道上发生了什么"的问题；最后，通过明清陕商研究，将其对经济社会发展的历史性贡献升至促进国家统一、民族团结、文明互鉴的高度。

"天行健，君子以自强不息；地势坤，君子以厚德载物。"陕商精神将鼓舞和激励新时代陕商续写辉煌，成为人们心底值得永久珍藏的记忆。

是为序。

刘立云

2019 年 6 月

目　录

第一章　导论 …………………………………………………………… 001

　　第一节　研究背景 …………………………………………………… 002

　　第二节　研究概要 …………………………………………………… 034

第二章　文献综述 ……………………………………………………… 039

　　第一节　丝绸之路与古商道的全景式认识框架 ………………… 039

　　第二节　陕西商人（帮） ………………………………………… 049

　　第三节　汉藏贸易 ………………………………………………… 057

　　第四节　文献述评 ………………………………………………… 067

第三章　明清时期陕商西北商道研究 ……………………………… 069

　　第一节　陕甘商道概况 …………………………………………… 069

　　第二节　陕甘商道历史演变 ……………………………………… 071

　　第三节　明清陕甘商道考释 ……………………………………… 077

　　第四节　陕甘商道的意义与价值 ………………………………… 085

第四章　明清时期陕商西南商道研究 ……………………………… 089

　　第一节　陕藏商道概况 …………………………………………… 089

　　第二节　陕藏商道历史演变 ……………………………………… 090

　　第三节　明清陕藏商道考释 ……………………………………… 101

　　第四节　陕藏商道的意义与价值 ………………………………… 110

第五章　明清时期陕川藏贸易商品研究 …………………………… 112

　　第一节　明清时期陕西商品经济的发展 ………………………… 112

　　第二节　明清时期陕川藏商品贸易的繁荣 ……………………… 128

　　第三节　明清时期陕川藏贸易的影响 …………………………… 147

第六章　明清时期藏地的陕商研究 ………………………………… 149

　　第一节　康定社会状况分析 ……………………………………… 149

　　第二节　康定陕商经营活动 ……………………………………… 152

　　第三节　结语 ……………………………………………………… 161

第七章　明清时期陕商精神研究 …………………………………… 164

　　第一节　陕商川藏贸易活动钩沉 ………………………………… 164

　　第二节　陕商精神及其历史性贡献 ……………………………… 168

第八章　研究展望 …………………………………………………… 172

　　第一节　本研究取得的进展 ……………………………………… 172

　　第二节　本研究的主要结论与展望 ……………………………… 183

参考文献 ……………………………………………………………… 185

附录　南路边茶大事记 ……………………………………………… 198

后　记 ………………………………………………………………… 202

第一章 导论

2015 年 3 月 28 日，中国《推动共建丝绸之路经济带和 21 世纪海上丝绸之路的愿景与行动》倡议的提出，一方面意味着从"亚太经济圈"至"欧洲经济圈"的东西经济大走廊的构建，从国际物流基础层、经济贸易中心层和行政文化上层建筑三方面，加强沿线各城市集中协调发展的思路；另一方面则从海上深化中国与东盟的合作，构建更加密切的命运共同体。

青藏高原的西藏地区历史上曾是丝绸之路关键的经济往来地带及区域文明中心。自古以来，西藏就与中原有紧密联系。汉为西羌，唐为吐蕃，元为西蕃，明为乌斯藏。汉晋以后，随着西北丝绸之路向高原伸展，青藏高原北部、西部交通开始融入西北丝绸之路，与西域连接起来。随着 7 世纪吐蕃王国建立，唐长安至逻些（今拉萨）的唐蕃古道逐渐畅通，并向南延伸连通尼泊尔与印度。明清时期，"茶马互市"的繁荣发展，使陕西、四川、乌斯藏的经济联系日益广泛、深入、持久。

这里再回到丝绸之路的起点长安。

2018 年是中国历史上的唐朝建立 1400 周年，古都西安曾凝聚着世界的目光，连通了丝绸之路沿线具有世界性影响力和辐射力的诸多国际大都市，以及重镇、驿站（喀什噶尔、霍尔果斯、布哈拉、撒马尔罕、大马士革等）、海港（泉州、广州、扬州、宁波、苏门答腊、爪哇、马六甲、亚丁、苏哈尔、霍尔木兹、巴士拉等），传播了人类文明。2019 年 5 月 9 日"第十届全球秦商大会"于西安召开，又一次引发各界对秦商的关注与展望。这均源自秦汉以来陕西商人共同的历史记忆；明清时期乃陕西商帮的第三次发展高潮，与我们一起见证了近代中国西部经济的沉浮。

第一节　研究背景

如果从河姆渡文化算起，中国农耕文明已绵延 7000 年。这种文明方式，形成了中国的文化形态。文化，是人类生存、生产、生活所有经验的积累。当下的每个人类个体，既包括个人过往，又是整个民族过往的影射。在 18 世纪西方发生工业革命前的 1000 多年，中国的经济、科技始终领先于世。弗兰克在《白银资本：重视经济全球化中的东方》中分析认为："1800 年以前，中国在世界市场上具有异乎寻常的巨大的和不断增长的生产能力、资本、生产效率、竞争力和出口能力，这是世界其他地区都望尘莫及的。"[1] 已故著名经济史学家安格斯·麦迪森在《中国经济的长期表现：公元 960—2030 年》（修订版）一书中写道："中国现在是，而且一直就是世界上最大的政治实体。早在 10 世纪时，中国在人均产出上就已经是世界经济中的领先国家，而且这个地位一直延续至 15 世纪。在技术水平上，在对自然资源的开发利用上，以及在对辽阔疆域的管理能力上，中国都超过了欧洲。"[2] 按照安格斯·麦迪森的估计，15 世纪时的中国经济总规模相当于 30 个西欧国家之和的 3 倍。史景迁说："1600 年的中国，是当时世界上所有统一国家中疆域最为广袤、统治经验最为丰富的国家。中国一亿二千万的人口远超所有欧洲国家人口总和。16 世纪晚期，明朝似乎进入辉煌的顶峰，城市与商业的繁荣别开生面。"[3]

但是，15 世纪至 19 世纪初（明朝早期至清朝中晚期），世界东西方经济增长态势逐渐逆转。尽管明代中国人均产出水平进展乏力，但凭借中国人口规模优势，直至 18 世纪初（康熙中期），中国经济总规模仍然保持世界第一。

---

① 〔德〕贡德·弗兰克：《白银资本：重视经济全球化中的东方》，刘北成译，中央编译出版社，2008，第 169 页。

② 〔英〕安格斯·麦迪森：《中国经济的长期表现：公元 960—2030 年》（修订版），伍晓鹰、马德斌译，上海人民出版社，2016，第 1 页。

③ 〔美〕史景迁：《追寻现代中国：1600—1912 年的中国历史》，黄纯艳译，上海远东出版社，2005，第 5~6 页。

明清时期，中国商品经济已达到历史上的高峰。[①] 随着生产力发展，至19世纪中叶，人口已增至4.3亿人左右。[②] 过多农业劳动力"溢出"，传统农业面临挑战。大规模的中原平民由人口稠密地区向边疆迁移，国内市场需求增大，农业商品化程度提高，政府经济政策亦从"重农抑商"变为"农商并重"。

陕商，脱胎于宋以后中国作坊式家庭手工业雏形，利用明初朝廷政策，凭借天时、地利、人和，率先崛起。陕西与山西商人一度联合以"西商"的形象活跃于国内贸易。徽商自明代弘治五年（1492）"叶淇变法"[③] 之后崛起为中国第三大商帮。江南四大商帮——苏商、浙商、粤商、闽商，以及山东商帮、江右商帮、龙游商帮均于清代才形成。那么，为何商帮并未最早产生于经济发展水平较高的江南，而是在黄河流域的中国北方走出了陕商，陕商何以率先崛起？究其原因，可以分为以下几个方面。

一 自然地理

葛德石教授指出："在中国一切山脉中，以昆仑山脉为最大，自西藏向东抵于太平洋滨。此等山地将中国分为两主要地理区，在气候、农业和人事活动上，其特性有着显著的对照。"[④]

陕西的河湖以秦岭为界，北、南分属黄河、长江水系。黄河自北向南流经陕、晋边境，历经陕晋峡谷、壶口瀑布，于龙门南出峡、潼关折东；其最大支流是渭河，其次为泾河、洛河、延河、无定河等。长江的最大支流汉水，发源于汉中宁强境内大巴山北坡之嶓冢山，其上游穿流于秦岭、

---

① "按照麦迪森估算的结果，15世纪时中国不仅人均产出水平高于欧洲和印度，人口规模也很大，所以中国经济总规模相当于30个西欧国家之和的3倍，与另一个文明古国印度基本持平。但是，15世纪至19世纪初（明朝早期至清朝中晚期），世界东西方经济增长态势发生根本性逆转。"（摘自刘培林《中国经济重回第一的历史镜鉴》，《改革内参》2014第10期，第39页）。

② 〔美〕何炳棣：《明初以降人口及其相关问题（1368—1953）》，葛剑雄译，生活·读书·新知三联书店，2000，第282页。

③ 叶淇（1426~1501），安徽人，明代弘治年间户部尚书。"叶淇变法"之后，明代朝廷推行"开中折色"之策，允许民间花钱买盐引从事商业活动。

④ 〔美〕葛德石：《中国的地理基础》，薛贻源译，开明书店，1945，第28页。

巴山之间，乃连接陕南和长江中游地区的主要水道。① 早在两千多年前，西汉文学家司马相如便在《上林赋》中写道："经营乎其内，荡荡乎八川分流，相背而异态。"② 第一次向世人描述了泾、渭、浐、灞、潏、滈、沣、涝八水绕长安的美景。浐、灞、潏、滈、沣、涝皆在渭水以南，且最西为涝水，涝水之东为沣水。关中诸河水量的变化不仅发生于陕西境内黄河水系，亦发生于陕西境内长江流域。③

陕西是黄河流域的经济交流中心。陕西关中居于陕西中部，东起潼关，西到宝鸡，南至秦岭，北到北山，号称"八百里秦川"。其东、南、西、北分别为函谷关④、武关⑤、大散关⑥、萧关⑦。从关中平原往北可抵河套地区、蒙古高原，到达所谓"草原丝绸之路"；向东渡黄河可达三晋之地，经潼关出洛阳，穿过广袤的黄淮海平原，再往东北前行可抵辽河流域，乃至朝鲜半岛，这已是"东北亚丝绸之路"的地域；往西经陇蜀古道和秦蜀古道，连接起西北与西南（其中，西北经河西走廊，或柴达木盆地，到达新疆，再越过葱岭抵达西亚、南亚，是"西北丝绸之路"⑧；西南经成都抵拉萨，是"南方丝绸之路"）。进一步地，由甘青经玉树至西藏，出喜马拉雅山到达印度，此即"高原丝绸之路"。

二 政治地理

先秦时期，渭河中部流域相继有三大部族兴起：远古的炎帝姜姓族定居的大本营在今宝鸡市区，向四处扩展后成为炎黄子孙的主体；周代姬姓族从宝鸡周原发家后，统一天下建立周朝；秦代嬴姓族发祥于宝鸡，战胜

---

① 郭琦、史念海、张岂之：《陕西通史》（历史地理卷），陕西师范大学出版社，1998，第18~19页。
② （西汉）司马相如：《上林赋》，收入王海燕、尚晓阳注析《历代赋选》，南海出版公司，2007，第47页。
③ 郭琦、史念海、张岂之：《陕西通史》（历史地理卷），陕西师范大学出版社，1998，第25页。
④ 今灵宝市函谷关镇王垛村。
⑤ 今丹凤县武关镇武关村。
⑥ 今宝鸡市渭滨区神农镇附近。
⑦ 今固原市原州区到海原县一带。
⑧ 汉唐主要走长安至凉州道东段北道，五代、北宋主要走长安至灵州道，元代以后主要走六盘山道。

中原各国成就大秦帝业。

陕西为古雍州，四塞之地，昔称天府。西周周成王时代，周召二公齐治天下。"自陕而东者，周公主之；自陕而西者，召公主之。"①"陕西"由此而得名②。

春秋时天下分裂，东周君主周平王迁洛邑，以岐丰之地赐秦襄公，乃为秦国。项羽入关中占领秦地后，分封章邯等三降将于关中，曰雍（今关中）、塞（今陕南）、翟（今陕北），故谓之"三秦"。

汉代，关中经济区以厥壤肥饶、沃野千里的雄浑实力支持秦地成为中国 13 个王朝的京兆皇都，孕育了中华民族的汉唐盛世。

唐代以后，西安虽非国都，但其军事地位突出，乃西部重镇。历史上的西安叫长安，亦有大安府（后梁）、京兆府（后唐）、陕西路（宋）③、安西路（元）、奉元路（元）等不同名称。

元中统三年（1262）始设"陕西四川行中书省"，辖今陕西、四川、甘肃东南部、宁夏南部、青海东部、内蒙古河套地区。④ 至元十八年（1281）分别在甘州、肃州、永昌等路设立甘肃等处行中书省。至元二十三年（1286）分别在成都、广元、顺庆、重庆等路设立四川等路行中书省，将陕西四川行中书省改称陕西等处行中书省。至此，陕西等处行中书省的辖区约括有今陕西省（除勉县、宁强、略阳），宁夏南部，甘肃省黄河、洮河以

---

① （东汉）何休解诂，（唐）徐彦疏：《春秋公羊传注疏》卷 3，刁小龙整理，上海古籍出版社，2014，第 85 页。

② 陕指今河南陕县老城西南的陕原。参见陕西省地方志编纂委员会编《陕西省志》第 50 卷《政务志》，陕西人民出版社，1997，第 1 页。

③ 宋太宗至道三年（997）改道为路，始设陕西路，辖河南西部、山西西南部、陕西关中、陕北、甘肃大部及宁夏东南部。

④ 此处另有一说：元朝的行省区划在初年时就已时有变易，至元至顺元年（1330），黄河、长江和珠江三大流域共有一个中书省及河南、江北、陕西、四川、甘肃、云南、江浙、江西、湖广等行中书省。如果加上蒙古旧地的岭北行省，辽水流域、黑龙江流域及长白山周围并东至大海的辽阳行省，以及设于朝鲜境内的征东行省，则当时共有 11 个行中书省。中书省和行中书省各统辖路和直隶府、州。当时设府、州不少，有的府、州仅属于路，有的则直隶于行省。不论直隶府、州或仅属于路的散府、散州，都是可以统县的。陕西行省（治长安县）共有四路五府二十七州十二属州。它有今陕西全省、今甘肃省兰州市以东各地，兼有今宁夏回族自治区清水河上游各地。《元史》卷 60《地理志》载，陕西行省所属的开成州（治所在今固原县），为本省在今宁夏回族自治区最北的一州。元代陕西行省所辖多为金、宋故县，县的数量较前有所减少（参见郭琦、史念海、张岂之《陕西通史》（历史地理卷），陕西师范大学出版社，1998，第 199 页）。

东地区，治所在奉元路，范围远大于今陕西辖区。

迄至明代，洪武二年（1369）陕、甘合并，称为陕西等处行中书省，治所西安府（元代奉元路）。洪武九年（1376），全国设二直隶十三布政司，陕西布政司辖陕西全境与甘肃大部，统八府二十一属州九十五属县。①另，明政府为防范北部俺答汗蒙古部落、边外鞑靼部落的入侵，沿长城一线设立九边镇，其中四镇在陕西。② 总兵力 20 余万人，所需军饷粮草全赖陕西转输。

清代，由于清政府平定了西蕃和边外少数民族内附，祖国西部边界线由陕西移至新疆。康熙三年（1664）陕西省辖区分为左右布政使司，乃陕甘分治之始。康熙五年（1666）陕甘分治，陕西行省治西安，领七府五直隶州八厅五州七十三县。③ 康熙六年（1667）陕西右布政使司改为巩昌（今甘肃陇县）布政使司，又于次年改为甘肃布政使司，治所由巩昌迁至兰州；同时，陕西左布政使司改称陕西布政使司。此时，陕西由边省变为内陆省，成为连接西北、西南的关辅巨障。

1911 年辛亥革命，推翻帝制，建立民国，废厅、州，实行省、道、县三级建置，陕西省遂分为关中、榆林、汉中三道，辖九十县。

三　经济地理

陕西是关中农耕、陕北畜牧、陕南林业经济的结合部，具有供应产品的多样性优势。

1. 农业

陕西原本农牧皆宜，分别经历了三次由牧区变为农区的历史时期，即

---

① 八府为：西安府，治咸宁，领六州十四属县；凤翔府，治凤翔，领一州七属县；汉中府，治南郑，领二州六属县；延安府，治肤施（今延安县），领三州八属县；平凉府，治平凉，领三州五属县；临洮府，治狄道，领二州三属县；庆阳府，治安化，领一州四属县；巩昌府，治陇西，领三州九属县（参见李刚《陕西商人研究》，陕西人民出版社，2005）。

② 四镇为：榆林镇，领六营二十八营堡；宁夏镇，领二卫四所二十二营堡；固原镇，领三卫四所十六营堡；甘肃镇，领十三卫六十一所一关五十一营堡（参见李刚《陕西商人研究》，陕西人民出版社，2005）。

③ 七府为：西安府，治咸宁，领二厅一州十五县；同州府，治大荔，领一厅一州八县；凤翔府，治凤翔，领一州七县；汉中府，治南郑，领三厅一州八县；兴安府，治安康，领二厅六县；延安府，治肤施，领十县；榆林府，治榆林，领一州八县（参见李刚《陕西商人研究》，陕西人民出版社，2005）。

战国后期至秦汉时期、隋唐时期、明清时期。[①]

（1）战国后期至秦汉时期

由于西北边防的重要性，秦汉朝廷均力图开发这一地区。规定当时所有迁徙到这里的移民的衣食住所诸问题，都需要政府先予解决至能自给；禁止边地的人私自迁回内地。汉武帝时期曾向游牧地区迁徙了 70 余万人口，其中有一部分就是迁到了陕北一带。尽管如此，秦汉时期农业发展依然有限，主要表现如下。首先，秦代防边所需的军粮并不就近取之于黄土高原的农业区，而要仰给于由今山东半岛转输来的漕粮；西汉时期也还需中央王朝的大农令（后改为大司农）进行调剂。其次，西汉时期在黄土高原设立的每个郡中各县的平均人口要比今天少得多，以当时人口最多的上郡（相当于现在陕西北部和内蒙古鄂尔多斯市南部）为例，每县仅有 3 万多人。

（2）隋唐时期

在此之前的魏晋南北朝时期，由于游牧民族的重新迁来，鄂尔多斯高原和河套平原的农田变为牧场，陕西北部地区亦受影响，农区甚至有所收缩。隋代承北朝之后，黄土高原的游牧余风尚存但已位居次要。唐代颇重养马。养马地区也包括渭河上游和泾河中游的一些地方。今陕西、宁夏同内蒙古毗邻的区域，在唐时设了许多羁縻府州，以安置突厥、回纥、党项部落，这些地方因而也就成为游牧区域。除此以外，此时中原农业区的开辟相当广大。这是当时王朝的治国方略，而各地的官吏以及驻军将帅也都积极加以推广。泾、邠二州就是当时发展农业很有成就的地方。

（3）明清时期

明代的版图虽较秦汉和隋唐狭小，对于农田的开垦却远较秦汉和隋唐宽广。明代长城实际上成为一条人为的农牧分界线。明初起即重屯田，军民皆垦，"屯田遍天下，而西北为最。开屯之例，军以十分为率，以七分守城，三分屯种"[②]。当时推行的开中法，更促使农业区域的扩大。由于获利巨大，盐商欲获准贩卖，须先输粮边地，才能至盐仓取盐。盐商由远地运

①　郭琦、史念海、张岂之：《陕西通史》（历史地理卷），陕西师范大学出版社，1998，第 126~129 页。

②　（清）王弘：《砥斋集》卷 3《延安屯田议》，收入《续修四库全书》第 1044 册，上海古籍出版社，2002，第 430 页。

粮，殊多不便，故纷纷趋集边地，就地开垦种植，就地纳粮。明代北陲设九边镇，其中延绥镇即今榆林地区。因此，农耕地区数量剧增。虽然当时陕西西北隅的定边和靖边诸县还有官设的养马之地，但事实上已无足轻重。这种发展趋势在清代仍然存在。清代一直有人在这一原本以牧业为主的地区从事农耕。至清代末年，农业区超越了长城的界限而向北延伸，长城以南地区也就说不上有多少游牧地区了。这样，历史上长期存在于陕西北部农牧地区的消长盈缩，即以农耕地区对游牧地区的完全取代而告终。这也为陕商在明初靠粮食起家奠定了基础。

由此，陕西农业经济得以全面发展。

明代正统二年（1437）"陕西巡抚罗汝敬奏：臣见宁夏地滨黄河，资其灌溉，旱涝俱收，米贱而物贵，以此从宜定例，大布一匹折粮八斗，中布一匹折粮六斗，大绢一匹折粮一石五斗，中绢一匹折粮一石，棉花一斤折粮二斗五升，行之四年，民以为便，而所积仓粮亦足宁夏军马三年之用。今户部委官主事张添赐，欲依宣德间陕西所定例，增米价、减物价折收，恐有损于民。事下行在户部议，陕西宜仍用旧例折收，惟宁夏宜用汝敬所定新例折收，从之"①。陕北"八月，都御史阮勤奏，槐安堡所以障庆阳也，干盐池所以障靖虏也，□宜耕戍其地。真宁县仓有十万余石，恐化为尘，或充廪，或贷民，而易其新。汉中、商洛流民报籍，迫兵，十匿七八，为奸民所摄，宜许子孙弟侄新收而着土。庆阳、靖虏、固原诸卫丁壮备操，幼弱养马，有一家蓄至六七，毙者科偿迫逋。灵州盐池宜令募人纳马一匹给盐百引，亦可资良骑而恤贫伍矣。俱得所请"。②永乐中，陕西监察御史魏源请奏朝廷："陕西布政司、都司所属见积仓粮千九十八万四千二百二十五石有奇，以官军俸粮计之，足支十年。今岁疫疠，农事有妨，乞以税粮之半，全折输钞从之。"③明代中叶，临潼、周至、户县、眉县、渭南等是关中主要产粮区。比如，渭南所属富平仅曲流川方圆百里产粮达十余万

---

① 《明英宗实录》卷33，"中研院"史语所，1962，第646页。
② （清）方孔炤：《全边略记》卷4《陕西延绥略》，收于《明代蒙古汉籍史料汇编》第3辑，王雄编辑点校，内蒙古大学出版社，2006，第152页。
③ 《明太宗实录》卷117，"中研院"史语所，1962，第1492页。

石①、所属蒲城"蒲地高燥不宜稻,五谷皆有之"②。万历年间《大明一统志》按税粮多寡对全国 260 个府进行统计、排名,西安府位列全国产粮区第四③。

清代,由于注重井灌技术的开发和应用、大力开发秦巴山区、广种玉米及甘薯杂粮等因素,人口从万历六年(1578)的 300 多万人增至嘉庆十七年(1812)的 1020 万人。耕地面积由明末的 29114906 亩增至嘉庆年间的 30677522 亩,陕西农业经济持续发展。④ 汉中安康盆地更是呈现跳跃式发展态势,自"康熙以来休养生息百余年,蔚为繁富之区,至道光咸丰间,农多饱暖,商裕货财,县境世家望族闾里之民户口繁滋,极称富焉"⑤。安康"大道河稻畦尤饶美,又产药材、菌蕈岁数万斤。山坡宜柞漆漆与木耳,岁可数千斤。哺糟牧豕,岁数千蹄。深山老林多材木,浮溪达汉,岁不可胜纪。物产饶富,犹长安之有终南也"⑥。"西乡田亩膏腴,棉桑遍野,男耕女织,富甲全境。北乡多山,不及西乡平衍而宜桑宜柘,其养蚕饲涿之利亦足相将,习俗夙敦俭朴,不趋时尚。妇女出行,男子御手车以代步。西乡绅富居多渐有靡丽之习。"⑦ 土肥水沃的农业资源为明清陕西商人积粟换盐引、从事大规模货物贩运提供了得天独厚的物质条件。直至清末,陕西"休养生息二百余年,潼华以西,既富且饶,娱乐无疆,土木沃裕"。"岐雍之地,俗厚民庞,近二十年来,遍地麦禾,收成丰稔,官则仓库足额,民则盖藏充盈,夜不闭户,路鲜乞丐。"⑧ 这些都为商品经济的发展夯实了物质基础。

---

① 田培栋:《明代关中地区农业经济试探》,《北京师院学报》(社会科学版)1984 年第 2 期,第 10~19 页。

② 李全武、曹敏:《陕西近代工业经济发展研究》,陕西人民出版社,2005,第 15 页。

③ 《大明一统志》记录全国 260 个府州的税粮数字,按税粮多寡排在前 20 名的是:①苏州府;②平阳府;③松江府;④西安府;⑤济南府;⑥常州府;⑦开封府;⑧青州府;⑨嘉兴府;⑩太原府;⑪南昌府;⑫河南府;⑬湖州府;⑭兖州府;⑮吉安府;⑯延安府;⑰淮安府;⑱重庆府;⑲绍兴府;⑳怀庆府(参见李刚《陕西商人研究》,陕西人民出版社,2005)。

④ 吴镇烽:《陕西地理沿革》,陕西人民出版社,1981,第 102 页。

⑤ 民国《城固县乡土志·户口》,收入《中国方志丛书》第 264 号,成文出版社,1969,第 34~35 页。

⑥ 嘉庆《安康县志》卷 10,收入《中国地方志集成·陕西府县志辑》第 53 册,凤凰出版社,2007,第 324 页。

⑦ 民国《续修陕西通志》卷 195,陕西图书馆,1934,第 32 页。

⑧ 白寿彝:《回民起义》第 4 册,神州国光社,1952,第 253 页。

2. 畜牧业

陕西四塞之地，北有胡苑之利。陇青和塞北高原天宽地阔、山高水长，是我国主要的畜牧产区。其中，陇青高原有天然草场 18 亿亩，约占全国草场面积的 40%，其牛羊肉产量、绵羊毛产量和羊绒产量分别占全国的 20%、40% 和 25%。[1] 早在秦汉时代这一地区便与陕西习俗趋同，司马迁说："天水、陇西、北地、上郡与关中同俗，然西有羌中之利，北有戎翟之畜，畜牧为天下饶。"[2] 从那时起，陕西畜牧产品与中原农产品相交换便成为中国古代中西部经济的主要特色。陕西本部塞北高原的毛乌素沙漠在明清时代乃天然牧场，湖泊成群，草滩平坦，水草丰美，牛马衔尾，群羊塞途，更以出产滩羊而著称全国。明清这里畜牧业仍很兴盛，仅榆林的常乐堡在咸丰、同治年间就居住着 300 多户人家，有几千亩耕地。[3] 每年产自陕北的畜产品盈千累万，计有羔羊皮 5.1 万张，滩羊皮 12 万张，老羊皮 1 万张，山羊皮 25 万张，成为明清时风行全国的"西口皮货"的主要供货地之一。关中东部黄、渭、泾、洛等河交汇的"沙苑"，水浅草茂，沙丘连绵，系历代畜牧之场，作为明清陕帮主体的"同州商人"便缘此而起。这种兼倚东西的物产结构，使陕西处于西北畜牧经济区与中部农耕经济区的结合部，从而为通过长途贩运来调剂农牧、沟通中西的陕商崛起打下了地缘生态基础。

3. 林业

陕西被山带河，南有巴蜀之饶，自古以来就有很好的植被并蕴藏着丰富的物产。渭河上游的陇山，遍地都是森林，入陕后北有崤山，其林有"松柏之塞""桃林之塞"之称，森林面积十分广大；南有秦岭巴山，中间高山深谷，有山全是海，无处不生林，蕴藏着丰富的森林植被。山林川谷美，必然天材之利多，繁茂的森林覆盖使陕西物产丰富，秦巴山区"老林之中，其地辽阔，其所产铁、磺、竹箭、木耳、石菌"[4]。陕西省之秦岭山脉、南部之巴山山脉、北部之横山山脉均有分布较广的煤层，其他如蓝田之玉，南郑之金沙，旬阳之钴，镇安之铜，略阳之汞，沔阳之铁，大荔之

---

① 魏永理：《中国西北近代开发史》，甘肃人民出版社，1993，第 14 页。

② （汉）司马迁：《史记》卷 129，中华书局，1959，第 3262 页。

③ 李健超：《陕西地理》，陕西人民出版社，1984，第 28 页。

④ （清）卓秉恬：《川陕楚老林情形亟宜区处》，收于严如熤辑《三省边防备览》卷 14，《续修四库全书》第 732 册，上海古籍出版社，2002，第 343 页。

盐，以及延长附近之石油矿，蕴藏之富，举世瞩目。而且，陕西各地山中盛产药材，多至数十种，并以大黄、当归、甘草、党参、柴胡、杜仲为最著。其中，大黄年产 360 万斤，以岷县为巨；当归年产 500 万斤，以岷乡为主要产地；甘草年产 600 万斤，以武威为多；党参年产 60 万斤，以陕南出产著名；柴胡年产 125 万斤，主要产自宁强、勉县、略阳；杜仲年产 80 万斤，以安康、汉中所产为盛。直到近代，每年由陕西输出的药材计粗杂药 995374 斤，细杂药 538918 斤，价值不菲。[①] 这些丰富的物产为明清陕西商人通过组织本土特色产品与其他地区进行互通有无、调剂余缺的贩运贸易奠定了雄厚的物质基础，并形成陕西商帮区别于其他商帮的产销并重的经营特色。

4. 商业及运输业

原始部落时期，黄帝族群原系陕西黄陵游牧部落；炎帝族群原系渭河流域农耕部落，"教民稼穑"，岐山杨凌"教稼台"至今犹在。黄帝族群东进后，与炎帝族群结盟，并向南会聚其他部族，逐渐融合形成华夏民族。其中，黄帝族群南迁，扩大了分工，促进了交换；黄帝命"共鼓、货狄作舟，邑夷作车"，增加了商品交换的数量，扩大了商品交换的地域范围；黄帝设度量衡，命"隶首作算数""设五量"，即权衡、斗斛、尺丈，中国最早的市场随之出现，即今天被宝鸡考古部门发掘的秦岭深山的"雍市"。

夏商时期，居于商丘的殷人善于经商，后来的陕西周人灭商，就将从事该行业的人称为殷商之人，并将商人从事的买卖业务活动称为"商业"。周朝属中国农业社会鼎盛时期，创立了中国历史上最早的商业管理制度，即"工商食官"体制，系中国历史上第一个由政府严格控制市场的制度。国家经济以宗族奴隶制经济为基础，产品交换主要是通过奴隶主贵族及其国家官吏分配供给，很少经过流通环节；商品贸易则处于以物易物的原始阶段，各诸侯国之间除了外交政治上的聘享，缺乏大规模商业贸易。

春秋以后，商品经济的发展要求改革僵化的"工商食官"体制，使市场朝着自由贸易的方向发展。秦国商鞅变法，"废井田"的私有化制度为商品经济发展提供了物质驱动力。

战国和秦汉时期，东出关中，北可越黄河而至三晋，南可出武关而走

---

① 李刚：《李刚话陕商》，三秦出版社，2010，第 75 页。

江汉。关中之北,还有秦代所修从云阳达九原之"直道",直达阴山之下。[①]
西北方向,西汉时经河西走廊连接西域诸国,是丝绸之路的重要组成部分;
同期又修通了"回中道",可出萧关而至新秦中。西南方向,秦代新修了从
咸阳至成都的"栈道",包括褒斜道与西南夷道,连接印巴次大陆。由此,
在春秋时期形成的交通线的基础上形成了纵横南北的全国性交通网络。

这些道路的修筑,为加强全国市场联系提供了条件。东西交通,西自
秦都咸阳可直达齐都临淄;南北干线,南起于楚都陈、郢等地,中分太行
东道和西道而达燕、赵。所谓"汉兴,海内为一,开关梁,弛山泽之禁,
是以富商大贾周流天下,交易之物莫不通,得其所欲"。"秦文、德、缪居
雍,隙陇蜀之货物而多贾。献公徙栎邑,栎邑北却戎翟,东通三晋,亦多
大贾。"[②] 秦于咸阳设立供商贩贸易的"市",并设"直市""平市""奴
市""军市"等细分市场。[③] 同时,秦将市场制度推行至蜀地,成都"修整
里阓,市张列肆,与咸阳同制"[④]。汉于长安设九市,"六市在道西,三市在
道东","致九州之人在突门","市楼皆重屋","以察商贾货财买卖贸易之

① 秦统一后,为加强对各地的统治和管理,进行了大规模的道路建设,修筑了驰道、直道和
新道三条干线。驰道以首都咸阳为中心,向东直通燕、齐,向南可达吴、楚。直道是为用
兵匈奴而修的,从咸阳以北开始,沿子午岭主脉北行,转东北经鄂尔多斯草原,然后过黄
河,达今包头市西南。新道是秦统一岭南后为打通岭南山脉阻隔,把岭南道路和驰道相连
接而修建的。

② (汉) 司马迁:《史记》卷 129,中华书局,1959,第 3261 页。

③ 秦始皇时代,咸阳已横跨渭河南北,除在咸阳原上兴修了"六国"宫殿外,还在渭河以南
陆续修建了阿房、章台、兴乐、信宫以及诸庙等,形成了一个新的、庞大的宫殿建筑群。
经过考古发掘,这时的咸阳,除渭南部分外,渭北的平面布局是宫殿主要屹立于咸阳原上,
原下主要为手工业区、市场区和居民区。原上的宫殿区,西起毛王沟,东至柏家嘴,东西
长达 6000 米,建筑遗址鳞次栉比,显然是庞大的宫殿建筑群。已经发掘的一号宫殿主体建
筑遗址,由殿堂、过厅、居室、浴室、回廊、仓房和窖穴等部分组成。在宫殿区以西还有
墓葬区和冶炼中心等。原下主要为居民区和手工业区,长陵车站、长兴村、店上村一带就
是居民区住宅和制陶作坊集中的所在,秦代文化层厚达 2 米左右。居住区划分为里,咸阳
遗址出土陶文中仅咸亭下的里名就有 33 个之多,像阳里、屈里、蒲里、安胆里、泾里等,
至于各个里的具体位置已难确指。咸阳的市场分布在原下,与《周礼》的"面朝后市"恰
好相反,这应该是因地制宜规划布局的结果。咸阳市场的具体位置,由于尚无出土遗物,
无法断定,但咸阳有市场则毋庸质疑。吕不韦就把《吕氏春秋》公布于"咸阳市门",秦公
子 12 人被"戮死于咸阳市",丞相李斯被"腰斩于咸阳市",都可证明咸阳有市。咸阳的市
场可能有多处,直市在渭桥北,秦文公造。另外还有平市、奴市、军市等,或者统一叫作咸
阳市 (摘自马正林《中国历史城市地理》,山东教育出版社,1998,第 171~172 页)。

④ (晋) 常璩:《华阳国志校补图注》卷 3,任乃强校注,上海古籍出版社,2009,第 128 页。

事","当市楼有令署"①。从此市场繁荣,商人获利丰厚,出现了东市万城、柳市(西城)万章等代表,"自京师东西南北,历山川,经郡国,诸殷富大都,无非街衢五通,商贾之所凑,万物之所殖者。故圣人因天时,智者因地财,上士取诸人,中士劳其形。长沮、桀溺,无百金之积,跖跻之徒,无猗顿之富,宛、周、齐、鲁,商遍天下。故乃商贾之富,或累万金,追利乘羡之所至也"②。西汉元始四年(公元4年)形成陕西商品经济和商业发展的第一个高潮。国内贸易的繁荣和道路的畅通,促进了汉王朝与周边少数民族和国际贸易的发展,开创了中国商业贸易的新局面。

魏晋南北朝时期,关中地区经历了剧烈的变迁,战争对经济造成沉重的打击。

隋代,隋文帝节缩开支并改制,为商品经济的恢复打下了基础。开凿大运河,很好地保证了物资运输。隋文帝仁寿四年(604)派人到蒲州黄河岸边"收商贾船得数百艘"。长安与拜占庭帝国首都君士坦丁堡、阿拉伯帝国首都巴格达,人口都在80万以上,并称国际都市。史载隋文帝开皇八年(588)"突厥部落大人相率遣使贡马万匹,羊二万口,驼、牛各五百头。寻遣使请缘边置市,与中国贸易,诏许之"③。大业三年(607),隋炀帝在鸿胪寺置东夷、南蛮、西戎、北狄使者各一人,"掌其方国及互市事"。④隋炀帝"又以西域多诸宝物,令裴矩往张掖,监诸商胡互市。啖之以利,劝令入朝,自是西域诸蕃,往来相继,所经州郡,疲于送迎,糜费以万万计"⑤。

唐代,内贸强劲,外贸发达。唐长安城内经济活动的中心就是东、西两市,各居皇城东南角、西南角,始建于隋,兴盛于唐,占地1600亩,建筑面积100多万平方米,市内各开井字形街道,每条街宽达16米,每面也各开两个门。两市各有220个行业,四方珍奇,皆所积集。当时,长途贩运货物、资金数量巨大,提供储存货物服务的"邸店"与提供货币存放业务

---

① 一般认为,汉长安九市指东、西、南、北市以及柳市、直市、孝里市、交门市和交道亭市。其中,孝里市在雍门之东,交道亭市在便桥之东,直市和交门市在渭桥之北,证明汉长安的市场主要分布在城的西北部和横桥附近。该特征应与丝绸之路的开辟有关(摘自马正林《中国历史城市地理》,山东教育出版社,1998,第176页)。

② (西汉)桓宽:《盐铁论校注》卷1,王利器校注,中华书局,1992,第29页。

③ (唐)魏徵、令狐德棻:《隋书》卷84,中华书局,1973,第1871页。

④ (唐)魏徵、令狐德棻:《隋书》卷28,中华书局,1973,第798页。

⑤ (唐)魏徵、令狐德棻:《隋书》卷24,中华书局,1973,第687页。

的"柜坊"出现,"居物之处为邸",时"商贾至京师,委钱诸道进奏院及诸军、诸使、富家,以轻装趋四方,合券而取之"。与吐谷浑、突厥、吐蕃、西域诸国、回纥、党项、奚等各族间的互市有新进展,形成陕西商人历史上第二个发展高潮。

宋代,商业流通活跃,与周边各政权及海外贸易颇兴盛。官督下的榷场属于合法贸易,合乎规定的商人在此办理暂时出境手续;同时接待境外商人和作为中介的牙人,还负责征收进出境商税(5%~20%)。宋朝通过榷场输往辽、夏、金、蒙的商品主要有瓷器、茶叶、丝织品、儒家经典、水果、粮食等,输入马、羊、药品、毛纺织品等。宋与西蕃、回纥等的经济交往主要通过茶马贸易进行。北宋主要在秦州、陕西、河东一带沿边州县设立买马机构,购买马匹多则数万,少则数千。为了偿付马价,北宋政府不但对四川茶叶实行统购包销政策,还在成都等地专门设置了制造锦绮等高级丝织品的生产机构,每年用于买马的财政开支折计钱达 100 万贯以上。在合法贸易外还存在相当规模的非法贸易,宋百姓通过走私获取马匹、食盐、矿产等,宋境内的茶叶、耕牛等又走私到上述地区。自宋以来,各代陕川藏贸易经久不衰。北宋熙宁九年(1076)"四月二十二日,体量成都府等茶场利害刘佐言:'询究商贾及牙店人久来通贩射利本末,自来陕西客人兴贩解盐入川,却买川茶于陕西州军货卖,往还获利最厚。今欲依客例,逐年以盐十万席易茶六万驮为额,约用本钱二百一万贯足,比商贾取利,皆酌中之数。更不许客人兴贩入川、陕路。'从之。仍以佐提举成都府、利州、秦凤、熙河等路茶场公事,兼熙河路市易司"①。南宋主要在四川、广西一带设立新的买马机构,除继续与西北的回鹘、西蕃进行茶马交易外,还与西南的诸民族进行茶马贸易。

明代商品经济重新呈现繁荣的景象。商品流通极为活跃,全国性市场开始形成。随着商品交易规模的扩大,做贾经商蔚然成风,"富者缩赀而趋末,贫者倾产而就商""今天下之人从事于商贾技艺、游手游食者十而五六",② 即使那些向来以经商为耻而羞于为伍的缙绅官僚,此时"多以货殖

---

① (清)徐松辑《宋会要辑稿·食货五五》,刘琳、刁忠民、舒大刚、尹波等校点,上海古籍出版社,2014,第 7275 页。
② (明)林希元:《林次崖先生文集·奏疏·王政附言疏》卷 2,何丙仲校注,厦门大学出版社,2015,第 56 页。

为急"，或开官店，或营高利贷，或贩盐走私。各地区因商品生产及其他一些因素的不同，从商者的规模、人数也各异。为了加强边防建设，明政府每年由"户部送江南诸处折银十万两，河南送大布十万匹，前来凑用"①。利用地理、资源、政策等优势，陕西商人再度崛起，并以规模化商帮的形式从事全国性贸易，经营茶叶、食盐、布匹、药材、烟业、酿酒、木材、典当八大产业，将资源存量转化为经济增量，尤其在康藏，"'豆腐、老陕、狗，走尽天下有'，此川、康间流行之俗谣也。今日西康汉商陕人多于川人数倍，资本之雄厚，规模之阔大，态度之佳良，目光之锐敏，在康地商人中，皆为首屈。谓现在西康商业在陕人手中，殆无不可。此固由于陕人善于远道经商，历史上亦有关系。元代用兵西征，西藏、青海、西康诸部臣服，以此诸地尽属陕西，当时之陕西省，实包有今日川省之雅州、荥经、天全、汉源等处。雅州、黎州官员上任，皆自西宁、洮州取道西康，官道既至，商人咸至。四川虽为康藏茶叶、丝绸之源，而川康商业实为陕人所开发，采办茶、布、绸绢之大商号，仍多为陕籍也。川人不善经商，尤畏远道，故不能与陕人竞争。现在西康所有之少数川商，大多为从军、开矿或作吏入康。居住日久，羡慕陕商，而姑以小资本尝试成功者，或为川人之为陕商司柜存钞后，自己经营者"②。

清代，多民族统一国家的发展和巩固，为商业发展提供了诸多便利。

首先，国内市场空前扩大，地区间的商品流通，特别是东北、塞北、西北、西南地区与内地的商品交流空前发展，商业交通四通八达。其一，从南北纵向上看，由明代的以运河为主的一条干线发展为海路及内河水运、陆路车运互为衔接的三条商业交通干线。南北海路干线从渤海湾到北部湾数十个商港连接辽宁、直隶、山东、江苏、浙江、福建、广东七省。内河水运干线由珠江水系、鄱阳湖水系、钱塘江水系和京杭运河的水上运输组成，具体从广州经杭州达北京，途经广东、江西、浙江、江苏、安徽、山东、直隶七省区兼及福建。第三条干线经珠江水系、洞庭湖水系达汉口（系水路运输）；从汉口经开封到内黄县（系陆路运输）；从内黄县进入卫

---

① （明）项忠：《项襄毅公集·处置地方事》，收入《明经世文编》卷46，中华书局，1962，第357页。

② 李亦人：《西康综览》，正中书局，1946，第345~346页。

河，达运河，至北京（系水路运输）。其二，从东西横向上看，以从四川到上海的长江水运为主干，长江以北有两条，长江以南有两条，构成了覆盖广泛的东西向商品流通渠道。长江航运干线途经云南、四川、湖北、江西、安徽、江苏六省，其支流航线又流经贵州东北、湖南全省、陕西南部、甘肃一角、河南南部，总计十一省。长江以北，有从长江北岸的浦口至包头的东南至西北方向的斜向商业交通线。长江以南，有横贯云贵高原，经洞庭湖水系、鄱阳湖水系分达新安江和闽江，通往浙闽的商业交通线。

其次，与明代相比，清代的边疆贸易也有了很大发展。清代雍正以降，陆续废止了官方互市，民间商业往来迅速发展。虽然官方对部分地区，如东北和蒙古实行严格的牌票贸易制度（政府特许商制度），但乾嘉以后，限制逐渐松弛，民间贸易有长足进步。至清中叶形成了以北京为中心，包括华北、东北、蒙古、新疆的贸易网络；以四川、陕西为中心，包括四川、甘肃、新疆、青海、西藏、云南、贵州的西南和西北的贸易网络。有九条商业交通线与之相连，即北京至卜魁，北京至恰克图，北京至古城，汉中至古城，重庆经兰州至古城，成都至察木多，云南至西藏，成都至青海、西藏，再经丹噶尔至归化。内地的粮食、茶叶、棉布、丝绸、铜器、铁器、漆器、金银器、玉器、马具、食品、民族特需品等源源不断地输往边疆，而边疆地区的特产药材、牲畜、毛皮等源源不断地输往内地，边疆贸易超过以往任何一个时期。据估计，整个边疆贸易额不低于1920万至2520万两白银之数，占全国市场总量53053万至58634万两的3.6%～4.3%，这个数字大体相当于边疆、内地的人口数量之比。①

最后，清代由于人口大量增长，引进并推广了烟草和花生等商品性强的农作物品种，商业网的覆盖面超过了以往任何一个时期，人口由产棉区向不产棉区的流动及定居增加了棉花和棉布的商品量。这些因素的交互作用，使清代的国内商品流通量大大超过明代。根据许涤新等的《中国资本主义发展史》第1卷的估算，鸦片战争前，粮食、棉花、棉布、丝、丝织品、茶、盐七大类主要商品的市场贸易量约为38762.4万两，铁880万两，靛382.69万两，非必需性产品消费（糖、酒、烟、纸及各种特产）在13028.32万至18611.86万两。那么，商品零售总额为53053.41万至58636.95

---

① 田昌五、漆侠主编《中国封建社会经济史》卷4，齐鲁书社，1996，第501、507页。

万两。这个数字应该说是个保守的数字，还有一些主要商品因无法估算而不包括在内，如木材、砖瓦、石料、石灰。按近代社会学家的估计，建筑费用按房产折旧率算，大体占生活费总额的15%，但中国的民房建材非商品性来源是主要的，商品性来源占多大比例难以掌握。还有煤、炭、桐油、食物油、药材等也无从估计而付之阙如。①

因此，上述商业交通的发展、边疆贸易的开放、经济作物的引进，促进了国内商业的繁荣。康、雍、乾时期，不仅恢复了明后期的繁盛，而且南京、广州、佛山、汉口、厦门等城市较明代更为发达，出现了无锡、汉口、镇江的"布码头""船码头""银码头"，各方船只"不舍昼夜"。在北方尤其西北地区也出现了许多商业城市，极为兴盛。乾隆后屡次用兵西北，征剿蒙青新藏，军旅迭兴，多赖陕西转输，朝廷对陕西经济的发展尤为重视，到同治初年西北动荡。"……伏念陕省为朝廷关辅重地，土厚民殷，夙称富庶，自粤西军兴，部库暨各直省大营饷糈所给于斯地，捐输者源源不绝，盖陕省之精华在于西、同两府，西、同两府之精华在于临渭、泾原、韩朝各县，诸富户今遭此番兵燹，凡著名殷实户族罹祸尤为惨酷，设不及早扑灭，闾阎元气凋残，无临渭则无西、同两府，无西、同两府则无陕西，无陕西则天下之大局，尚堪设想乎？"②关中的西安、三原、泾阳，陕南的汉中、安康、商州等地，皆有较为繁荣的商业活动存在。泾阳、三原作为明清西北市场网络体系中心，每逢西北商界每月二十七、二十八两日的走标之期，收到西北各地汇入的标银有2000万至3000万两。③

咸阳"城内系水陆码头，商贾云集，气象颇形富庶，其实各铺皆系浮居客商，货物皆从各县驮载至此，由水路运往晋、豫，至粮食、木板亦由西路车运而来，用舟载至下路。到此纳税，给票方准放行"④。三原"为关中要邑，集四方商贾重贽，昏晓贸易"⑤。"南关旧市廛店舍相连百余家"⑥。

① 齐涛主编《中国古代经济史》，山东大学出版社，2011，第243页。
② 光绪《富平县志稿》卷10，收入《中国地方志集成·陕西府县志辑》第14册，凤凰出版社，2005，第525页。
③ 刘迈：《西安围城诗选注》，陕西人民出版社，1992，第29页。
④ 道光《秦疆治略·咸阳县》，收入《中国方志丛书》第288号，成文出版社，1969，第14页。
⑤ 乾隆《三原县志》卷14，收入《中国地方志集成·陕西府县志辑》第8册，凤凰出版社，2007，第444页。
⑥ 光绪《三原县新志》卷2，收入《中国方志丛书》第539号，成文出版社，1969，第73页。

泾阳"唯系商贾云集之区，城内百货云集，商贾络绎"①。明代泾阳知县路振飞"为导民以自然之利，贻民以无疆之休事。窃照泾阳迤南有泾河，一带直通渭水。渭水商贾轴舻相望，而泾则任其安澜，弗载舟楫噫。是可惜也"②。他组织疏浚泾河，并鼓励商民借此兴业，撰《清泾河行船通商详文》③以记："自道咸以来，豪商大贾群居骈栖，珍错云屯，习尚风靡，慕懋迁之美富，忘稼穑之艰难，县西北殷实小康诸户又多以商起家。其乡之姻戚子弟从而之蜀、之陇、之湘、之鄂者十居六七。或老大无成，或少壮失业，家不一人，村不一家，推而计之数，不知其凡几。"④凤翔"地形险阻，原田肥美。东关街市十数里，坐贾万余家，百货充纫"⑤。出凤翔入益门而至凤县，"凤县古道水……秦蜀商贾云集，货产富饶，此途通畅，不独唯蜀产易米，即远而云贵西藏渐次交达"⑥。由凤县上溯而至略阳，"地连蜀陇，嘉陵江绕于西南，栈坝黑河环于东北，西至阶州，白马关为赴甘大路，盐茶货物驴驮人夫往来不绝"⑦。出略阳南折而达汉中，"西则陆通陇蜀，东则水达鄂皖，商贾辐辏，货物山积，虽繁盛不及长安，亦陕西第二都会，尤以东关及县东十八里铺为最"⑧。逾汉中顺汉水而下入安康，安康为秦头楚尾，陕南一大都会也，"城外为水陆通衢。舟骑络绎，城内商贾辐辏，百货云屯"⑨。浮汉江至旬阳，旬阳城"地因山为城，前临汉江，后环旬河，惟西门外一线石径。城内居民稀少，东门外河街有小贸数十家……距县一

---

① 道光《秦疆治略·泾阳县》，收入《中国方志丛书》第288号，成文出版社，1969，第29页。
② 宣统《泾阳县志》卷16，收入《中国方志丛书》第236号，成文出版社，1969，第872页。
③ 宣统《泾阳县志》卷16，收入《中国方志丛书》第236号，成文出版社，1969，第872~874页。
④ 宣统《泾阳县志》卷16，收入《中国方志丛书》第236号，成文出版社，1969，第14页（或：宣统《泾阳县志》卷8，收入《中国方志丛书》第236号，成文出版社，1969，第313~314页）。
⑤ 秦晖等：《陕西通史》（明清卷），陕西师范大学出版社，1997，第223页。
⑥ 光绪《凤县志》卷1，收入《中国地方志集成·陕西府县志辑》第36册，凤凰出版社，2007，第299页。
⑦ 道光《秦疆治略·略阳县》，收入《中国方志丛书》第288号，成文出版社，1969，第121页。
⑧ 民国《续修南郑县志》卷3，收入《中国地方志集成·陕西府县志辑》第51册，凤凰出版社，2007，第227页。
⑨ 道光《秦疆治略·兴安府安康县》，收入《中国方志丛书》第288号，成文出版社，1969，第124页。

百四十里之蜀河，系水陆货物交卸之所，客商辐辏，人烟稠密"①。从旬河上溯至镇安柞水入商州，商州"州东龙驹寨，为水陆要冲，商贾辐辏，舟骑络绎"②。自龙驹寨经商南而趋晋豫陕三省交界的潼关，"其地商业弥盛，秦晋之货，咸来卒集……北部羊毛皮革亦多卒集于此"，为入陕喉吭。从潼关东归大荔、渭南，其地"道咸间商业遍及东南各省，巨富颇多，风俗奢华"。"（同州）府境南北阻山，东滨河，西涉坂，中亘沙苑，树而不田，故各属之地，高者碍于耕锄，低者祸于冲崩，穷民苦衣食之不给，富者皆弃本逐末，各以服贾起其家，蜀卓宛孔之流，甲于通省，而朝邑富人尤甲一郡焉"③。

四 制度地理

1. 明代以前的相关商业政策

远在原始社会中期，神农氏"召天下之民，聚天下之财，日中为市"，从而创造了人类历史上最早的市场，即榷市。从那时起，陕西商人就开始出现。进入文明社会后，周王朝周公秉政，开创了中国历史上第一个完整的商业管理制度，即"工商食官"管理体制及第一个完整规范的市场管理制度，对中国商业历史产生过几千年的影响。

（1）秦汉时期

春秋战国时期，秦国重农抑商，具体体现为"商鞅变法"：制止农民弃农经商；重关市之赋；国家统制山泽之利，实行盐铁专卖；管制粮食贸易，不准商人插足，农民必须自己生产口粮，不得从集市购粮调剂；提高粮食收购价格。

汉代，继续重农抑商：政治上抑制商人，商人不得"仕宦为吏"；社会地位上贬低商人；从生产、流通、价格、市场、税收等方面限制商人活动（盐铁官营，均输平准，五均六筦）；禁止商人购买土地；开展打击商人的政治运动。

---

① 道光《秦疆治略·旬阳县》，收入《中国方志丛书》第 288 号，成文出版社，1969，第 131~132 页。

② 道光《秦疆治略·商州直隶州》，收入《中国方志丛书》第 288 号，成文出版社，1969，第 42 页。

③ 咸丰《同州府志》卷 21，收入《中国地方志集成·陕西府县志辑》第 18 册，凤凰出版社，2007，第 515 页。

（2）隋唐时期

隋朝富强，"古今称国计之富者，莫如隋"。隋炀帝"慨然慕秦皇汉武之功，甘心将通西域"。隋炀帝用裴矩，促成"国际贸易盛会"，再创丝路繁荣。裴矩博学多才，曾撰写《西域图记》三卷，策划河西的国际贸易盛会。

唐代，对中外各族施行平等政策。唐太宗主张："自古皆贵中华，贱夷狄，朕独爱之如一""怀柔远人，义在羁縻，无取臣属"；积极经营丝绸之路，设立"安西四镇"。与周边游牧部族贸易互补。吐蕃的"茶马贸易"，回鹘的"绢马贸易"，党项的"互市、贡赐"制度，既满足各族生活所需，也促进农耕经济与游牧经济互补，有利双方经济发展。特别是，建中三年（782），始征"税茶"，税率是一般商品的四倍。贞元九年（793）"正月，初税茶。先是，诸道盐铁使张滂奏曰：'伏以去岁水灾，诏令减税，今之国用，须有供储。伏请于出茶州县及茶山外，商人要路，委所由定三等时估，每十税一，充所放两税，其明年已后所得税，外贮之，若诸州遭水旱，赋税不办，以此代之。'诏曰：'可。'仍委张滂具处置条奏。自此每岁得钱四十万贯，茶之有税自此始也。然税茶无虚岁，遭水旱处，亦未尝以税茶钱拯赡"。① 这实际上是官府间接垄断了商人与园户的购茶交易。又见张滂"奏立税茶法。郡国有茶山，及商贾有茶为利者，委院司分置诸场，立三等时估为价，为十一之税"②。其后的令狐楚、李石皆行此模式："令狐楚代为盐铁使，兼榷茶使，复令纳榷加价而已。李石为相，以茶税皆归盐铁使，复贞元之制。"③

宋代，茶法存在区域差异。北宋前期，四川、广南茶实施通商之法，东南茶实施官购商销的间接专卖之法。川茶于熙宁年间专卖，设置榷茶司，官购商销、官颁官卖并行。南宋时期，川茶实施以引榷茶的蔡京茶法。该制度被元、明沿用。

2. 明清时期的相关商业政策

明初，朱元璋规定："（洪武）十四年令农衣绸、纱、绢、布，商贾止衣绢、布，农家有一人为商贾者，亦不得衣绸、纱。"④ 张居正（1525～

① （宋）王溥：《唐会要》卷84，中华书局，1955，第1546页。
② （宋）王溥：《唐会要》卷87，中华书局，1955，第1591页。
③ （宋）欧阳修、宋祁：《新唐书》卷54，中华书局，1975，第1382页。
④ （清）张廷玉等：《明史》卷67，中华书局，1974，第1649页。

1582）改革，反对官商分利的垄断性的商品专卖制度。清代，抑商已不占主导思想地位，减轻商税是清政府推行"恤商"政策的重要措施。其中，康熙认为"商人为四民之一""滋生人丁，永不加赋"；雍正施行"摊丁入亩"；乾隆完全解除矿禁，缩小官营手工业，兴办民间丝织业。

（1）陕西

第一类是农业发展政策。

①招抚流亡，奖励垦殖，劝课农桑，减免农业税征。

明代，对招民垦田有"三年起科""五年起科"的规定，并针对陕西"野多旷土"的实际情况，大力推行"贷银助垦"的招抚政策，所垦耕地"世为己业，永不起科"①。"陕西督臣，每年酌动官银，借民开垦，令于秋收照时价还粮，先后动项，发借银六百余万两，共收还粮约十余万石。"②

清代，康熙二年（1663），准陕西先行屯垦，以广耕作。康熙十年（1671），订《陕西荒地招民垦种例》。③康熙五十六年（1717），又订《陕西招民开垦例》④，颁"兹后滋生人丁永不加赋"之策。⑤该类招民垦殖的休养生息政策，使陕西人口和耕地面积均呈现增加的趋势。人口从元末的44万人，到明洪武二十六年（1393）增加到180.6万人，万历六年（1578）更是增加到350.6万人；耕地面积到光绪年间已增加到30592953亩。⑥

②兴修水利，注重灌溉，加强农业基础工程建设。

1671年，清代大臣慕天颜在呈送皇帝的奏折中说："兴水利，而后有农功；有农功，而后裕国。"⑦表明治水、农业与富国之间的密切关系。明代官员潘季驯（1521~1595）因治水成就及其著作闻名，认为秋季黄河的泥沙含量会由60%增至80%。⑧西汉时期，白渠约于公元前95年建成，将含有泥沙的泾水引入陕西关中农区，赞曰："泾水一石，其泥数斗。且溉且粪，

---

① 郭琦、史念海、张岂之：《陕西通史》（经济卷），陕西师范大学出版社，1997，第207页。
② （清）顾炎武：《日知录集释》卷10，上海古籍出版社，1985，第789页。
③ 王雷鸣：《清代关中农村经济之变动及其对建设西北之影响》，《西北论衡》1942年第1期，第62页。
④ 《清文献通考》卷4《田赋考四》，见"万有文库·十通"，商务印书馆，1936，第4885页。
⑤ 《清文献通考》卷19《户口考一》，见"万有文库·十通"，商务印书馆，1936，第5023页。
⑥ 梁方仲：《中国历代户口、田地、田赋统计》，上海人民出版社，1980，第380页。
⑦ （明）卢熊撰《苏州府志》卷11，广陵出版社，明洪武十二年（1379）钞本，第3~4页。
⑧ （明）王士俊等监修《河南通志》卷11，中华书局，明嘉靖三十四年（1555）刻本，第23页。

长我禾黍。衣食京师，亿万之口！"① "白渠水带淤泥灌田，益其肥美。"②

明代，洪武八年（1375）"浚泾阳县洪渠堰……由是泾阳高陵五县之田，大获其利"③。洪武三十一年（1398）"修泾阳县洪渠堰时，泾阳县耆民诣阙言，堰东西堤岸圮坏，乞修治之。上命长兴侯耿炳文、工部主事丁富、陕西布政使司参政刘季篪督兵民修筑之。凡五月堰成，又浚堰渠一十万三千六百六十八丈，民皆利焉"④。天顺八年（1464）"巡抚陕西右副都御史项忠奏：泾阳县瓠口郑、白二渠，旧引泾水溉田四万余顷，至元犹八千顷，其后渠水日就浅滞，利回以废。宣德初，遣官修凿，军民复亨其利，亩可收四石。今河湮塞而水不复通，渠旁之田遇旱遂为赤地，间或得收，每亩所获视旧仅十之二。泾阳抵醴泉、三原、高陵、临潼五县皆患苦之。七年十月，已奏于泾水上源龙潭左侧兴工疏浚，止于旧渠之口，寻以诏例停止。今军民复言，宜毕其役，庶旧利可复。事下工部覆奏，以疏通水利。国家省务请移文项忠，会布、按二司踏勘，果有利与军民俟。春暖边方无事之时，遣有才干官数员，督工相宜修理。从之"⑤。"遂起醴泉、泾阳、三原、高陵、临潼、富平六县，蒙水利人户任旧迹而疏通之。于平地则度势高卑而穿渠，遇山石则聚火镕铸而穿，实不二年而成，遂名曰广惠渠。凡溉田八千二十二顷八十余亩，又溉西安左前后三卫屯田二百八十九顷五十余亩，每亩收谷三四钟。抑古今水利有消长，当闻前人相视斯渠，其说有三。一曰尽修渠堰之利，二曰复置板闸之防，三曰开通出土之便"⑥。成化初余子俊抚陕"于泾阳凿山引水，灌田千余顷，通南山道，直抵汉中，以便行旅"⑦。后陕抚娄谦又修利民渠，"于是渠水衍益，土脉渐渍，来年获收成之望，秋田遂长"。⑧

清代，井灌技术得以开发利用。康熙年间"富平、蒲城两邑，井利颇

① （东汉）班固：《汉书》卷29，中华书局，1975，第1685页。
② （雍正）《陕西通志》卷39，1735，第64页。
③ 《明太祖实录》卷101，中研院史语所，1962，第1714~1715页。
④ 《明太祖实录》卷256，中研院史语所，1962，第3704页。
⑤ 《明宪宗实录》卷11，中研院史语所，1962，第232页。
⑥ 嘉靖《陕西通志》卷38，三秦出版社，2006，第1956页。
⑦ （清）张廷玉等：《明史》卷178，中华书局，1974，第4738页。
⑧ （清）顾炎武：《天下郡国利病书》卷4，见华东师范大学古籍研究所整理，黄坤、顾宏义点校《顾炎武全集》，上海古籍出版社，2011，第2004页。

盛，如流渠米原等乡，有掘井六七丈者"①。雍正、乾隆时期，川陕总督岳钟琪，疏浚了龙洞渠；雍正七年（1729），改陕西西安府管粮通判为水利通判，负责泾阳、醴泉、三原、高陵、临潼五县农田水利，陕西巡抚崔纪"乾隆二年西、同、凤、汉四府，彬、乾、商、兴四州共报开成井三万三千九百余"②。陈宏谋"修治渠泉，制水车，教民疁水之法，凿井二万八千八百有奇，旱岁以灌田"③。

③鼓励屯田，减轻陕西军粮转输负担。

明洪武四年（1371）下令在陕西开展军屯，规定屯军五丁抽一去搞屯种，又规定屯军种田500亩者，岁仅纳粮50石。为了鼓励军屯，明政府还对屯田减轻赋税，酌量征收代金或发给牛种工具。如永乐三年（1405）陕西诸卫军缺耕牛，明政府运大批耕牛至陕西，规定每百名军士给牛40头，使其及时耕作。正统四年（1439）规定在陕西治边空闲之处，允许军民尽力耕种，免纳籽粒。正统五年（1440），又准延安、绥德二卫屯田余丁及本处守备多余人员，在堡寨附近给田耕种。宪宗成化六年（1470）都御史余子俊开设榆林卫垦屯田，拨军种粟，使"内边旷地，尽皆垦屯田，岁得数万石"④。至嘉靖初年（1522），陕西屯田遍及关陇和陕南、陕北各卫所州县，共有屯田军卫159544户352000人，屯地12305顷，收屯粮96632石。⑤

④放垦秦巴，开发山区农业经济。

清代，实行放垦秦巴政策。分别于乾隆六年（1741）、嘉庆四年（1799），放垦商州，全面放垦终南山。促使大量川楚湖广人民流寓山中，"楚民善开水田，蜀民善开山地"⑥。湖广、安徽等地移民"用南方渠堰之

① （清）王心敬：《井利说》，收于（清）贺长龄辑，魏源编《皇朝经世文编》卷38，中华书局，1992，第12页。
② 李全武、曹敏：《陕西近代工业经济发展研究》，陕西人民出版社，2005，第18页。
③ （清）彭启丰：《光禄大夫经筵讲官太子太傅东阁大学士兼工部尚书陈文恭公宏谋墓志铭》，见《芝庭先生集》卷14，收入《清代诗文集汇编》第296册，上海古籍出版社，2010，第583页。
④ （清）方孔炤：《全边略记》卷4，收于《明代蒙古汉籍史料汇编》第3辑，王雄编辑点校，内蒙古大学出版社，2006，第148页。
⑤ 崔振禄、李式嵘主编《陕西粮食史志资料汇编》，陕西粮食史志编纂委员会，1993，第149页。
⑥ 道光《宁陕厅志》卷1，收入《中国地方志集成·陕西府县志辑》第56册，凤凰出版社，2007，第63页。

法，以收水利"①，以多种经营有效开发了陕南经济，"一岁所获足够两年之用"。汉中于乾隆后已是"蔚为繁富之区"②；商州于嘉庆年间已是"皆闻鸡犬……诸蕃百产"③；陕南粮食"大批沿江运销至湖北等地市场"④，木材、造纸、冶铁等手工业迅速兴旺。

第二类是"食盐开中"政策。

明代，为防边患，明政府沿长城一线设立"九边"，五处在山西，四处在陕西。为解决边镇驻军后勤给养问题，明政府最初采用"协饷"之策，但路远费繁、效果不佳。因此，在洪武三年（1370），明政府以"盐利"为优惠条件，实施"开中法"，始行于毗邻"九边"地区，促使陕西商民"输粟换引"，运粮边地，以军队后勤供应社会化来保证边疆所需，陕商因此而迅速崛起。⑤ 史载，洪武三年"令商人于大同仓入米一石三斗，给淮盐一小引，商人鬻毕，即以原给引目赴所在官司缴之。如此，则转运费省而边储充。帝从之。召商输粮而与之盐，谓之开中"⑥。陕西商人从血缘、亲缘再至乡缘，"非亲即友辗转邀集"，商帮顺势形成。洪武二十年（1387）由"召商输粮"转变为"纳粟中盐"，"大宁军储不给，请令商人纳粟中盐，粟五斗给浙盐一引"⑦。洪武二十八年（1395）正式规定《开中纳米则例》："出榜召商，于缺粮仓分上交纳，先编制勘合并底簿，发各该布政司并都司卫分……客商纳粮完填写所纳粮，并该支引盐数目，付客商赴各该运司及盐

---

① （清）卓秉恬：《川陕楚老林情形亟宜区处》，见严如煜辑《三省边防备览》卷8，收入《续修四库全书》第732册，上海古籍出版社，2002，第343页。
② 民国《城固县乡土志·户口》，收入《中国方志丛书》第264号，成文出版社，1969，第34页。
③ （清）王廷伊续修《康熙续修商志注》，陕西省商县地方志编纂委员会办公室，内部刊行，1987。
④ 郭琦：《陕西五千年》，陕西师范大学出版社，1989，第587页。
⑤ 所谓"开中"，就是朝廷开出军需标（物资名称、运送地点），如标的物是粮食，商人可根据要求运输军粮至边关指定地点，政府收到标的物后，按公示的标准付给商人一定数量的"盐引"，称为中的。商人则凭盐引到政府指定盐场购盐，销售后获取购销差价，便是经营利润。明清两代政府都对盐实行垄断经营，成本低而售价高，商人只要获得食盐许可证，便有厚利可图（摘自杜君立《明清时期的陕商："无西不成商"》，《中国商报》2016年5月11日）。
⑥ （清）张廷玉：《明史》卷80，中华书局，1974，第1935页。
⑦ 《明太祖实录》卷198，中研院史语所，1962，第2975页。

课提举司，照数征盐。"① 自此成为定制。

第三类是"茶马交易"政策。

①西北边茶主要是针对西北少数民族的茶马交易。

洪武四年（1371）"陕西汉中、金州、石泉、汉阴、平利、西乡诸处茶园，民所收茶，官给价……令有司收贮，于西番换马"②。"民间蓄茶不得过一月之用，茶户私鬻者籍其园入官"③。紫阳茶区所产之茶，全由政府垄断经营。洪武三十年（1397）重申，"本地茶园人家除约量本家岁用外，其数尽数入官"④。成化五年（1469）放宽政策，"本朝旧有茶马之例，后暂停止，近又举行。然民间绝无兴贩，而官府又督办之人。以致茶马司见茶不满千斤，乞敕所司通查出茶州、县、山、场，定其则例。听民采取，俱运赴西宁官库收贮换易。番马给军骑操，并与苑马寺作种孳牧。其民间所采茶，除税官外，余皆许给文凭，于陕西腹里货卖。有私越黄河及河、洮、岷边境通番易马者，究问如律一"⑤。明政府将"食盐开中"政策运用至"茶马交易"，实行"开中商茶"，允许商人参与茶叶贩运，并以每引100斤多给60斤作为奖励（称为"附茶"或"副茶"）。弘治三年（1490）"令陕西巡抚并布政司出榜召商，报中给引，赴巡茶御史处挂号，于产茶地方收买茶斤，运赴原定茶马司，以十为率，六分听其货卖，四分验收入官"⑥。每引仍给附茶420斤至700斤，名曰酬劳⑦，由以前的官收官运官销变为以后的官督商运商销，激发了商人从事西北边茶贩运销售的积极性，每年将紫阳茶叶输往甘、青、宁等地，运输量从明代115万斤增至清代1100万斤，

① （明）申时行等修，（明）赵用贤等纂《大明会典》卷34，收入《续修四库全书》第789册，上海古籍出版社，2002，第588页。
② （明）申时行等修，（明）赵用贤等纂《大明会典》卷37，收入《续修四库全书》第789册，上海古籍出版社，2002，第651~625页。
③ （明）申时行等修，（明）赵用贤等纂《大明会典》卷153，收入《续修四库全书》第791册，上海古籍出版社，2002，第585页。
④ （明）杨一清：《杨石淙文集·为修复茶马旧制第二疏》，收入《明经世文编》卷115，中华书局，1962，第1078页。
⑤ （明）徐廷章：《徐中丞奏疏·甘肃边备疏》，收入《明经世文编》卷70，中华书局，1962，第592页。
⑥ （明）申时行等修，（明）赵用贤等纂《大明会典》卷37，收入《续修四库全书》第789册，上海古籍出版社，2002，第653页。
⑦ 乾隆《甘肃通志》卷19，收入《文渊阁四库全书》第557册，台湾商务印书馆，1983，第555页。

从而开创了 500 年"西北边茶贸易"的先河。

②西南边茶主要是针对西南少数民族的茶马交易。

"当是时,帝绸缪边防,用茶易马,固番人心,且以强中国。""洪武初,定令:凡卖茶之地,令宣课司三十取一。四年,户部言:'陕西汉中、金州、石泉、汉阴、平利、西乡诸县,茶园四十五顷,茶八十六万余株。四川巴茶三百十五户,茶二百三十八万余株。宜定令每十株官取其一。无主茶园,令军士薅采,十取其八,以易番马。'从之。于是诸产茶地设茶课司,定税额,陕西二万六千斤有奇,四川一百万斤。设茶马司于秦、洮、河、雅诸州,自碉门、黎、雅抵朵甘、乌思藏,行茶之地五千余里。"① 与西北边茶不同的是,西南边茶官运官销时间很短,洪武十六年(1383)置雅安茶马司,实行官运官销。行之不久,便因"商旅不行,课额遂亏"难以为继,"碉门、永宁、筠、连所产茶,名曰剪刀粗叶,惟西番用之,而商贩未尝出境。四川茶盐都转运使言:'宜别立茶局,征其税,易红缨、毡衫、米、布、椒、蜡以资国用。而居民所收之茶,依江南给引贩卖法,公私两便。'于是永宁、成都、筠、连皆设茶局矣。川人故以茶易毛布、毛缨诸物以偿茶课。自定课额,立仓收贮,专用以市马,民不敢私采,课额每亏,民多赔纳。四川布政司以为言,乃听民采摘,与番易货"。② 为便于汉藏茶马交易的组织管理,明廷于碉门、黎州、雅安设茶马司,后移至打箭炉,并于嘉靖三年(1524)额定"四川茶引五万道,二万六千引为腹引,二万四千引为边引";隆庆三年(1569)又"裁引一万二千,其时划定三万归黎雅,四千归松潘"③。南北边茶的贸易格局由此形成。至明,陕西商人借开中商茶深耕西南,借助元代四川雅安、天全、汉源、射洪等划归陕西中书省的内境之便,取道西康,主营"南路边茶",形成川康商业隆替以陕商为转移的局面。

第四类是"盐马交易"政策。

明代弘治年间,明政府在陕西边地颁行"盐马交易"政策,陕西定边商民于是循首条"定边盐马古道"贩盐至伊蒙草原各地换取战马,具

---

① (清)张廷玉:《明史》卷80,中华书局,1974,第1947页。
② (清)张廷玉:《明史》卷80,中华书局,1974,第1948页。
③ 刘孔贵:《边茶贸易今昔》,见《贸易月刊》1937年1月号。

体由定边沿长城东趋达于榆林的"红山堡"互市和经三、四马路走草原至伊克昭盟旗（在今鄂尔多斯市）草原，"定边盐池"因以定边食盐换取草原五花马而更名为"花马池"。

第五类是"棉布征实""布马交易"政策。

为安抚西北地区的少数民族，明政府又在陕西实行"布马交易"的特殊政策。洪武三十五年（1402）"陕西行都司奏：回回可古思于宁夏市马，请官市之，以资边用。上从之，命有司偿其直，上马每匹给绢四匹，布六匹；中马绢三匹，布五匹；下马绢三匹，布四匹；驹绢一匹，布三匹。军民私市者禁之"①。明廷主要通过"开中盐布"来解决。永乐三年（1405）"四川布政司言：诸番以马易茶者，例禁夹带私茶、布帛、青纸等物出关。今番商往往以马易茶，及其他货易布帛，司遵其例禁，又虑杜绝远人。上曰：边关立互市，所以资国用来远人也，其听之"②。遂使商布贸易合法化。隆庆四年（1570）蒙古俺答汗诸部降明建"大明金国"，明廷为对藏蒙诸族分而治之，在陕北边境开放七大"马市"，与诸番交易，并对互市商品做了严格规定：陕北马市只许以马易布，且"梭布马，每匹梭布四十匹……官货马……青梭布一匹，蓝白梭布十匹"③。陕西对布匹的需求量剧增。由于陕甘缺布，陕商选择从江南贩布运至陕西，冀北巨商"挟资千亿，券驴市马，日夜奔腾，驱车冰河，泛舸长江，风餐水宿，达于苏常"④。大量贩运江南标布北上陕陇，垄断江南标布运销 300 年之久。

第六类是促进技术进步的政策。

①制茶技术。

早在唐代，人们已经由丝绸之路从印度人手中学会了"团茶"，即紧压茶的先进技术。自明代中叶，泾阳就成为西部茶叶加工贩运中心。泾河人民利用所在区域的独特自然资源结合陕西先进的手工技术，创制出"黑砖茶"（或称"泾阳青砖"）。由于该茶略带"土茯苓"香味，又在夏季伏天

---

① 《明太宗实录》卷 12，中研院史语所，1962，第 213 页。

② 《明太宗实录》卷 39，中研院史语所，1962，第 658 页。

③ （明）王士琦：《三云筹俎考》卷 2，《万历三大征考、三云筹俎考》（合订本），台湾华文书局，1968，第 2661~2662 页。

④ （清）钦善：《松问》，收于（清）贺长龄辑，魏源编《皇朝经世文编》卷 28，岳麓书社，2004，第 613 页。

晾晒至泛黄,故称"茯苓茶"或"茯茶"。"官茶进关运至茶店,另行检做转运而行,捡茶之人亦有万余人,各行店背厢负货,闲人亦多至数千"①,经营茶叶的茶店、茶号"甘引者 54 家,陕引者 32 家,共 86 家"②,每家"所用人工忙时多至百人",每年加工外运"泾茶"四五百万斤。③

②水烟技术。

烟草,又名淡巴菰,明末万历年间从南洋传入我国闽广,至陕西更晚。陕西富平的工匠掌握着水烟叶的炮制技术,连生产工具推刨亦出自富平。后来,陕西"同朝帮"即同州府(今陕西渭南)、朝邑县(今陕西大荔)商人,经商甘肃贩烟,并将烟草种植之法传回陕西,"水烟出甘肃之五泉,一名西尖,从陕中来"④。"解山岚瘴气,塞外边瘴之地,食此最宜。"制造经营水烟的烟坊主要集中于泾阳,每年从兰州运来的水烟叶"九百万斤以上",⑤ 泾阳烟坊十数家,比如渭南孝义镇赵家"一林丰"烟坊,产量最高多达 5000 担,资本亦由最初的三四十万两白银增至 100 多万两。⑥

③棉布技术。

产自江南的棉布,运回陕西后,要在泾阳、三原进行加工整染,并改卷成适合西北运输条件的式样。这就使泾阳、三原成为西北的棉布加工中心,泾阳城内布庄、布行遍布,很多棉布技师齐聚泾阳、三原。三原城隍庙附近的山西街,居住着大量来自山西的卷布技师,故名为"山西街"。泾阳孟店镇的周梅村,贩布于苏浙起家,家藏白银 36 万两,府第华丽。⑦ 泾阳布商师庄南"处士故贾……往来姑苏吴越诸处,贸迁有无",其子师从政

① 道光《秦疆治略·泾阳县》,收入《中国方志丛书》第 288 号,成文出版社,1969,第 30 页。
② 伍湘安编著《安化黑茶》,湖南科学技术出版社,2008,第 58 页。
③ 咸阳市地方志编纂委员会编《咸阳市志 2》,三秦出版社,2001,第 13 页。
④ 杨国安:《中国烟草文化集林》,西北大学出版社,1990,第 253 页。
⑤ 姜志杰、王丰年:《兰州水烟业的历史概况》,载《甘肃文史资料选辑》第 2 辑,甘肃人民出版社,1987,第 215 页。
⑥ 杨重琦:《兰州经济史》,兰州大学出版社,1991,第 207 页。
⑦ 荀彦斌:《孟店古建》,收于《三原文史资料》第 5 辑,三原县志办油印本,1988,第 66~67 页。

"随处士贾"，"市布崛起，人以君椎也，争赍子钱贾吴越，往来无宁日"①，并成为陕西布商在苏州的伙头。清代泾阳社树村姚家，设立惠天堂、仁在堂、居敬堂、行仁堂、百义堂等，经营布庄亦多。② 王桥"大簸箕"柏家，常年贩布江南、贩茯茶及皮货于西北，设立门店于苏州、武汉、上海、北京甚至日本，位于江浙一带的"柏园"乃他家在唐市所建。③

④皮货加工技术。

陕西为十三朝京兆皇都，自秦献公迁徙栎邑，北却戎翟后便以畜牧为主业并享誉已久，秦汉以降北方少数民族入主中原又多以陕西为聚集地，使陕西五方杂处，秦陇以鞍马福著称，积累了硝制皮货的经验和技术。明清时期，从西北各地运回的皮革，要在泾阳等地硝制。源于泾河水流经黄土高原时，携带大量硝碱，泡熟皮革"较他处所制者逾格轻软。自昔已然，此乃水性关系"④。资源禀赋及技术优势，使泾阳"西口皮货"享誉国内。"早在清乾隆以前，皮业就开始兴盛。始有李松林、魏德润等在白古镇建起皮行数十家，相继经此业者越来越多"⑤。"东乡一带皮毛工匠甚多"⑥。后来"连县城西北南强村，县城东北封家村一带建起好多作坊。最盛时泾阳的皮货作坊三四十家"⑦。皮货生产季节性强，每年农历五六月最宜生皮加工熟制；农历七八月最宜缝制皮衣。故多以集中的规模性生产进行，每年夏初泾阳皮匠齐聚，皮货作坊届时招工硝制，"每于二三月起至八九月止，皮工齐聚其间者不下万人"⑧。皮货坊动辄数百家，规模可观，每家"工人多少不一，自然十至数百不等"⑨，每年硝制的"黑白羔皮、二毛皮、老羊皮，年约两万余斤"，⑩ 运往京、津、沪、汉销售，诗云："驼酒驼茶未息

① （明）温纯：《温恭毅集》卷11，收入《文渊阁四库全书》总第1288册，商务印书馆，1983，第646页。
② 马长寿：《陕西回民起义历史资料调查记录》，陕西人民出版社，1993，第258页。
③ 高又明：《泾阳柏筱余先生纪念碑》，该碑现在泾阳桥底镇柏家村。
④ 民国《续修大荔县新志存稿》卷4，收入《中国地方志集成·陕西府县志辑》第20册，凤凰出版社，2007，第423页。
⑤ 泾阳县商业局：《泾阳县商业志》，陕西人民出版社，1995，第151页。
⑥ 道光《秦疆治略·泾阳县》，收入《中国方志丛书》第288号，成文出版社，1969，第29页。
⑦ 泾阳县商业局：《泾阳县商业志》，陕西人民出版社，1995，第151页。
⑧ 道光《秦疆治略·泾阳县》，收入《中国方志丛书》第288号，成文出版社，1969，第30页。
⑨ 任锡璋：《陕西西口皮货概况》，《工商通讯》卷1，1936，第6期，第25页。
⑩ 陕西实业考察团编著《陕西实业调查》，陇海铁路管理局，1933，第420页。

肩，又驼皮货又驼毡；饥餐白滚安江杜，饱吃干烘玉峡泉"。①

⑤药材加工技术。

秦地无闲草。秦岭是中药材主产地，中草药资源丰富，比如，来自秦岭西边西宁的冬虫夏草，来自甘肃岷州的枸杞、大黄、甘草、当归，来自秦岭东秦巴山的党参、柴胡、秦艽及兴平的红花等。陕西又秉承祖国中医药之精华，系尝百草的神农氏、药王孙思邈等名人故里。明清时期，陕西药商将采自秦巴的药材经勉县、凤翔运至泾阳、三原，将采自甘肃的药材或经旬邑、淳化，或由长武、永寿亦运至泾阳、三原，使三原"南城之东半部自北极宫至东渠岸街一带，满目尽为药材店"②，有九大药店、三大药栈③、四十二家药铺之说，经过切割、加工、包装制成"西口药材"，贩运并畅销全国，每年经由泾阳、三原"改装发运各地的西口药材600万斤，一年买卖总额20万元之潜"④。

（2）西藏

第一类是"马赋差发"金牌信符制度。

"马赋差发"是明朝中央政府与西藏之间进行的一种经济贸易方式。洪武二十六年（1393）二月，明太祖"命曹国公李景隆赍金牌勘合，直抵西番以传朕命，令各番酋领受，俾为符契以绝奸欺"。颁发了41面金牌信符，以30斤茶换一匹马的不等价交换，一次易马13100匹，标志着茶马互市由自由贸易向"马赋差发"的转变。洪武三十年（1397）八月戊午，"西宁卫所属西番土酋亦令直奔言：'诸番族皆野居散聚，射猎为食，请岁输马二百匹为常赋。'从之"。此后，该贸易方式历经永乐年间、宣德十年（1435）、正统末年的废止、开制、废止，直至弘治十五年（1502），杨一清奉命督察陕西马政，恢复了金牌信符制。嘉靖三十年（1551），明朝改金牌制为勘合制，"诏给西番诸族勘合"，纳马时间间隔及数额均增加，其中尤以天启六年交易马匹数为历史最多，该年"在年例之内者，加增既近二万，在年例

---

① （清）董伟业：《扬州竹枝词》第7册，广陵书社，2003，第9页。
② 田培栋：《陕西社会经济史》，三秦出版社，2007，第787~788页。
③ 九大药店是天庆店、恒泰店、德泰店、德聚店、恒盛店、春发店、义丰店、秦丰店、金泰店，实行采购、加工、销售一体化经营；三大药栈是万秦栈、积顺栈、粤庆西栈，主营加工、转运、推销业务。
④ 刘安国：《陕西交通挈要》，中华书局，1928，第44页。

之外者，亦复二万有奇"①。

第二类是茶马互市贸易制度。

①健全茶马互市贸易制度。

洪武初年，明廷于甘、青、川设置茶马司，"以茶易马"。洪武五年（1372）、洪武七年（1374）、洪武十二年（1379）、洪武十六年（1383）、洪武十九年（1386）、嘉靖四十二年（1563）先后设立秦州②、河州、洮州、永宁、雅州③、甘州茶马司。洪武十四年（1381）十二月，兵部奏盐马司以盐、布易马，得马 697 匹。洪武二十二年（1389）六月，四川岩州卫奏："每岁长河西等处番商以马于雅州茶马司易茶。……茶马司定价，每堪中马一匹，给茶一千八百斤，命于碉门茶课司支给。不惟番商往复路远，实且给茶太多。……诏茶马司仍旧，惟定其价：上马一匹与茶一百二十斤；中马七十斤；驹马五十斤。番商有不愿者听。"④ 自从正统末年停止茶马金牌之后，成化二年（1466）八月辛丑，兵部因"调发缺马"，提出恢复汉藏茶马互市。直至弘治十五年（1502），杨一清奉命督察陕西马政，茶马互市才得以恢复。正德三年（1508）十二月甲辰，户部在奏请皇上表彰巡茶御史翟唐的功绩时说："一年之间所收茶至 782200 余斤，所易马至9000 余匹，较之常规，利实倍之。"万历年间，大量藏族部落内附，明朝令其纳马给茶，官营茶马互市兴起，以致官方被迫下令限制茶马交易数额。

②建立巡视监察制度。

成化三年（1467），派遣御史巡视陕西茶事，从而确立了专职巡视检查制度。

③重视官茶的加工、储藏、调拨。

洪武三十年（1397）决定在成都、重庆、保宁、博州建立四大官茶专仓保管，并在襄城、紫阳建立制茶作坊，专门加工统购的官茶。

---

① （清）廖攀龙等：《历朝茶马奏议》，收入《续修四库全书》第 461 册，上海古籍出版社，第 1476 页。

② 洪武三十年（1397），将原秦州茶马司改置西宁茶马司。

③ 洪武二十二年（1389），移雅州茶马司于岩州（泸定岚安）易马。

④ 《明太祖实录》卷 196，"中研院"史语所，洪武二十二年（1389）四月刻本，1962，第 2950 页。

④扶持和鼓励藏汉两地商品交易的商业税收政策。

明廷对藏族各部实施轻徭薄赋的优待政策，甚至对边远藏族各部免于征收赋税。部分商品免税，课税商品实施轻税，规定军民日用杂物类一律免税。改元代关市税的烦琐办法，使之简约便民。

第三类是朝贡回赐制度。

为安抚西藏各大小僧俗首领，明太祖除对前来归降入贡人员授予官职外，还予厚赏。史载，洪武初年（1368），元僧俗首领入朝进贡。洪武五年（1372）十二月庚子，"乌思藏摄帝师喃加巴藏卜等遣使来贡方物。诏赐红绮禅衣及靴帽、钱物有差"。洪武六年（1373）正月己巳，"乌思藏帕木竹巴灌顶国师章阳沙加监藏遣酋长锁南藏卜，以佛、佛书、舍利来贡。诏置佛寺，赐使者文绮袭衣有差"。洪武七年（1374）十二月甲寅，"乌思藏帕木竹巴辇卜吉剌思巴、赏竺、监藏巴藏卜等遣使进表贡方物。……诏赐文绮、禅衣及织金文绮有差"。洪武二十三年（1390）十二月庚辰，西番诸夷"遣使札撒巴鲁等表贡方物，贺明年正旦"。洪武二十七年（1394）正月甲子，"乌思藏灌顶国师吉剌思巴、监藏巴藏卜等各遣使来朝，献甲胄、缨络等物"。洪武三十年（1397）正月辛未，"乌思藏都指挥司灌顶国师及尼八剌国各遣使贡方物。诏赐灌顶国师及尼八剌国王银各一百五十两，文绮、帛各十匹，列工国师、察里巴、乌思藏都指挥、仰卜罗、沙鲁万户列思巴端竹、都指挥答里巴远毋尔监卒银各一百两，文绮、帛各二匹，并赐其使人衣、钞有差"①。永乐年间，噶举派、萨迦派和格鲁派首领先后被明成祖分封为法王、西天佛子，各派代表人物亦受封为五王、国师、禅师等，被受封者"领其人民，间岁朝贡"②，使西藏地方同中原王朝之间的贡赐络绎不绝。洪熙、宣德、正统、天顺年间，西藏地方和明朝中央之间的贡赐关系仍在进一步发展之中。四川藏族土官，如天全六番招讨司、长河西安抚司、杂道安抚司、松潘卫诸长官司等"遇三年朝觐，差人进贡一次"。"初，天全招讨司治碉门城，元之碉门安抚司也，在雅州境。明初，宣慰余思聪、王德贵归附，始降司为州，设雅州千户所，而设碉门百户，近天全六番之

---

① （明）王世贞：《弇山堂别集》卷77，魏连科点校，中华书局，1985，第1485页。
② （明）方孔炤：《全边略记》卷4，收于《明代蒙古汉籍史料汇编》第3辑，王雄编辑点校，内蒙古大学出版社，2006，第130页。

界。又置茶课司以平互市。盖其地为南诏咽喉，三十六番朝贡出入之路。三十六番者，皆西南诸部落，洪武初，先后至京，授职赐印。立都指挥使二：曰乌斯藏，曰朵甘。为宣慰司者三：曰朵甘，曰董卜韩湖，曰长河西鱼通宁远。为招讨司者六，为万户府者四，为千户所者十七，是为三十六种。或三年，或五年一朝贡，其道皆由雅州入，详《西番传》。"① 甘肃、青海藏僧受封为喇嘛、禅师、灌顶国师、大国师、西天佛子者，"悉给予印诰，许之世袭，且令岁一朝贡。由是诸僧及诸卫土官辐辏京师。其他族种，如西宁十三族、岷州十八族、洮州十八族之属，大者数千人，少者数百人，亦许岁一朝贡"②。至此，朝贡制度正式确定下来。

朝贡类型主要有：第一，例贡③；第二，袭职朝贡④；第三，谢恩、贺庆朝贡⑤。

朝贡、回赐类型主要有：第一，正赏⑥；第二，贡品价赏⑦；第三，厚赏贡使⑧。

因此，明廷朝贡、回赐等的频繁往来使川藏道成为乌斯藏与北京物资往来的要道。"乌斯藏所产：细画泥金水幅佛像、铜镀金佛像、金塔、舍利、各色足力麻、铁力麻、氆氇、左髻、犀角、珊瑚、唵叭，其贡道由董卜韩胡、长河西、朵甘思之境，自雅州入京。大乘、大宝二法王差僧徒阐化、阐教、补教、赞善进之"⑨。

---

① （清）张廷玉：《明史》卷311，中华书局，1974，第8033页。

② （清）张廷玉：《明史》卷330，中华书局，1974，第8542页。

③ "例贡"即定期（通常三年一次）进行的朝贡。

④ "袭职朝贡"即除三大法王的名号可由师徒转世或继承以外，其余五王和灌顶国师等职号的承袭、替代均须由承袭者遣使或亲自入朝申请承袭纳贡。

⑤ "谢恩、贺庆朝贡"即受封者入朝进贡，以对朝廷特殊恩惠表示感谢。

⑥ "正赏"即根据朝贡者身份和地位高低而给予的赏赐。

⑦ "贡品价赏"即根据贡物品质、数额给予进贡者所进贡品的酬值，一般明廷的回赐往往三倍于贡物之值。

⑧ "厚赏贡使"即贡使返回途中，不仅带回朝廷赏赐物品，且可兼营交易、采办物品（摘自王森《西藏佛教发展史略》，中国社会科学出版社，1987，第236~238页）。

⑨ 华东师范大学古籍研究所整理《顾炎武全集》第15册，黄珅、顾宏义点校，上海古籍出版社，2011，第2122页。

第二节 研究概要

一 研究对象

本书以明清时期陕商川藏贸易为研究对象，紧扣"商道""商帮""商品"，通过发掘道路、客栈、祠堂、锅庄、会馆等陕川藏贸易遗迹，听取政府、学界、民众三层主体对陕川藏贸易的不同认识，结合文献考证，考察陕川藏商道上茶叶、食盐、布匹、药材、烟酒、皮货、木材、典当行业的贸易环节（生产—流通—交易—消费）的实际状况，研究并解决"明清时期陕商川藏贸易发生了什么"的问题。

二 研究内容

1. 导论（第一章）

基于"一带一路"新语境下催生古代丝路与近代商道消长更迭的视角转换，追溯明清时期陕商入川赴藏贸易发生的背景，分别从地理、历史、经济、制度、文化五因素，说明贸易缘起。

2. 文献综述（第二章）

立足"丝绸之路与古商道的全景式认识框架""陕西商人（帮）""汉藏贸易"三个层面，按照时间顺序由远及近地梳理了国内外学者在商帮史、民族经济史等领域的研究成果，由此提出需要着重研究并解决的问题。

3. 明清时期陕商西北、西南商道研究（第三、四章）

考察明清时期陕商西部贸易"流通"路线，梳理明清时期陕商所经西北商道、西南商道的形成、发展及演变。认识到随着明清时期陕商西部经商，从陕甘道至陕藏道所形成的古代商帮物流路线网络，所体现出的各条路线之间的交叠拓展及其与古代丝绸之路的关联与转向。

4. 明清时期陕川藏贸易商品研究（第五章）

调研明清时期陕商川藏贸易"生产"状况，分析当时在粮食作物、经济作物商品化前提下，陕商从事西南跨区域贸易的可能，交易产品的种类、产量、分布、规模、价格及方式等。这种与生产的紧密关联，即陕商在初期商业资本积累方面区别于其他商帮的重要特征。

5. 明清时期藏地的陕商研究（第六章）

论述从"交易""消费"两个层面展开。"交易"活动分物质产品交易活动、非物质产品交易活动两部分研究。其中，物质产品交易活动突出沿线重镇（如雅安、康定）的物质产品"交易"活动、规则、特点，特别是深入县、镇级别的陕商地方性帮口研究；非物质产品交易活动从陕商入川赴藏的日常活动脉络，了解其藏地生活经历，分析陕商跨界谋生对藏地习俗、礼仪、信仰、伦理、节庆等地域文化演进的影响。"消费"包括交易地域、计价方式，由此形成的人、地、物的聚合状况及其对"生产"的反馈。

6. 明清时期陕商精神研究（第七章）

揭示明清陕商入川赴藏贸易对跨域经济的开发、社会秩序的和谐、地域文化的演进等的重大影响，从而明确阐释陕川藏贸易的历史价值与当代意义，发扬陕商精神，给当代陕商继起以历史镜鉴。

7. 研究展望（第八章）

综上所述，总结研究取得的进展、不足及展望，并提出相关对策建议，以期推进西南滇、川、藏大三角区域与西北陕、青、甘的经贸文化合作共建机制。

三 研究目标

（1）深入阐发、客观评价陕商历史性贡献。

包括陕商利用从事西部畜牧产品与中部农耕产品交易的优势，促成了关中、秦巴、川边、藏地的冶铁场、木厢、造纸坊等的市场经济萌芽及焙茶、制革、水烟等产业开发，推动了西部经济的融合发展，构筑起西南、西北贸易网络。吸收借鉴其历史经验，激发当代秦商的生机与活力。

（2）明确阐释陕川藏商道的历史价值与当代意义。

持续发掘陕川藏商道历史重镇、文化遗存等，恢复过去标志性地名及对这些文化符号的保护，完善物质、非物质文化遗存保护专项规划及相关政策，使千百年商道遗存"活起来"。

（3）促进西南与西北的商道经贸文化合作共建机制。

构建准确权威、开放共享的商帮资源公共数据平台，加强商道典籍整理编纂及陕川藏经典文献互译出版工作，推进形成全方位、多层次、宽领域的商道文化传播格局，不断丰富、细化"一带一路"背景下的商道内涵及实施举措。

四 研究过程

1. 研究步骤

笔者以明清陕商西南贸易为研究对象，旨在以发展眼光来整体观照"一带一路"的交叠拓展，解决西藏如何"依托内地（陕、川）"参与西北、西南丝绸之路经济带建设问题。为此，课题组深入实地进行了系列调研。此次调研活动由三部分组成，分别在陕西西安市鄠邑区（原户县）、西藏拉萨与北京进行。

第一阶段是在陕西西安市鄠邑区（原户县）。2017 年 3 月 7 日，调研组（包括李刚教授带领的"陕商文化研究中心"学者团队）赴西安市鄠邑区牛东村，与陕商"炉客"后裔座谈研讨，追忆探寻当年"炉客"足迹、生平。参与座谈的人员有西安市鄠邑区行政部门领导，以及来自该村贾姓、王姓、孙姓、纪姓、崔姓、李姓、苏姓、杨姓等陕商"炉客"后裔。座谈期间，西安市鄠邑区牛东村贾小龙贡献并展示了家藏陕西、四川两省路引（路线图）；村委会主任纪孝悌展示了村中族谱。通过进一步调阅村档案、文献、报刊、碑刻、史籍，走访知情者及实地考察村中古迹，了解到本村人物逸事、外埠名人与牛东村历史。户县"炉客"是元末兴起的陕商，由户县牛东村人发起。到民国时，户县东片各村均有"炉客"。他们凭借户县商人自力更生、诚信经商的精神，远赴藏地，为汉藏物资、文化交流做出了重要贡献。与会专家一致认为："炉客精神"（比如吃苦、勤劳、学艺、隐忍、重信誉、重质量，讲究才气财气、才智财治，开源节流）值得挖掘、学习、发扬；户县应结合地域特点，将"炉客精神"和"炉客文化"注入当地经济社会发展，融入西安"半小时经济圈"。

第二阶段是在西藏拉萨。2018 年 8 月，课题组先后对自治区党委办公厅政策研究室、自治区政府办公厅政策研究室、自治区旅游发展委员会、自治区商务厅、自治区外事办等单位进行了走访调研。听取了自治区政府对积极推动"一带一路"的相关工作思路。参与自治区交通运输厅干部职工举行的座谈会，实地调研了公路建设现场，并参观了自治区交通运输厅"两路精神"纪念馆等。

第三阶段是在北京。中共中央、国务院第五次西藏工作座谈会（2010年）强调要发挥中国藏学研究中心在全国藏学研究领域的带头协调作用，故课题组重点对中国藏学研究中心相关领导进行了访谈。中国藏学研究中心诸多学术委员会委员均是藏学研究专家。由于部分专家外出或公干，我们重点针对个人就"明清时期陕藏贸易对当前西藏'一带一路'建设的启示"听取了相关专家意见。

比如，该中心历史研究所所长张云研究员认为，丝绸之路其实不仅局限于丝绸贸易，各时期交往货物非常丰富。当然，丝绸无疑是唐朝与吐蕃物质交流中的代表和大宗，但是茶叶是仅次于丝绸的稀罕之物，此外还有先进的生产及其工艺技术。物质的交流是丝绸之路的外在形式，精神和思想文化交流则是丝绸之路的本质内涵。他以高原丝绸之路的命名与开通时间为出发点，讲述了高原丝绸之路的三条路线，即青藏线、川藏线、滇藏线；继而论述了高原丝绸之路的内涵及其意义，认为中原农业文明与边疆游牧文明的差异及其不平衡性是促成丝绸之路经济文化交流的重要原因，这种双向交流最终形成了各民族共同繁荣的文化体系。高原丝绸之路不仅连接着中原与青藏高原，为高原文明的发展兴旺提供充足的能量，也在中原地区文明与南亚文明、中亚西亚文明的交流中发挥了纽带作用。

另外，我们亦走访了《西藏通史》（清代卷）主编——中央民族大学原副校长、博士生导师喜饶尼玛教授。他认为，清代甚至民国时期的汉藏经济文化交流，其意义重大、影响深远。他分析了从清代开始汉藏经济文化交流的时代背景、交流方式、交流特点及其意义，指出此段时期对汉藏民族感情维系、团结共处具有深远影响。

同时，我们亦拜访了中国社会科学院经济研究所研究员、博士生导师魏明孔教授。他基于其经济学史研究专长，亦对汉藏贸易提出了精辟观点，鼓励笔者将此研究继续深入。

当然，亦有其他高校或智库系统的专家学者与笔者面谈，贡献了宝贵的个人见解。限于篇幅，在此不予赘述。

2. 创新之处

（1）研究视野和思路的创新

基于"一带一路"的视角，进行明清陕川藏贸易整体化专门研究。坚持以史学为主，结合经济学，基于研究理论基础，勾勒陕商入川赴藏贸易过程与经营特点，通过经典案例，探讨经济演变规律，明确有中国特色的商帮发展道路。

（2）研究方法和应用的创新

以陕川藏商道为主要切入点，避免区域偏向，力求得出"古代丝绸之路的衰落与近代新商道的开辟研究"的整体观照；进行量化史学的多维度分析与行业性梳理，明确回答明清"陕川藏商道上发生了什么"的问题。

（3）研究结论和对策的创新

通过明清陕商研究，将其对经济社会发展的历史性贡献提升至促进国家统一、民族团结、文明互鉴的高度。客观评价明清陕商的历史意义，明确阐释陕川藏商道的存在价值，积极倡导"一带一路"背景下西南与西北经贸文化生态合作共建机制的现实推进。

第二章　文献综述

本书借鉴了不少前人在中国古代经济史、民族史等研究领域关于"商道""陕商"的成果。下面试对相关研究成果按照时间顺序做由远及近的梳理。

第一节　丝绸之路与古商道的全景式认识框架

一　国外相关研究的学术史梳理及研究动态

中国与欧洲的最早交往源于丝绸古道。维尔纳·施泰因所著《人类文明编年纪事》（经济和生活分册）记载："公元前 1110 年，埃及使者到中国。"这间接印证了"欧洲学者在古埃及二十一王朝时期（约前 1080 年~前 954 年）木乃伊上发现丝绸"的报道。虽然当时并非官方交往的正式开启，但民间互通有无的天然贸易需求已为它赋予了文化履痕。

德国哲学家雅斯贝尔斯在《历史的起源与目标》中认为，丝绸之路实际上是人类文化"轴心时代"（前 800~前 200）的交往，涉及国家及其存在意义，怎样处理人与自然、社会及与人的关系等一些"元典问题"，古希腊、以色列、中国和印度在当时都发生了"终极关怀的觉醒"，丝路上已经有了许多先行者的筚路蓝缕，将中华文明、中亚中东文明和地中海文明三大文明贯通。

公元前 2 世纪，当罗马文明代替古希腊文明时，中国的汉王朝将华夏文明通过丝绸之路远播至安息（波斯）至罗马。此时，中国与中亚、南亚、东北亚、东亚诸国接壤，是中国丝绸之路的直接连接点与通道以及欧洲古罗马的间接连接点；中国自张骞出使西域诸国的"凿空"壮举已有数千年历史，使中国进入中亚和南亚的民族最多，如"大月氏""匈奴""鲜卑"

"突厥""回纥""契丹""蒙古""党项""女真"以及大量汉族，这些民族已融入中东、南亚、欧洲的民族中。

7世纪后，以穆罕默德为首的阿拉伯人，吸收犹太教、基督教、波斯教教义而创立伊斯兰教，同时将其文明影响至阿拉伯半岛、波斯、印度、中国；同时，中国也将南亚的佛教、中东拜火教、伊斯兰教、基督教、天主教相融合，形成中式佛教、伊斯兰教、基督教。中国唐王朝再次由丝绸文明实现与阿拉伯文明、印度文明的交流对接。

17~18世纪，当《论语》《老子》《周易》等经典文献经由传教士介绍到欧洲，影响了伏尔泰、卢梭、莱布尼兹、孟德斯鸠、康德、马克思等一大批西方思想家。文艺复兴发生，西方现代文明由此开启。此后，无论加尔文的教义创新还是马丁·路德的宗教改革，均来自文艺复兴的思想启迪。

中国的丝绸之路从19世纪后半叶开始成为西方学者关注的研究热点，这既是欧洲开辟世界新市场的必然结果，也是欧洲借鉴东西方的历史交往以探索国际新关系的现实需要，还与19世纪兴起的考古探险热有关。1877年，德国地理学家李希霍芬在《中国——亲身旅行的成果和以之为根据的研究》中首次提出"丝绸之路"的概念，将其定义为两汉时期从中国洛阳、长安、新疆至中亚撒马尔罕（今为乌兹别克斯坦共和国第二大城市）的丝绸贸易线路。1898年俄国人克莱门兹赴新疆吐鲁番盆地哈拉、卓古城考察探险，其研究成果在1899年罗马的国际东方学会议上引起关注。1900年英国考古学家马尔克·奥莱尔·斯坦因领队前往西域，分别于1900~1901年、1906~1908年、1913~1916年、1930~1931年进行了四次著名的中亚考察，重点考察了中国的新疆和甘肃，所发现的敦煌吐鲁番文物及其他中亚文物是今天国际敦煌学研究的重要资料。1908年，法国探险家保罗·伯希和参与西域国际考察委员会中亚和东亚探险之旅，前往中国敦煌石窟探险，购买了大批敦煌文物，带回法国。1910年，德国历史学家阿尔巴特·赫尔曼在《中国和叙利亚之间的古代丝绸之路》中确定了丝绸之路的基本内涵。1915年，赫尔曼在《从中国到罗马帝国的丝绸之路》中考证出"丝绸之路"的西端从中亚延伸到地中海西岸和小亚细亚，是中国与希腊-罗马贸易往来的东西通道。从1927年开始，瑞典探险家斯文·赫定对中国西北地区及丝路深处进行多次实地考察，写成著名的丝路探险三部曲，其中第二部名为《丝绸之路》。1998年，法国的中国文化史专家 J. P. 德勒热的《丝绸之路：东方和西方的交流传奇》中译本出版，该书图文并茂，对东西方往来做了细致描述。2005年，法国学者让·诺埃尔·罗伯特在《从罗马到中国：恺撒大帝时代的丝绸之路》以翔实的资料证实中国人开辟了横贯欧亚大陆的丝绸之路。2013年，美国汉学家比尔·波特的《丝绸之路》出版。这些西方学者的著作主要关注东西文明的差异，视角比较宏观。日本学者的研究则更加细致，重要成果包括松田寿男（まつだ ひさお）《绢马交易和"禺氏玉"——关于最古的丝绸之路》、长泽和俊（ながさわ かずとし）《丝绸之路史研究》等。这些海外研究归纳出了三条丝绸之路：古代人走的是北亚草原路，中古人走的是中亚绿洲路，近代人走的是南亚海洋路。特别要指出的是，陕西安康地区在1945年迎来了一位挪威人卡尔·莫特森。莫特森先生在安康拍的12分钟纪录片不仅轰动欧洲，而且很意外地成为中国第一部彩色电影。

实际上，现在的"一带一路"已不局限于当初李希霍芬对"丝绸之路"的命名，不再是以丝绸为主的贸易商道；路线亦有交叠拓展。以往研究忽略了历史上贸易商道的开拓、维护动力，无论是古人利用天然的道路还是他们自己开辟的道路，均需以双方供求对接为前提。其中，不自觉的、带偶然性的流通，与自觉的、较长时段的贸易是两回事，有意而为之的交往一定源于民间的物质资料、文化观念、思维方式和宗教信仰交流的迫切需要。只有对丝绸之路的中国内地部分进行更加细致的考察，才能充分理解丝绸之路形成过程，从而理解它所蕴含的发展动力。

丝绸之路是古代以丝绸等为大宗交易物品的欧亚大陆远途跨国贸易及文化交流的通道（前2世纪~16世纪）。绵亘万里、延续千年的丝绸之路，跨越人类文明发祥地、宗教信众汇集地、各国民众聚居地，堪为世界古文明动力带与世界文化遗产密集带，积淀了合作共赢的丝路精神。2014年6月22日，"丝绸之路：长安-天山廊道路网"项目（国内外共33处）成功入选《世界遗产名录》。1993年，法国与西班牙之间的朝圣道路——冈斯特拉的圣地亚哥之路（Route of Santiago de Compostela）被列入《世界遗产名录》，引发了国际古迹遗址理事会（ICOMOS）和联合国教科文组织（UNESCO）的专家学者使用"文化线路"的概念。根据《国际古迹遗址理事会关于文化线路宪章》（*The ICOMOS Charter on Cultural Routes*），"文化线路"是"清晰物理界限的陆地、水路或其他形式的交通通道，具有自身动态的和历史的功能并服务于特定及明确目的";不仅如此,"文化线路"还需满足下述条件:源于并体现了不同货物、人群、思想,在不同地域互动交流的长期历史过程;促进不同文化在时空中的交融并体现在物质、非物质文化遗产中;通道凝聚的历史关系和文化特质已整合为一个动态系统。笔者认为,"丝绸之路"属于"文化线路",因为它满足上述条件。

由于在中西方及沿途诸国和地区之间,通过"丝绸之路"进行着政治、经济、文化、艺术、宗教和科技等方面的交往、交流和传播[①],"拥有不同文化感知和符号系统的人们之间的交流"[②],"这些内容以人类'在场'的文化空间为核心体现,既包括一定物化的形式(地点、器物、实物等),也有人类周期性的行为、聚会等"[③],其间留有诸多物质、非物质文化遗存。

丝绸之路使我们有机会通过诸多形式的通路、商道等走向广阔的田野,在文明互动与流变的形成轨迹之中去考察,我们身处的自然、个人与社会的关系,以包容胸怀理解人类在生存、生活与生产过程中所有经验的积累,由此承启丝路文明。

在此,"丝绸之路"通道整体已然形成一个动态系统。

通道,不同文明之间连接与往来沟通的物质载体。通过从这样不计其数的道路中,选取并借助其中有数的几条,在物品传送与消费的过程里,来反映一种跨域贸易活动,其背后又必然会是一种不同文明体中极为不同的文化价值存在的真正可去追溯的文化线索[④]。年鉴史学家布罗代尔对于地中海区域的各种形式道路与运输的研究亦说明该点。[⑤] 因此,物品运输的通道成为某种物、某类人可以进入某社会中去的重要向度,借助一条道路沿

---

① 〔美〕塞缪尔·亨廷顿、劳伦斯·哈里森:《文化的重要作用——价值观如何影响人类进步》,程克雄译,新华出版社,2002,第 2、6、43 页。
② Porter, M. E., "Location and Economic Development: Local Clusters", *Economic Development Quarterly*, 2000, 14 (1): pp.15-34.
③ 《保护世界文化和自然遗产公约实施指南》,参见国家文物局编《纪念"中华人民共和国文物保护法"修订实施五周年:国际文化遗产保护文件选编》,文物出版社,2007,第 34~59 页。
④ 赵旭东:《"一带一路"观念对人类学文明研究的新拓展》,《思想战线》2016 年第 1 期,第 18~25 页。
⑤ 〔法〕布罗代尔:《菲利普二世时代的地中海和地中海世界》(上卷),唐家龙等译,商务印书馆,1996,第 411~527 页。

线区域性的扩展而可以找寻到不同文明体之间互惠性关系的存在。① 这种动态的线索追溯，需要我们有较为宏大的"一带一路"时空视野，即从以人为中心的社会构造或社会关系结构的分析，真正转到更多从人因物的追求和转运而产生的特征性行动轨迹的一种线索而追溯上去。② 因此，今天的丝路研究不应该单纯立足于历史考古，"丝路学"应该成为一门"未来学"。从丝路的原始交往中，或许可以为人类面临的全球化困境寻找到勃勃生机。

二 国内相关研究的学术史梳理及研究动态

国内学者对丝路的研究成果数量极多，内容丰富。大的方面涉及政治、经贸、军事、外交、制度、思想、文化、艺术、历史、宗教、语言等；小的方面涉及神话、种族、仪式、城市、风俗、考古、货币、道路、水运、人口、移民、矿物、饮食、香料、特产、名人、医药、体育、动植物、工艺、石雕、简牍、洞窟、壁画、文学、音乐、舞蹈、建筑、刺绣、缂丝等。比较知名的如下。

林梅村《丝绸之路考古十五讲》③《古道西风——考古新发现所见中西文化交流》④《汉唐西域与中国文明》⑤，及其文章《从考古发现看火祆教在中国的初传》⑥ 比较透彻地追溯了丝绸之路的考古历程与系列发现。

李明伟《丝绸之路贸易史》⑦ 将"丝绸之路"商贸史按照历史时期进行划分，即丝路贸易开拓与兴起时期、发展时期、繁荣时期、转变时期和衰落时期，上述五个时期又分别对应先秦两汉时期、魏晋南北朝时期、隋唐五代时期、宋元时期以及明清时期，以纲带目，将丝绸之路贸易史嵌入丝绸之路发展史。特别是，书中专辟一节讲"西南丝绸之路"（"西南夷

---

① 赵旭东：《人类学与文明互动的三种形态》，《中原文化研究》2015年第3期，第52~59页。

② 赵旭东：《线索民族志：民族志叙事的新范式》，《民族研究》2015年第1期，第47~57+124页。

③ 参见林梅村《丝绸之路考古十五讲》，北京大学出版社，2006。

④ 参见林梅村《古道西风——考古新发现所见中西文化交流》，生活·读书·新知三联书店，2000。

⑤ 参见林梅村《汉唐西域与中国文明》，文物出版社，1998。

⑥ 林梅村：《从考古发现看火祆教在中国的初传》，《西域研究》1996年第4期，第54~60页。

⑦ 参见李明伟《丝绸之路贸易史》，甘肃人民出版社，1991。

道"），认为由长安经巴蜀、永昌通印度诸国的贸易路，即"西南夷道"，它属于亚欧陆路贸易的范围，是由长安出发通往中西亚、南亚、欧洲地中海区的丝绸之路第四条主干线；"西南夷道"共由三段组成，即秦蜀道（长安至成都）、蜀川牂柯道（成都至永昌郡）、永昌路（永昌至域外南亚、印度支那地区）。另，关于明清时期，涉及"明代汉藏茶马贸易""清代前期边境贸易"的重要内容。

刘文敏《丝绸之路——通向中亚的历史古道》① 从人文科学、自然科学角度讲述王朝盛衰的沧桑变迁，尤其是深入探讨了丝绸之路沿途各民族间关系，重点研究了丝绸之路历史概况与丝绸贸易史。

武斌《丝绸之路全史》② 突破了分述陆上和海上、草原与西南各条丝绸之路的传统框架，采用历史文献与考古资料、神话、传说相结合的方式，首次全景式地描述了丝绸之路的形成、发展、繁荣的历史。

这些著作纠正了一个理解上的误区：丝绸之路在人们头脑中的图景总是荒野、戈壁、沙漠、草原、高山峻岭等险恶地貌；事实上，如果丝绸之路没有强大的吸引力，是不可能让欧亚商人热情奔赴的。中国学者揭示出的是丝绸之路生机勃勃的物质文明与非物质文明，而这种文明是由丝路商旅活动等的各种层面来展现的。

在此基础上，更加细致的研究比如《山东是战国秦汉时期丝绸之路的主要供货地》③；《中国丝绸之路的繁荣》④；《丝绸之路上的呼罗珊大道考述》⑤；《西南丝绸之路灵关道（云南驿村-大田村）驿道聚落初探》⑥；《北朝丝绸之路的历史考察》⑦；《汉唐间丝绸之路起点的变迁》⑧；《炳灵寺石窟

---

① 参见刘文敏《丝绸之路——通向中亚的历史古道》，中国三峡出版社，1993。
② 参见武斌《丝绸之路全史》，辽宁教育出版社，2018。
③ 石金昌、华德公、刘景和：《山东是战国秦汉时期丝绸之路的主要供货地》，《浙江丝绸工学院学报》（社会科学版）1993 年第 3 期，第 163～166 页。
④ 周得京：《中国丝绸之路的繁荣》，《洛阳工学院学报》（社会科学版）1999 年第 3 期，第 28～33+61 页。
⑤ 施杨：《丝绸之路上的呼罗珊大道考述》，《贵州师范大学学报》（社会科学版）2002 年第 4 期，第 91～93 页。
⑥ 王志群：《西南丝绸之路灵关道（云南驿村-大田村）驿道聚落初探》，硕士学位论文，昆明理工大学，2004，第 10～15 页。
⑦ 赵涛：《北朝丝绸之路的历史考察》，硕士学位论文，山西大学历史文化学院，2008，第 13～38 页。
⑧ 石云涛：《汉唐间丝绸之路起点的变迁》，《中州学刊》2008 年第 1 期，第 183～193 页。

与丝绸之路东段五条干道》①；《唐代丝绸之路演变与西北市场格局的变动》②；《唐代茶史研究》③；《古代丝绸之路与技术知识传播》④；《丝绸之路考古论集》⑤；《大唐之国：1400年的记忆遗产》⑥ 等。这些研究围绕某个小点还原历史细节，价值非常高。

　　道路和货源等是本书重要的研究对象。为何集中研究陕川藏商道？原因是起自陕西关中的西南通道也就是一条古代的边茶贸易的大通道，成为与西北通道发生联系的必经之路。川藏道成为当时西藏通往内地的主要贡道；陕西又是货源地，陕川藏商道涵盖陕、川、藏三省，成为汉藏贸易的重要通路，由秦蜀道、康藏道连接而成。自唐末以来，陆路丝绸之路的几度衰落，可能源于海上丝绸之路的活跃，欧亚高地带的复杂地形和气候、战争、民族冲突、宗教冲突和自然灾害的出现，及各类织品在世界各地的出现。茶马古道彻底消除了欧亚连接地带经常受阻的状态，并进一步使盐运古道、丝绸之路转型为茶马古道。茶马古道既是必要的生存古道，又是远征古道，这使得茶马古道能够最终取代盐运古道和丝绸之路，成为欧亚大陆的连接命脉⑦。

　　（1）研究"蜀道"的国内学者，较早有黄盛璋、严耕望先生，后来有王蓬、李瑾、雍思政、王鹏、吴镇铎⑧、王开⑨、赵静、徐伊丽等。他们认为：秦蜀道是关中平原通往四川盆地的七条主道路（包括由关中通往汉中的故道、褒斜道、傥骆道、子午道，以及由汉中通往四川的金牛道、米仓道、荔枝道）组成的道路体系统称。其中，李之勤对褒斜道、故道，顾祖禹、梁中效对傥骆道，晏波、蔡博峰对子午道，孙启祥、周宏伟对金牛道，彭邦

① 李并成、马燕云：《炳灵寺石窟与丝绸之路东段五条干道》，《敦煌研究》2010年第2期，第75~80页。
② 袁黎明：《唐代丝绸之路演变与西北市场格局的变动》，硕士学位论文，陕西师范大学历史地理学院，2010，第17~27页。
③ 参见宋时磊《唐代茶史研究》，中国社会科学出版社，2017。
④ 参见陈巍《古代丝绸之路与技术知识传播》，广东人民出版社，2017。
⑤ 参见徐苹芳《丝绸之路考古论集》，上海古籍出版社，2017。
⑥ 参见葛承雍《大唐之国：1400年的记忆遗产》，生活·读书·新知三联书店，2018。
⑦ 陈保亚：《茶马古道与盐运古道、丝绸之路的关系——基于词与物的古道类型学研究》，《思想战线》2016年第6期，第90~97页。
⑧ 参见吴镇铎《陕西地理沿革》，陕西人民出版社，1981。
⑨ 参见王开《陕西古代道路交通史》，人民交通出版社，1989。

本、王子今对米仓道，赵静对秦蜀道，徐伊丽对秦直道，各有专门研究。

（2）研究"康藏道"的国内学者，比如杨绍淮、石硕、陈保亚等。2016 年 8 月，由西藏自治区旅游发展委员会主办了"茶马古道·西藏秘境"科考活动，耗时 15 天，借助 318、214 国道和西藏 305 省道（那曲至林芝），完成自成都经雅安、康定、昌都、林芝，最后抵达拉萨的行程。由于远离中原，流传至今的有来自清朝果亲王（爱新觉罗·允礼）的《使藏日记》，虽有"使藏"二字却止步于甘孜州道孚县；清末黄懋材的《西輶日记》和民国时期刘曼卿的《康藏轺征》。第一批走进西藏并留下完整文字资料的外国人古伯察，曾先后写下《鞑靼西藏旅行记》《中华帝国行》，在西方引起轰动。近代第一位穿越康区的英国皇家地理学会会员唐古柏，其代表作《穿越中国到印度的旅行》，为英国对中国西南边疆的觊觎提供了大量资料，他所考察的路线，正是康藏茶马古道。1904 年 5 月，法国驻滇总领事及法国滇越铁路总公司驻云南总代表方苏雅曾亲至雅安，最终得出"这里无法修建铁路"的结论，拍摄了沿途背夫、轿夫、马帮、茶包等珍贵历史照片。1908 年夏，英国皇家地理学会会员、前陆军中尉布鲁克至康定，发现每日均有 200 多头驮马从折多山走向西藏，结合自己于 1906 年、1907 年的西藏、川西游历经历，甚至认为可据茶叶运量估算西藏人口；亦在康定亲眼看见了各茶号生产、包装、转运过程。国外其他对此的研究多集中于藏文化的相关领域（学科）"Tibetology"，还有比如"The rough guide to China""Let's go-travel guide""China-lonely planet"以及世界遗产委员会等权威国际组织，对整体茶马古道的评论均体现出西方视野，但仍偏于模糊。

（3）研究"滇藏道"的国外学者，比如，法国汉学家伯希和认为在公元 2 世纪前"中国与印度已由缅甸一道发生贸易关系"①；英国学者 G.E. 哈威指出，缅甸"其地固与中国为邻，且自纪元前 2 世纪以来，中国已以缅甸为商业通道"②。缅甸历史学家波巴信认为："上缅甸约在一千七百年以前，由于它位于西方的罗马和东方的中国互相往来的陆上通衢之间，就成为中国和印度之间的陆上枢纽。"③ 英国学者李约瑟讲道："张骞事实上已清

---

① 见冯承钧译《西域南海史地考证译丛》，商务印书馆，1962，第 3~5 页。
② 〔英〕G.E. 哈威：《缅甸史》，姚楠译，商务印书馆，1957，第 39 页。
③ 〔缅〕波巴信：《缅甸史》，陈炎译，商务印书馆，1965，第 14 页。

楚地知道，在四川和印度之间，通过云南和缅甸或阿萨密有一条商路。"
"从汉代初期起，便有迹象表明，除了布匹和竹杖之外，别的货物也曾通过云南和阿萨密的森林山区。"① 英国历史学家 D. G. E. 霍尔提出："从印度前往中国（除海路）还有一条通过阿萨姆，上缅甸和云南的北方路线。"② 日本学者藤泽义美坚信："说起亚洲史上东西文化交流的经路，即古代所谓'丝路'一般可以举出两条：即经由中央亚细亚的内陆交通线，和唐代以后因阿拉伯商人行旅贩运而开辟的南方海上交通线。对于经由缅甸—云南—四川这条所谓'滇缅路'，似乎很少有人注意。""当然，这条经路如果同丝路以及南方海上通路相比较，事实上是一条并不引人注意的丝路，但是不能因此便说这条路在亚洲东西文化交流史上没有起到任何作用。"③ 1993 年 8 月，在香港举行的第三十四届亚洲及北非洲国际学术会议上，新德里尼赫鲁大学的雷义教授报告论文《从中国至印度的南方丝绸之路——一篇来自印度的探讨》，力图从在孟加拉国、印度的阿萨姆和东北印度其他地方发现的新的考古学资料提供的联系，来阐明南方丝绸之路的来龙去脉；印度阿萨姆邦 Dibrugarh 大学的 S. L. Baruah 教授的报告论文《关于南方丝绸之路的印度历史证据：阿豪马人迁居阿萨姆的路线》，认为从印度东北部至中国的路线，"除水路之外，也有陆路通过上缅甸和云南到中国南方。事实上，印度支那血统的成员，在基督诞生以前好几世纪，就通过缅甸和印度的阿萨姆的河谷地带及阿萨姆缅甸边界上的山口到达了印度"。

国内对此的研究，早在 20 世纪 20 年代，梁启超撰写了一篇题为《中国印度之交通》的文章，列举古代中印间的交通路线共有六条，第六条即是"滇缅路"。④ 张星烺先生在 1930 年出版的《中西交通史料汇编》第一册附录中亦有提及。⑤ 抗日战争时期，方国瑜先生撰写的《云南与印度缅甸之古

① 〔英〕李约瑟：《中国科学技术史》第 1 卷，《中国科学技术史》翻译小组译，科学出版社，1975，第 376+456~457 页。
② 〔英〕D. G. E. 霍尔：《东南亚史》，中山大学东南亚历史研究所译，商务印书馆，1982，第 3~9 页。
③ 〔日〕藤泽义美：《古代东南亚的文化交流——以滇缅为中心》，徐启恒译，原文载《历史教育》1957 年第 5 卷第 5 期，译文原载中国社会科学院、北京大学南亚研究所合编《南亚与东南亚资料》1982 年第 2 辑，第 43~49 页。
④ 梁启超：《佛学研究十八篇》，中华书局，1989，第 132~133 页。
⑤ 参见张星烺《中西交通史料汇编》第 1 册，朱杰勤校订，中华书局，1979。

代交通》一文，翔实地考证了从远古传说时代以至元以前云南与印度缅甸之交通状况。① 方先生所说的葱岭、南海、滇蜀三道，即今日所称的西北丝绸之路、海上丝绸之路和西南丝绸之路。该时期，与方国瑜先生持基本相同观点的学者，还有姚宝猷、郑德坤、夏光南、严德一、丁山、卫聚贤、向达、岑仲勉等。② 上述学者均认为，蜀身毒道，是中印间交通的最早的一条道路。且多数学者认为，蜀身毒道之记录，始见于《史记·西南夷列传》，它的存在时间应早于公元前 2 世纪张骞通西域的时间。20 世纪 50 年代初至 70 年代末，季羡林先生指出，中国蚕丝输入印度的道路有五条：南海道、西域道、西藏道、缅甸道、安南道。③ 1969 年 3 月台湾出版的《历史语言研究所集刊》41 本 10 分册刊登了桑秀云女士《蜀布邛竹传至大夏路径的蠡测》一文，考证得出张骞在大夏所见"蜀布"即用蜀郡安汉和上下朱邑所生产的好麻织成的"黄润细布"，"邛竹杖"即蜀郡西南邛地之山所产之竹杖。1974 年 6 月出版的《历史语言研究所集刊》45 本 4 分册又发表了香港饶宗颐《蜀布与 Cinapatta——论早期中、印、缅之交通》。饶宗颐认为，汉代蜀贾当取缅甸道入印度；此道之方便远胜由牂牁路，经西藏入印度之西藏道。④ 但是，关于西南丝绸之路，夏鼐⑤、吕昭义⑥、王友群⑦、顾学稼⑧表示出不同意见。

21 世纪以来，涌现出更多学者及其观点。段渝认为，从古代四川、云

① 方国瑜：《云南与印度缅甸之古代交通》，《西南边疆》1941 年第 12 期，第 32~54 页。
② 参见姚宝猷《中国丝绢西传史》，商务印书馆，1944；郑德坤《四川古代文化史》，华西大学博物馆，1946；夏光南《中印缅道交通史》，中华书局，1948；严德一《边疆地理调查实录》，商务印书馆，1950；丁山《吴回考》，《齐鲁大学国学季刊》1941 年第 2 期；卫聚贤《先秦时代中印文化沟通的探讨》，《古史研究》第 2 集，商务印书馆，1943；向达《中外交通小史》，商务印书馆，1930；岑仲勉《上古中印交通考》，《珠海学报》1949 年第 2 集（又载岑仲勉《西周社会制度问题》，上海人民出版社，1957）。
③ 季羡林：《中国蚕丝输入印度问题的初步研究》，《历史研究》1955 年第 4 期，第 51~94 页。
④ 饶氏指出："蜀布及永昌细布之远至印度，自不成问题，无论蜀布之意义，是指蜀地之细布，抑为永昌之细布，但必经蜀贩之手。""蜀之商贾，足迹远至缅甸，遂及中亚；印度东部为必经之地，事至明显。"
⑤ 夏鼐：《中巴友谊的历史》，《考古》1965 年第 7 期，第 357~364 页。
⑥ 吕昭义：《对西汉时中印交通的一点看法》，《南亚研究》1984 年第 1 期，第 58~67+4 页。
⑦ 王友群：《西汉中叶以前中国西南与印度交通考》，《南亚研究》1988 年第 10 期，第 58~68 页。
⑧ 顾学稼：《南方丝绸之路质疑》，《史学月刊》1993 年第 3 期，第 17~20 页。

南通往印度的南方丝绸之路，积淀着各种历史文化。古代文明、丝绸文化、宗教文化、古城镇文化、茶文化、玉文化、黄金文化、民族民俗文化、抗战文化等构成这条走廊的主要内涵，使它成为一条内涵丰富而具有鲜明特征的历史文化走廊。①

研究认为，自古以来，秦蜀商道历经多种变化。从周初青铜器"散氏盘"铭文中所记"周道"即陈仓故道，至战国时期大规模开通的秦蜀栈道；以及秦惠王更元十三年（前312）修筑褒斜栈道，将"秦之迁民皆居蜀"；西汉武帝于元狩年间（前122~前117）开通长安与西南干线，使整个两汉、三国、魏、晋、南北朝时期，褒斜道一直处于秦蜀交通干道地位。从雅安至西藏的茶路，开通或早在秦汉时期，但至唐宋时期方有准确文字记载。唐贞观八年（634）文成公主沿唐蕃古道入藏。宋代，嘉陵道被置为入川正驿。元代，西藏朝贡及茶马贸易往往经由四川康定取道川陕驿路入京。明清时期，陕川藏商道的地位日益重要。明代，陕商对"巴陕之茶""秦蜀之茶"的运输往往取道陕川官道（由长安经凤翔南折入汉中达四川的连云栈道）与康藏商道（从四川雅安，经康定、昌都至西藏拉萨）。清初，康藏茶马贸易渐变为"边茶"贸易，康藏线分别通往康定、松潘、邛州。康熙三年（1664）褒斜道得以整修；新辟了由汉中至兴安再入白河的新官路，使陕南官道连接成网。雍正三年（1725）康区大部划归四川，康藏道南、北路分别为官道、商道，交通地位更为重要。西部形成了以川、陕为中心（包括藏、新、甘、青、滇、黔）的西南、西北贸易网络，与以北京为中心的东北、华北贸易网络形成呼应之势。

第二节　陕西商人（帮）

一　商帮文献综述

"商帮"一词出现较晚。

范金民认为，"商帮"之名正式产生在清前期。目前所知关于"商帮"的最早记载《福建盐法志》，纂辑于道光十年（1830），其卷十三《配运》

---

① 段渝：《南方丝绸之路：中-印交通与文化走廊》，《思想战线》2015年第6期，第91~97页。

中官帮有 17 个帮，"商帮"有 39 个帮。另，同书卷十九《成式》中，只有福安、宁德帮后无商帮之称，其余完全相同，为 35 个"商帮"。对"商帮"做出解释的是清代文献《清稗类钞》农商类"客帮"条，称"客商之携货远行者，咸以同乡或同业之关系，结成团体，俗称客帮，有京帮、津帮、陕帮、山东帮、山西帮、宁帮、绍帮、广帮、川帮等称"。日本驻汉口领事水野幸吉首先直接将地域商人集团称为"商帮"。1907 年水野幸吉的著述中介绍汉口的"商业机关"，明确提到"商帮"。不仅列举了汉口按行业而分的著名的盐行、茶行、药材行、广东福州杂货行、油行、粮行、棉行及皮行八大行，及"汉口在住各商帮取引比较表"；且对"帮"作了解释，称所谓"帮"是同乡的商人相结合成的团体，各自冠以乡里之名，这些商帮唯一的商业机关是所谓的会馆及公所。① 清末，中文文献始有"商帮"字样出现。宣统二年（1910），天津的福建、广州、潮州三帮商人在呈文中一再自称"商帮"，如谓"商帮等从不见买客一面""一若以商帮为远客""商帮素推其殷实"等。② 这是目前所知地域商人自称商帮的最早记载。

尽管如此，以商帮形式出现的商业集团却早在明初陆续崛起。

为何在此时出现？范金民《明代地域商帮的兴起》认为，交通、经济、银币流通、商业税负减轻、社会观念改变导致地域商帮兴起。③ 梁小民《明代地域商帮的兴起》梳理了明代农业、民营手工业、商业的发展及政策背景引发的商帮产生。④ 从更深层面，龙登高《江南市场史：十一至十九世纪的变迁》认为，客商是在客籍城市借由"乡缘"维系组织的规模化、稳定化商业群体。⑤ 阎云翔以中国东北下岬村的个案研究回应了莫斯环太平洋岛所取得的田野调查经验，认为大部分的交换关系都通过实现互惠来维持，馈赠可视为建构关系网络的社会行动。⑥ 费孝通《乡土中国》指出，血缘、地缘分别是身份社会、契约社会的基础。在漫长的自然经济时代，地缘乃

① 范金民：《明清商人商帮与地方文化》，《商务时报》2009 年 9 月 12 日，第 31 版。
② 《旅居福建广州潮州三公帮概述津埠洋货局取代跑合人沽发货物情形文》，收入《天津商会档案汇编（1903-1911）》，天津人民出版社，1989，第 1112~1113 页。
③ 范金民：《明代地域商帮的兴起》，《中国经济史研究》2006 年第 9 期，第 93~103 页。
④ 梁小民：《明代地域商帮的兴起》，《商界》2006 年第 8 期，第 77 页。
⑤ 龙登高：《江南市场史：十一至十九世纪的变迁》，清华大学出版社，2003，第 151 页。
⑥ 秦文佳：《礼物之"流"——读莫斯的〈礼物〉兼及阎云翔的〈礼物的流动〉》，《世纪中国》2006 年第 2 期，第 19~24 页。

血缘的投影,人地因缘由于"生于斯,长于斯"而被固定化了;当社会发展渐趋商品经济时代,"地缘"即从商业里发展出来的社会关系。"从血缘结合转变到地缘结合,是社会性质的转变,也是社会史上的一个大转变"。现摘录原文如下:

> 血缘社会就是想用生物上的新陈代谢作用,生育,去维持社会结构的稳定。父死子继:农人之子恒为农,商人之子恒为商——那是职业的血缘继替;贵人之子依旧贵——那是身份的血缘继替;富人之子依旧富——那是财富的血缘继替。到现在固然很少社会能完全抛弃血缘继替,那是以亲属来担负生育的时代不易做到的。但是社会结构如果发生变动,完全依血缘去继替也属不可能。生育没有社会化之前,血缘作用的强弱似乎是以社会变迁的速率来决定。

> 血缘是稳定的力量。在稳定的社会中,地缘不过是血缘的投影,不分离的。"生于斯,死于斯"把人和地的因缘固定了。血缘和地缘的合一是社区的原始状态。

> 但是人究竟不是植物,还是要流动的。乡土社会中无法避免的是"细胞分裂"的过程,一个人口在繁殖中的血缘社群,繁殖到一定程度,他们不能在一定地域上集居了,那是因为这社群所需的土地面积,因人口繁殖,也得不断地扩大。扩大到一个程度,住的地和工作的地距离太远,阻碍着效率时,这社群不能不在区位上分裂。——这还是以土地可以无限扩张时说的。事实上,每个家族可以向外开垦的机会很有限,人口繁殖所引起的常是向内的精耕,精耕受着土地报酬递减律的限制,逼着这人群分裂,分出来的部分另外到别的地方去找耕地。

> 我们的籍贯是取自我们的父亲的,并不是根据自己所生或所住的地方,而是和姓一般继承的,那是"血缘",所以我们可以说籍贯只是"血缘的空间投影"。

> 我在江村和禄村调查时都注意过这问题,"怎样才能成为村子里的人?"大体上说有几个条件,第一是要生根在土里:在村子里有土地。第二是要从婚姻中进入当地的亲属圈子。

> 在亲密的血缘社会中商业是不能存在的。这并不是说这种社会不发生交易,而是说他们的交易是以人情来维持的,是相互馈赠的方式。

实质上馈赠和贸易都是有无相通，只在清算方式上有差别。以馈赠来经营大规模的易货在太平洋岛屿间还可以看得到。Malinowski 所描写和分析的 Kulu 制度就是一个例证。但是这种制度不但复杂，而且很受限制。普通的情形是在血缘关系之外去建立商业基础在我们乡土社会中，有专门作贸易活动的街集。街集时常不在村子里，而在一片空场上，各地的人到这特定的地方，各以"无情"的身份出现。在这里大家把原来的关系暂时搁开，一切交易都得当场算清。我常看见隔壁邻舍大家老远的走上十多里在街集上交换清楚之后，又老远的背回来。他们何必到街集上去跑这一趟呢，在门前不是就可以交换的么？这一趟是有作用的，因为在门前是邻舍，到了街集上才是"陌生"人。当场算清是陌生人间的行为，不能牵涉其他社会关系的。

从街集贸易发展到店面贸易的过程中，"客边"的地位有了特殊的方便了。寄籍在血缘性社区边缘上的外边人成了商业活动的媒介。村子里的人对他可以讲价钱，可以当场算清，不必讲人情，没有什么不好意思。所以依我所知道的村子里开店面的，除了穷苦的老年人摆个摊子，等于是乞丐性质外，大多是外边来的"新客"。商业是在血缘之外发展的。

地缘是从商业里发展出来的社会关系。血缘是身份社会的基础，而地缘却是契约社会的基础契约，指陌生人中所作的约定。在订定契约时，各人有选择的自由，在契约进行中，一方面有信用，一方面有法律。法律需要一个同意的权力去支持。契约的完成是权利义务的清算，须要精密的计算，确当的单位，可靠的媒介。在这里是冷静的考虑，不是感情，于是理性支配着人们的活动——这一切是现代社会的特性，也正是乡土社会所缺的。

从血缘结合转变到地缘结合是社会性质的转变，也是社会史上的一个大转变。①

---

① 费孝通：《乡土中国》，江苏文艺出版社，2011，第 75~82 页。

二 陕商文献综述

具体到对陕商的研究，以往明清商帮研究大多偏重晋商（卫聚贤、陈其田、张正明、黄鉴晖、史若民、张巩德、刘文峰等）和徽商（藤井宏、陈野、叶显恩、张海鹏、王廷元等），相较而言，对陕商关注略显薄弱。在此，笔者梳理比较突出的陕商研究学者傅衣凌、田培栋、李刚等的研究论述如下。

（1）厦门大学研究明清经济史的前辈傅衣凌先生较早关注这类问题。陕商起家源于农业。对此，傅衣凌先生《明清时代商人及商业资本——明代江南市民经济试探》专辟一章论述明代陕西商人，肯定"陕西商人是一个实力不弱值得称述的地方商人"，"我所论述的几个地方性商业资本形成史中，依据其发生的地区，纵不敢严格地说，但于隐约之中，似乎可以把它分别为两个不同类型的地方商人，即在沿海的苏、浙、闽、粤商人，其形成与扩大，大体上言之，其发生的地理环境，多在农业发展受有限制，较为贫瘠的地区，而以手工业品的输出，作为经商的基础；其在内地商业资本的发展，如山陕商人，却靠着广大的农业地区为基础，以其地方的丰富资源，先由于农业上的蓄积，逐渐地形成为巨大的地方商人。""陕商的活动地盘，是以陕西为本据，日往来于边塞、江淮、川蜀之间，构成鼎足而三的据点"[①]。傅衣凌先生较早指出山陕商人的产业经营特征，先是以农业积蓄作为创业条件，区别于沿海的苏浙闽粤商人以手工业品的输出作为经商基础，只是未就其特殊性原因作进一步阐释。更重要的，傅老发问"陕商多以市布起家，本来商业资本的正常路线，应是转化为产业资本，为什么这里都转而经营盐笑，反而走上官僚资本之路？"[②]

傅先生还和黄焕宗先生一起翻译了日本学者藤井宏先生的《新安商人研究》，其中涉及陕西商帮的论述被后来许多陕西商帮的研究者视为关注这一问题的发端。"在明一代，作为盐商的陕西商人，其势力曾凌驾于山西商人之上，其老家是三原县、泾阳县、绥德州等地，在明代的商界里，山西

---

① 傅衣凌：《明清时代商人及商业资本——明代江南市民经济试探》，中华书局，2007，第154~167页。

② 傅衣凌：《明清时代商人及商业资本》，人民出版社，1956，第168页。

商人与陕西商人为对抗新安商人及其他商人的必要，常利用邻省之好，互相合作的场合不少"①。需要指出的是，藤井宏先生是在讨论徽商中的重要组成部分"新安商人"时，涉及陕西商帮，并不是以陕西商帮为研究对象的专门研究。

厦门大学钞晓鸿先生继承并发展了傅先生在陕西商帮商业资本相关问题上的探讨。钞晓鸿认为，"陕西商人"这一名称的最早出现，目前尚不可考；不过，陕西内外引用这一专有名词并不少见，康熙《陕西通志》卷21《孝友》载有福建人黄宾卿拯救400名"泾阳陕西商人"的事迹。万历《扬州府志》卷11《盐法志》载"内商多徽歙及山陕之寓籍淮扬者"。《太原霍氏崇本堂族谱》卷3《商有百物之当货》载有陕西商人在赣、鄂交界地段的遇害经过，等等。亦有被称为"秦商"者，褚华《木棉谱》载"明季世祖赠长史公精于陶、猗之术，秦晋布商皆主其家"。康熙《咸宁县志》卷6《人物》载有陕西威宁人王之鼎在四川解救"秦商"经过，等等。②

《陕商主体关中说》基于明清陕西境域辖地变迁较大的情形，从各地方志的经商记载把握并进一步明确了陕西商人这一群体的诞生地主要是在关中，多分布于关中东、中部地区，特别是西安至华州、三原至韩城及其与黄河所形成的三角地带，具体以泾阳、三原为代表，朝邑、韩城、富平、大荔、华州、蒲城居多，华阴、咸阳、醴泉、岐山、耀州、凤翔、乾州却少，并比较分析陕北陕南的经商情形，认为"汉水沿岸各县的从商之习胜于秦巴山地、陕北，但明显逊色于关中"③。

《明清时期的陕西商人资本》中提到，商业资本积累或由起初无权的从商人员而来，或由特权商人而来。不过以上经济、非经济的性质仅为逻辑上的划分，在实际案例中往往是两者兼而有之。商业资本的具体组成，包括合股集资、亲族资助、学徒收入、商贩积蓄、借贷积攒等。考察了陕商经营活动及区域，特别是陕商在川的盐茶贸易，在甘、青的茶粮烟贸易。进而分析了商业利润的去向，比如因血缘、地缘关系的衣食婚丧、赡抚孤贫与析箸、行"义举"、教育及其他的非资本形式消耗；商业资本向买田置

① 〔日〕藤井宏：《新安商人研究》，傅衣凌、黄焕宗译，收于《徽商研究论文集》，安徽人民出版社，1985，第169页。
② 钞晓鸿：《陕商主体关中说》，《中国社会经济史研究》1996年第2期，第57页。
③ 钞晓鸿：《陕商主体关中说》，《中国社会经济史研究》1996年第2期，第50~58页。

地、高利贷（货币经营资本）、产业（商品经营资本）等其他资本的转化，鉴于后者尤其匮乏的再生产特征，指出陕商患有严重的"（商品经营）资本积累贫乏症"。也许正因如此，陕商较易随着清末关中内外社会环境变迁而呈现逐渐衰落的趋势。在所谓地主、商人、高利贷三位一体的"封建商业资本"下产生的陕商，其存在的深层次思想根源及社会经济环境尚待进一步研究。①

《区域社会·商业资本·商人行为——以明清"陕西商人"为例》指出：陕西商人与社会风气及当地习俗相互影响；宗法关系为陕西商人所利用，但同时又是其发展障碍；权本位亦导致陕商不自主、不纯粹的商业经济行为。②

《传统商人与区域社会的整合——以明清陕西商人与关中社会为例》则继续指出：传统商人与区域社会之间存在密切的互动整合关系。③

上述研究关注了陕西商帮经济活动中的资本积累、运作方式，但对于具体经营活动的探讨尚不充分。

（2）田培栋就明清时期陕西社会经济问题进行了深入研究，先后撰写了《陕西通史·经济卷》《陕西商帮》《陕西社会经济史》三部著作，阐明了陕西商帮出现背景，特别是《陕西社会经济史》④对入川经营的关中各县"川客"作了较详细的调查，系国内地区史研究的力作，丰富了陕西历史研究，从明清时期陕北、关中、陕南地区经济入手，刻画了陕西商帮出现的时空背景，记叙了当时国内各地（比如扬州、四川、西北）的陕西商帮，及其行业（布业、茶叶业、毛皮业、水烟业、药材业）经营状况，进而总结其特点与对西部社会发展的影响。

（3）对陕西商帮进行专门研究的，有西北大学的李刚先生。身在陕商故地的他，为还原历史的真面目，给陕西商帮以应有的历史地位；通过研究这一在中国西部纵横将近500年的"西北商业资本财团"的历史及其活动，给当代西部开发及"一带一路"建设提供历史经验。李刚先生研究陕

① 钞晓鸿：《明清时期的陕西商人资本》，《中国经济史研究》1996年第1期，第105~119页。
② 钞晓鸿：《区域社会·商业资本·商人行为——以明清"陕西商人"为例》，第八届明史国际学术讨论会论文，1999，第300~311页。
③ 钞晓鸿：《传统商人与区域社会的整合——以明清陕西商人与关中社会为例》，《厦门大学学报》（哲学社会科学版）2001年第1期，第105~113页。
④ 田培栋：《陕西社会经济史》，三秦出版社，2007，第693~733页。

商近 30 年，其中，前 10 年着重对陕商历史资料的跟踪调查，出版了《陕西商帮史》；中间 10 年聚焦陕西历史上著名商业家族的历史遗迹跟踪调查，出版了《陕西商人研究》；近 10 年整理明清陕商会馆遗存，出版了《明清陕商山陕会馆研究》，特别是 2016 年以来作为执行主编出版了《千年秦商列传》等著作。

《千年秦商列传》明确了当代"秦商"指自有秦以来，在秦地从事商业活动的商人总称。从公元前 216 年，秦国商人乌氏倮与外族交易丝绸以来，陕西商人即已出现。陕商是以同州府的关中商人为核心、以榆林的边关商人及陕南的商业资本为两翼形成的商业资本集团。

《陕西商帮史》① 为我们展现了明清陕商形成原因、明代的初步形成与清代的鼎盛发展以及近代的衰落，从而在分析陕商特点后，客观评价了其对民族经济的历史性贡献。

《陕西商人研究》② 则以更宏大视角在时间上最早追溯了秦汉陕西商业的出现与商人的形成、隋唐"帝都商人"的兴起及第二次发展浪潮、明清陕西商人发展的第三次浪潮、近代陕西商帮的衰落、抗战时期红色陕西商人积极参与的爱国活动，空间上着墨于明清陕商在华北、江南、西部的活动，并整理同期商业家族及各地会馆，由此说明陕商历史悠久、积淀深厚，对西部大开发的重要贡献。

《明清陕西商人与康藏锅庄关系探微》③ 一文论述了锅庄在维系陕商藏地贸易中的地位与作用。表明李刚先生也曾经把视角着眼于陕商在康区的相关活动上，试图解决这些人去哪里、怎么去（商路），以及明确在哪一个区域的活动，但这类关注目前还不是陕西商帮研究的主流。

（4）此外，王致中、魏丽英关于明清西北社会经济史的研究④、李清凌关于西北经济史的研究⑤、龙登高对陕西乃至西北的市场研究⑥，均为我们提供了可资借鉴之处。

---

① 参见李刚《陕西商帮史》，西北大学出版社，1997。
② 参见李刚《陕西商人研究》，陕西人民出版社，2005。
③ 李刚、郑中伟：《明清陕西商人与康藏锅庄关系探微》，《重庆商学院学报》2000 年第 12 期，第 75~78+84 页。
④ 王致中、魏丽英：《明清西北社会经济史研究》，三秦出版社，1996，第 399~411 页。
⑤ 李清凌：《西北经济史》，人民出版社，1997，第 1~27 页。
⑥ 龙登高：《中国传统市场发展史》，人民出版社，1997，第 516 页。

第三节　汉藏贸易

身居亚欧大陆中部的青藏高原，看似是人类文明交往的自然屏障，事实上却是连通中国西南与南亚的重要通道。早在英国殖民者自海上叩开中国国门之前，他们已经将南亚次大陆变为殖民地，一些"探险家"就已经从喜马拉雅山南麓探索"雪山背后的神秘世界"了。与中国其他地区不同，西方殖民者主要通过陆路，特别是从南亚向藏区活动、渗透，这使得近代以来藏区的社会经济发展有其自身的特点，值得我们进一步探索。自元朝开始，西藏地方被正式纳入了中原王朝的直接管理体系之中，大量汉、藏文献中关于汉藏关系的记载，以无可争辩的史实证明了藏族在历史的演进中成为中华民族不可分割的历史成员和现实成员这一事实[1]。陕商作为历史上康区汉藏商贸的主要开拓者，直到民国时期，始终在汉藏贸易中占据重要地位，其足迹几乎踏遍整个康区，对汉藏经济交流的贡献颇大。对于陕商在藏地的活动，特别是康区的经营活动，也引起了民族史、藏族史学者的关注。

一　国外相关研究的学术史梳理及研究动态

1. 关于藏区的田野调研

古伯察和秦噶哗于 1844～1846 年穿行康藏地区，之后古伯察著《鞑靼西藏旅行记》。[2] 英国皇家地理学会会员唐古柏于 19 世纪下半叶考察东部藏区。法国驻滇总领事方苏雅于 1904 年亲至雅安考察铁路筹建。英国皇家地理学会会员布鲁克于 1908 年至康定目睹茶号产销过程。法国传教士古纯仁（Francis Gore）曾在 1923 年前赴藏地康区进行了长时段考察研究，著有《川滇之藏边》。[3] 20 世纪 20 年代，在西藏旅行和考察的意大利

---

[1] 陈沛杉、徐文渊：《元明清时期西藏地方与中央政府的属领关系——对后宏期藏文文献中关于汉藏关系记载的考察》，《思想战线》2014 年第 2 期，第 114～119 页。

[2] 参见〔法〕古伯察《鞑靼西藏旅行记》，耿昇译，中国藏学出版社，1991。

[3] 〔法〕古纯仁：《川滇之藏边》，《康藏研究月刊》，李哲生译，1947 年 12 月第 15 期至 1949 年 8 月第 29 期连载（第 24、25 期间断）。

藏学家 G. 杜齐，对于藏族及其文化的地域性差异作过研究。[1] 1950 年后，法国藏学家石泰安（Stein）[2] 和美国藏学家劳伦斯·艾普斯坦（Lawrence Epstein）着重研究了康区。1994 年，美国学者吴天威《为何说西藏是中国领土不可分割的一部分》[3] 阐明西藏从文化、生态及历史等方面均是中国领土不可分割的一部分。苏联学者列昂节夫《外国在西藏的扩张（1988-1919）》得出中国自古以来就拥有对西藏无可置疑的主权这一论断。

从 20 世纪 90 年代起，美国部分年轻学者开始关注中国西南边疆，以多元化研究理念和范式为指导，在美国学界掀起一场从另一类"边疆"审视明清史的学术热潮。比如，Laura Hosteler《清代殖民事业：早期现代中国的人种志与地图学》（2001），单国钺《中国国家之建构：明代边境的族群性与扩张》，John E. Herman 的《云雾之间：中国在贵州的拓殖 1200-1700 年》，纪若诚的《亚洲边陲：清代云南边疆的变迁》等。这些书试图超越和推翻传统中国学研究，特别是边疆史的众多基本命题和重要概念，以具有自身内在逻辑的论证体系，系统解构明清边疆史的学术目的。[4]

当代国际藏学家范德康、多吉旺秋、金伯格、马休·凯普斯坦[5]、石滨

---

[1] 杜齐曾指出："西藏不是一个与世界各地完全隔绝的孤岛，而是一个多种文化的交汇之地。"（〔意〕G. 杜齐：《西藏考古》，向红笛译，西藏人民出版社，1987，第 65 页）也曾描述："藏族人口远非出于一源……虽然在今天，这里语言和宗教是相同的，习俗也是一致的，但我们愈往西部和南部走，就愈发现人们在身体特征上有很大的差异……虽然几个世纪的混合和共同生活把许多来源不同的种族融合在一起，但这个差异还是明显的。"（〔意〕G. 杜齐：《西藏中世纪史》，李有义、邓锐龄译，中国社会科学院民族研究所民族史室民族学室，1980，第 7~8 页。）

[2] 石泰安曾指出："西藏的文明包括许多因素。……它的方言和习俗也参差纷繁。西藏在民族组成方面的情况也基本如此，各种具有不同特征的人和睦相处或者是杂居。"（〔法〕石泰安：《西藏的文明》，耿昇译，中国藏学出版社，2005，第 81~113 页）

[3] 〔美〕吴天威：《为何说西藏是中国领土不可分割的一部分?》，载《国外藏学研究译文集》第 10 辑，西藏人民出版社，1985，第 56~62 页。

[4] 邹立波、李沛容：《西南边疆在明清史研究中的地位——美国现代学术视野下的中国西南边疆史研究》，《思想战线》2013 年第 6 期，第 149~156 页。

[5] 法国高等研究实践学院马休·凯普斯坦认为，目前没有基于藏方的证据所进行的有关西藏茶文化发展的研究。大多数有关西藏与中国间"茶马贸易"的研究涉及的是现代历史，即从明代开始的历史。藏文资料中让我们更进一步了解西藏饮用茶的发展历程的三种重要的信息。研究 11 世纪西藏喇嘛们的传记发现，竟不曾提及茶叶，而是酸奶或青稞酒待客。正是在 12 世纪我们开始在有关喇嘛的传记中看到提及茶的叙述，起初是作为不同寻常的礼物被提及（正如冈波巴与米拉日巴首次见面时的情形那样），后来从 12 世纪 （转下页注）

裕美子等长期致力于汉藏关系史研究。印度《瞭望》杂志外事副主编普拉内·沙玛在踏足西藏土地后,感慨"充满活力的拉萨市,传统与现代和谐共存"。遗憾的是,均忽略了明清川西藏区陕商这一经济主体。

2. 关于交换行为的理论分析

马林诺夫斯基在 20 世纪 20 年代所做的美拉尼西亚地区特罗布里恩德群岛土著社会"库拉圈"的交换制度研究,说明人类在基于血缘、乡缘、地缘的生存、生活、生产交往中产生的特定社会关系,可经交换实现整合;该发现暗合"经济'嵌入'于其背后的社会关系"的经济人类学观点。[①]

马塞尔·莫斯《论馈赠——传统社会的交换形式及其功能》是有关交换理论的人类学专著[②],否定了人与人之间只有物质交换关系的经济人假说,主张礼物交换的根本性质不是物物交换,而是一种用于建立互惠关系、使之能创造和连接社区和社会关系,以维护社会结构稳定的礼制秩序,人类的交换行为背后始终有着一套维持社会再生产的伦理道德功能。

卡尔·波朗尼《大转型:我们时代的政治与经济起源》[③] 提出著名的"嵌合"理论,认为人类经济行为"嵌入"社会政治主道德宗教和整体里,遵从与人的本质需求更为接近的语言宗教和礼仪,在结构和功能上都高于物质产品和工具,其中的经济部分只是人类社会文化可持续发展的组成部分,主张从社会关系、自然环境、人类多元文化关联互动的角度来分析市场机制;将人类交换行为分成互酬、再分配和市场交换三类,并且特别强调互酬、再分配对协调共同体和稳固社会关系的作用。

施坚雅《中华帝国晚期的城市》[④] 探讨了不同层级的市场与社会的关

（接上页注⑤）中叶起,茶作为从康区运来的重要礼物被提及,使我们首次看到在康区财富与重要寺院的发展。因此,凯普斯坦的结论是西藏茶的饮用是宋代茶叶的商业化的副产品,而且康巴僧人与卫藏地区的上师们之间的关系在藏族人中推行茶的饮用起到了主要的作用。整个康区不断增长的茶叶贸易为康区本身建立寺院中心创造了经济条件。汉文资料证实从宋代开始就有向藏族人销售茶叶的重要贸易的存在,但是,我们不禁质疑:谁是这些藏族人?他们只是住在中原附近的藏东地区的人么?抑或在西藏饮茶已经变得比较普遍呢?

① 〔日〕粟本慎一郎:《经济人类学》,王名等译,商务印书馆,1997,第 1 页。

② 参见〔法〕马塞尔·莫斯《论馈赠——传统社会的交换形式及其功能》,卢汇译,中央民族大学出版社,2002。

③ 参见〔英〕卡尔·波朗尼《大转型:我们时代的政治与经济起源》,冯钢、刘阳等译,浙江人民出版社,2010。

④ 〔美〕施坚雅:《中华帝国晚期的城市》,叶光庭、徐自立、王嗣均、徐松年、马裕祥、王文源译,中华书局,2000,第 623~662 页。

联，认为在中心城市和其连接的地方体系内，有着两种等级结构，即行政官僚体系与民间贸易体系，书中所提中国集市体系理论和宏观区域理论对20世纪80年代以来中国经济史研究影响深远。《中国封建社会晚期城市研究施坚雅模式》①进一步指出：客商在客籍城市典型地按"同籍"组织起来，且刻意保持与外籍人士的族群界限，来维护客商原籍的专业化特征。

格兰诺维特《经济行动与社会结构：嵌入型问题》标志着新经济社会学学科建立。其主要代表人物包括格兰诺维特、斯威德伯格、伯特、扎利泽等。该理论主要提出以下观点。①经济行动是社会行动的一种。经济主体深受所处社会的社会价值观念、规范等因素影响，并非简单的个体理性决策行为。②社会定位经济行动。经济行动者之间次数非常频繁的联系和交往形成了群体关系网络，无数个互相联系的网络在更大层面上又形成了其所依赖的社会结构。③经济制度是一种社会建构。经济制度无疑是在经济活动者之间的持续稳定社会网络互相作用过程中产生的，但是，如果像新制度经济学的观点认为的那样经济制度无非单纯地解决经济问题的最高效安排，并且它具有明显的路径依赖性的话，事实就并非如此了②。

可见，经济过程总是"嵌入"特殊的社会文化环境之中，而作为经济活动主体个人的行为决策就不可避免地受其所在社会非正式制度如习俗惯例、文化道德等表现形式的影响；商人经济行动亦受到有限理性、社会价值观、文化意识状态等的束缚，往往根据区域的社会关系网络而非正式的规则制度来进行生产与运营。通过商人家族之间的联系、商人家族与其他社会组织机构的联系、商人家族内人际关系与社会联系的密切程度等，说明社会关系制约经济行为，而且这种社会关系，表现为持续进行中的社会关系，经济问题始终是以个人理性与自利动机为基础的一种交互行为。

二　国内相关研究的学术史梳理及研究动态

国内对汉藏交往方面的研究，清朝果亲王爱新觉罗·允礼《使藏日记》

---

① 〔美〕施坚雅：《中国封建社会晚期城市研究施坚雅模式》，王旭等译，吉林教育出版社，1991，第110页。

② Swedberg, Richard, Mark Granovetter, "Introduction", *The Sociology of Economic Life*, Boulder: Westview. 1992.

虽有"使藏"二字却止步于今四川甘孜州道孚县，清末黄懋材《西輶日记》，民国时期乃至新中国成立初期，陆续出现了谭英华、黄奋生、丁实存等人著述。特别是：傅嵩炑《西康建省记》①、陈重为《西康问题》②、刘曼卿《康藏轺征》③、谭锡畴与李春昱《西康东部地质矿产志略》④、陈渠珍《艽野尘梦》⑤、李亦人《西康综览》⑥、任乃强《西康图经》⑦ 和《康藏史地大纲》⑧ 以及《吐蕃传地名考释》系列篇⑨，还有《中西陆上古商道——蜀布之路》⑩ 均不同程度地记述了西康之境域、社会与历史沿革，可资借鉴，但对汉藏贸易所述明显有限。

改革开放 40 多年来，除通论方面卢秀璋、林梅村、任树民、泽旺多吉、

① 傅嵩炑《西康建省记》首次强调了"康"作为独立行政单元的地位及与"藏"的区分。"譬之藏为川滇之毛，康为川滇之皮，藏为川滇之唇，康为川滇之齿，且为川滇之咽喉也；岂第藏为藩篱，而康为门户已哉！政府及川滇人士，于藏固不可忽，于康尤当念念不忘，乃何以竟不知有康。……光绪三十二年秋，政府知藏地之不可不经营也，创设边务大臣，择驻适中之巴塘，即驻康也。康地在川滇之边，故名曰督办川滇边务大臣，而未以驻康名者，政府之误也。然亦误于光绪三十一年川督锡良奏派赵尔丰往办巴塘军务，不曰西康军务，而曰炉边军务，一误再误。无识者更称康为藏，恐数千里之康地，将于无形中消灭焉。康与藏不分，康必将不利，恐继英藏条约而起者，不待立英康条约也；康藏界限乌得不亟早分之。……故凡炉关以西，只能谓之西康，丹达山以西，乃可谓之西藏，以定名称，而正疆域"（傅嵩炑：《西康建省记》，中华印刷公司，1932，第 4~6 页）。
② 参见陈重为《西康问题》，中华书局，1930。
③ 参见刘曼卿《康藏轺征》，民族出版社，1998。
④ 谭锡畴、李春昱：《西康东部地质矿产志略》，民国政府实业部地质调查所·国立北平研究院地质学研究所，1935，第 32~38 页。
⑤ 参见陈渠珍《艽野尘梦》，西藏人民出版社，2011。
⑥ 参见李亦人《西康综览》，正中书局，1946。
⑦ 参见任乃强《西康图经》，西藏藏文古籍出版社，2000。
⑧ 参见任乃强《康藏史地大纲》，西藏藏文古籍出版社，2000。
⑨ 任乃强、曾文琼：《吐蕃传地名考释》，分别载《西藏研究》1982 年第 1 期，第 83~89 页；1982 年第 2 期，第 78~83 页；1982 年第 3 期，第 89~96+64 页；1983 年第 3 期，第 80~85 页；1983 年第 4 期，第 107~114 页；1984 年第 1 期，第 83~94 页。
⑩ 任乃强《西康图经》保存大量珍贵资料，尤其关注康区及其社会历史考察，详细描述了民国时期西康之境域，民俗及康、藏界之变化，勾勒出藏地尤其是康区社会历史状况概貌；《康藏史地大纲》分别从"康藏鸟瞰""康藏古史""康藏近史""康藏现况"四部分，描述了西藏与西康的历史、现状及二者关系；《吐蕃传地名考释》系列篇对《旧唐书》《新唐书》的《吐蕃传》中所见古地名进行了一系列考释，分析了藏地历史地名的由来与流变，对厘清藏区往来通路的研究颇有助益。《中西陆上古商道——蜀布之路》一文则提出"蜀布之路"概念，认为历史上存在一条起于川蜀经云贵通往南亚的通路，遥遥呼应"南方丝绸之路"，揭示了在传统"丝绸之路"概念下我国西部地区对外的另一条重要通路（摘自任乃强《中西陆上古商道——蜀布之路》，《文史杂志》1987 年第 1、2 期，第 34~36+37~39 页）。

张云、喜饶尼玛等人的贡献外，学者们著述颇多。或多从汉藏关系特别是贸易角度予以论述，比如魏明孔、万明、许祖波、陈崇凯、玉珠措姆等；或基于考古探讨史前时代和古代西藏地区通路，比如霍巍、巴桑旺堆、保罗等；或立足康区重点关注其政商民族关系，比如姚乐野、冉光荣、石硕、王川、李锦等；或研究西藏历史军事地理，比如朱悦梅①等；或对藏学、藏民族的基本理论问题进行了深入探讨，比如丹珠昂奔②、徐宝国③、杨铭④等。上述研究以马克思主义理论为立论根本，以坚持党的领导为根本政治保障，将"汉藏贸易"不断推向深入，颇有启发。

1. 关于汉藏交通

霍巍认为："高原丝绸之路"由唐蕃古道与尼蕃古道组成，从长安至逻些（今西藏拉萨）再至尼泊尔、印度等南亚诸国。这条万里之遥的道路由生活在当时吐蕃王朝境内的藏族先民开辟，具有外交、经济、文化方面的重要意义。这些先后形成的高原古道曾被命名为："麝香之路"（The Musk Road），"食盐之路"（The Salt Road），"唐蕃古道"（Tang-Tibet Road），"蕃尼古道"（Tibet-Balpo Road），"茶马古道"（The Tea Horse Road）等。青藏高原与外部世界的交通和交流史可划分为三个重要的发展阶段。"前吐蕃时期"（或可称为"上古西藏时期"），主要指7世纪吐蕃王朝形成以前；吐蕃王朝（西方学者也称其为"吐蕃帝国"）时期，7~9世纪；"后吐蕃时期"，10世纪以后⑤。或主要通过考古资料，对于史前时代和古代西藏地区通路进行探讨，比如《汉晋时期藏西"高原丝绸之路"的开通及其历史意义》一文，聚焦于以往人们关注不多的7世纪以前（吐蕃统治以前）藏西地区与周边的通路。⑥特别是，近年来在提及传统的"西域（北方）丝绸之路""南方丝绸之路"等研究取得大量成果的基础上，人们也应注意到"高

---

① 参见朱悦梅《吐蕃王朝历史军事地理研究》，中国社会科学出版社，2017。
② 刘彦军：《丹珠昂奔眼中的藏族文化圈》，《北京日报》2000年10月30日，第12版。
③ 徐宝国：《藏文化的特点及其所蕴涵的中华母文化的共性》，《中国藏学》2002年第3期（总第59期），第126~144页。
④ 参见杨铭《汉藏文献与西陲古族》，民族出版社，2018。
⑤ 霍巍：《论吐蕃为开辟高原丝绸之路做出的巨大贡献》，《论藏族文化对汉族文化的影响》2006年第12期，第45~55页（该文章原载于2000年第1期《甘肃高师学报》）。
⑥ 霍川、霍巍：《汉晋时期藏西"高原丝绸之路"的开通及其历史意义》，《西藏大学学报》（社会科学版）2017年第3期，第53~57页。

原丝绸之路"是时空交错、功能各异的路线网络。提出成都及其周边地区在西域、南方、海上丝绸之路几条通路上的重要位置。①

石硕鉴于藏族居住地域"卫藏""安多""康区"及其所代表的三个人文地理单元,对其进行了自然环境基础与人文特点研究。② 认为:康区地理上对应青藏高原东南高山峡谷区,是以横断山区为自然基础形成的人文地理区域,气候、植被垂直分布显著,是地理过渡带及青藏高原重要出水口,具有阻隔性、分散性与多样性的地理环境特点,是农牧混合与农牧过渡地带,地域的跨区域特征明显;③ 康区的人文特点则综合了地缘、经济、民族、历史、文化等诸多因素,对康区人文特点进行了初步的归纳和讨论,认为康区系农牧混合与农牧过渡地带、民族走廊地带、藏族与西南众多民族互动与交融的地区、藏汉民族交流互动及西藏与内地之间的连接通道、一条历史文化沉积带,其地域文化具有多样性、复合性与兼容性,从而弥补了之前其较之于卫藏和安多的研究薄弱和滞后的遗憾。④ 进一步地,对如何认识和理解藏族及其文化提供了一个认识框架与思考角度,不乏参考意义。⑤ 重点以炉霍为例,探讨了康巴文化。认为:炉霍具有独特的历史地位和文化价值,它是目前康区发现最早并唯一有原生地层的古人类活动地点,乃康区石棺葬文化起源地;系北方族群南下康区要道,亦是康北关隘;特别是,自元代以来,蒙古人(即"霍尔")涌向、融入康北地区,属农耕文明与游牧文明的汇聚地。⑥ 民国时期,由于特殊背景因素,康区藏人的称谓相对纷杂,可以窥见民国时期之特殊,以及民族认同经历之曲折。⑦

巴桑旺堆《吐蕃历史文献研究论集》分为文本综论与研究、出土文书

① 霍巍:《一带一路视野下的成都与"高原丝路"》,天府之国与丝绸之路学术研讨会论文,2017,第 42~47 页。
② 石硕:《藏族的地域特点及相关问题——兼论康区之特点》,《青海民族大学学报》2015 年第 1 期,第 29~32 页。
③ 石硕:《论康区的地域特点》,《西南民族大学学报》(人文社会科学版)2012 年第 12 期,第 1~5 页。
④ 石硕:《青海民族研究》,《西南民族大学学报》(人文社会科学版)2015 年第 7 期,第 1~6 页。
⑤ 石硕:《如何认识藏族及其文化》,《西南民族大学学报》(人文社会科学版)2015 年第 12 期,第 22~32 页。
⑥ 石硕:《炉霍在康区的历史地位与文化价值》,《四川民族学院学报》(人文社会科学版)2015 年第 10 期,第 1~5 页。
⑦ 石硕:《民国时期对康区藏人的称谓与语境》,《思想战线》2016 年第 6 期,第 8~14 页。

释读，特别是借助历史文献中的相关记载，前往中原或内地的藏族高僧传记、文献、考古发现与民间传说等，梳理了藏文文献中关于汉藏通道史料。[1] 另，巴桑旺堆出版有《吐蕃碑文与摩崖石刻考证》（藏文）、《敦煌古藏文吐蕃兵律》（藏文）、《〈韦协〉译注》（汉文）、《〈韦协〉译注》（英文）等专（译）著。

保罗认为西藏是丝绸之路的受益者与拓展者。目前我国西藏境内的道路，东连张掖、敦煌，北接于田、和田，或经青海北部、跨西藏北部、抵达尼泊尔、印度，或经青海西北部、穿西藏中部、抵达尼泊尔、印度，或经青海西部、借西藏昌都林芝、抵达印缅，分别形成北方丝绸之路在西藏境内的北道、中道、南道3条分道。[2]

刘志扬研究了从清初至民国的川、滇、陕、湖与印茶销藏的路线及运输，认为特定历史时期的国内、国际政治、经济环境变化，影响销藏茶叶所经道路，反映了当时西藏所处国际地缘格局。

罗宏注意到明代中后期汉藏交通重心的南移，对此，朝廷在汉藏交通方面的举措在维系中央与地方的关系过程中起着非常重要的历史作用，特别是在15世纪以来明王朝边疆局势变化的大背景之下，分析路线南移的原因，并对这一政策造成的影响做一下探讨。

李锦认为，岷山道一直是四川盆地与西北高原间的通道，也是民族迁徙、互动和商贸往来的重要通道。到1900年前后，这里的民族分布格局基本稳定，形成了藏、汉、羌、回四个主要民族共同居住的多族群空间。1911年以后，由于中国发生了巨大的政治、经济变革，这一多族群体系的空间生产呈现出鲜明的时代特点。大量频繁的人员流动、生计变化、宗教适应、文化变迁、区域整合等，都使得通道中的社会空间具有不同形式的流动性；对多族群社会空间而言，这一流动性是否会影响族群边界的维持，亦成为学者关注、讨论的问题，故以松潘县为中心，讨论近百年来这一多族群社会空间的生产过程及空间特征。

徐黎丽认为，中国边疆治理的中心，应在中国的通道地带，而非中国

---

① 巴桑旺堆：《吐蕃历史文献研究论集》，上海古籍出版社，2018，第65~77页。
② 保罗：《从史籍及〈格萨尔〉看丝绸之路与西藏的关系》，《西藏研究》2016年第2期，第71~79页。

的中心或边疆地带，据此提出"通道地带理论"。地理上的通道地带，就是由长城、丝绸之路及藏彝走廊组成的，夹杂在北部蒙古高原、西部沙漠戈壁绿洲、西南青藏高原、东部平原区域等中国内部四大生态文化区之间的农牧混合地带。① 从横向角度来说，通道地带连接中国四大生态文化区；从纵向视野来说，中国先民起源、发展于通道地带并向四周边疆拓展；从中国中心与边疆的相互关系来说，通道地带是中国边疆与中心聚合与离心力量相互博弈的纽带。

方铁强调，要从山地文明的角度审视中国民族关系，它在农耕文明、游牧文明交融过程中，起到缓冲、中和与凝结的作用。②

当然，历史也不断从正反两个方面证明着边疆对国家发展具有重要意义，尤其是当代，边疆在国家发展中的意义比以往任何时候都更加突出，并促成了"边缘—核心"双向互动结构的形成，共同演化或生长成为促进国家发展的内生性力量。③④

上述研究提示笔者，在探讨传统的"西域丝绸之路""南方丝绸之路"等问题的基础上，可以进一步关注川藏交接地区在跨域交流中的地位，探究该区域的社会历史发展的状况有其重要意义。

---

① 该作者曾撰文，以中国陆地版图内明显存在的三个不同区域及其文化特征，将中国内部划分为"高纬度、高海拔和低海拔三大生态文化区"。指出"其中高纬度生态文化区域就是指，东起大兴安岭，西至阿尔泰山，以游牧经济及其相应的部落制度和不同语言习俗宗教为特征的蒙古高原区域；高海拔生态文化区就是指，北至河西走廊，南到云贵高原，东与四川盆地接壤，西与新疆南疆相连的青藏高原，以高海拔的山谷农业和高山畜牧为主要经济，社会制度及文化呈现出农牧结合特征；低海拔生态文化区，包括珠江、长江、淮河、黄河、辽河、松花江、黑龙江等平原区域，尽管这一区域因纬度跨度较大而种植不一样的农作物，但各个平原之间通过人工的大运河和南岭、秦岭等通道而连接，经济上的共同性则是以能够养育更多人口的灌溉农业著称，社会制度与文化因定居而呈现阶层性。三大生态文化区的通道地带就是长城、丝绸之路和藏彝走廊"。近年来又提出第四个生态文化区域，即沙漠戈壁绿洲生态文化区。"它东与黄土高原接壤，西至帕米尔高原，南与青藏高原和昆仑山相连，北至蒙古高原西部和新疆北疆。经济以绿洲农业和游牧为主，以穿越整个丝绸之路的商业为辅，社会制度和习俗信仰以绿洲为中心而形成，依靠绿洲之间的连接而传播和互相影响，具有多元特征"（徐黎丽：《通道地带理论——中国边疆治理理论初探》，《思想战线》2017 年第 2 期，第 67~75 页）。

② 方铁：《论中国山地文明》，首届民族政治与边疆治理高端论坛暨"中华民族建设的重大理论与现实问题"研讨会会议综述（载《思想战线》2017 年第 2 期，封二、封三）。

③ 周平：《边疆在国家发展中的意义》，《思想战线》2013 年第 2 期，第 99~105 页。

④ 周平：《我国边疆研究的几个基本问题》，《思想战线》2016 年第 5 期，第 64~72 页。

2. 关于汉藏贸易

陈崇凯运用翔实的汉藏史料,论述了陕商在"西西"汉藏贸易中的地位及作用,历经元代以前对"西西交流"的开拓、明代"西西"贸易的发展、清代"西西"贸易的推动,直至清末民初"炉客"与"陕西街"对藏地的深远影响。[1]

聂敏具体研究了陕西茶商,分析其崛起背景、发展状况、经营特点和效益、衰落原因等,特别是,首次应用"内卷化"理论说明陕商兴起于关中核心农区的原因。[2]

石硕、邹立波立足于康区,认为陕商构建起层级式的商贸网络,从与藏区社会的商贸接触面、文化与社会交往面等,均推动了汉藏民族交往;[3] 或追溯至唐代,茶叶由汉地传入吐蕃的历史,认为当地独特的茶文化也开始形成,包括最早对茶功效的认识、传播渠道、使用人群等的梳理分析,揭示出茶叶在联系汉藏两大文明之间的重要作用及深远意义;[4] 或聚焦于某节点(如瞻对),将其放在整个藏区、康区及在汉藏关系发展的历史脉络之中,认识其作为川藏大道上的节点的历史地位与文化特点;[5] 或基于清代,朝廷"驱准保藏"行动中对由打箭炉入藏道路的开拓,认为此役使清朝在原由西宁入藏道路外又增加了一条更便捷的入藏新道路,甚至此后清朝在西藏驻军直接统治西藏及对道路沿途诸土司、部落等地方势力的招抚,实际上已牢牢控制了康区大部分地方,均使得康区在治理西藏中的作用越来越重要,成为清朝治藏的前沿与依托。[6]

孙洪升认为,明清汉藏间,既有茶叶与实物商品(比如茶马贸易,茶

① 陈崇凯:《陕商在开拓"西西"汉藏贸易中的历史作用》,《西南民族学院学报》(人文社科版)1998 年第 8 期,第 43~49 页。
② 聂敏:《明清陕西茶商研究》,硕士学位论文,西北农林科技大学历史学系,2005,第 22~26 页。
③ 石硕、邹立波:《近代康区陕商在汉藏互动与文化交流中的角色》,《四川大学学报》(哲学社会科学版)2011 年第 3 期,第 5~11 页。
④ 石硕、罗宏:《关于茶叶传入吐蕃的几个问题》,《青海民族研究》2013 年第 10 期,第 103~106 页。
⑤ 石硕:《瞻对:小地方、大历史——清代川藏大道上的节点与风云之地》,《西南民族大学学报》(人文社科版)2017 年第 1 期,第 46~50 页。
⑥ 石硕、王丽娜:《清朝"驱准保藏"行动中对由打箭炉入藏道路的开拓》,《中山大学学报》(社会科学版)2018 年第 5 期,第 136~146 页。

粮贸易，茶叶与红缨、毡衫、布、椒、蜡等贸易）之间的贸易方式，也有茶叶与银钱之间的交易，及商业信用中介的茶叶贸易（包括茶叶的赊买赊卖和预付货款两种形式），在赊买赊卖中促进了茶叶商品流通；更重要的，预付货款以茶叶生产的货币资本形式，使商业资本在某种程度上转化为产业资本，说明中国农村小农经济并不排斥商品生产。①

万明聚焦于雅安，研究西南与西域（即丝绸之路）的关系，乃至从茶马互市到货币交易的陕商兴起，从而连接了南方、西北丝绸之路。②

曹必宏基于中国第二历史档案馆所藏相关档案，梳理了有关民国时期内地与西藏经贸往来中占重要地位的边茶贸易（包括川茶、康茶和滇茶运销西藏和藏区）情形。③

田茂旺系统梳理了清代于西北、西南推行的两套截然不同的官营、商（民）营茶马贸易制度，对为什么清代早期确立南路边茶商营贸易的原因进行了探析；认为康熙年间确立南路边茶由民间商人运销，不仅与康熙皇帝的重商思想相连，且与清王朝的政治经济战略布局有着密切关系，已经超出了简单的经济和集市范畴，并具有重要的政治、军事意义和深厚的社会文化内涵。④

其间，陕商突破了沿线藏区的语言障碍⑤，将经商与文化习俗巧妙结合，某些汉文化因素包括婚俗、饮食（茶）、藏戏与民歌对周边藏民产生了深远影响。

第四节　文献述评

丝绸之路研究中，目前学界对基于丝路的"特殊性和互联性"视角下"商道"的关注似显不足，缺乏对明清陕川藏商道整体化研究。事实上，区

---

① 孙洪升：《明清时期茶叶贸易形式探析》，《思想战线》2014 年第 6 期，第 16~21 页。
② 万明：《整体视野下丝绸之路的思考——以明代南方丝绸之路为中心》，《中华文化论坛》2015 年第 9 期，第 5~17+191 页。
③ 曹必宏：《民国时期内地与西藏的边茶贸易——以档案史料为中心的考察》，《思想战线》2015 年第 1 期，第 89~96 页。
④ 田茂旺：《论赵尔丰在川边的茶务整顿与边政建设》，《西南大学学报》（社会科学版）2015 年第 9 期，第 181~188 页。
⑤ 参见任乃强《西康图经·民俗篇》，西藏藏文古籍出版社，2000。

域间的通路应当是伴随着人类的生存、生活、生产而逐渐形成的，通过对沿线区域早期先民对外通路的探究，能够更好地理解明清时期陕川藏之间沟通交流的历史现象。

陕西商帮研究中，对明清陕商的西部经济活动研究，尚未深入县、镇级别的陕商地方性帮口（比如户县"炉客"）研究，对其所从事跨域贸易尚待进一步的行业性梳理；后续还应通过专门的纵深性八大资源产业（行业）研究，说明陕商如何将农业生产成果转化成商业、将资源存量转化为经济增量的经营特征。特别是，对藏地（尤其是康区）的陕商在陕商整体中的地位、特殊性，及其跨域贸易活动关注及其对藏地（尤其是康区）的影响论述略显不足；注重民族交往（制度、文化）而忽略了由此蕴含的经济活动及其内部规律等，导致与现实社会发展的联系不够紧密。对"陕西商帮为何多来自泾阳、三原"，以及"明清陕商为何主要集聚于康定、雅安"等问题尚缺乏明确回答。

经济学学科研究需求中，我们注意到经济学主流研究似已偏离了历史，[①] 但两个原因驱使我们重拾过去。首先，作为社会科学的经济学，不应该是抽象的、非制度的、先验的，而应该是历史的、制度的。故遵循非主流经济学旨在研究社会供应过程（social provisioning process）科学的初衷，[②] 强调该过程中的结构、制度和能动性之间的有机联系。以便为各种新思想的产生留下足够的空间，并使经济学贴近事实，以解决问题而不是完善模型为目标。其次，强调普适性的理论远不能解释和解决具有历史特性的中国发展问题。独一无二的中国历史和现实，造就了独特的中国发展道路，中国发展过程中强烈的历史关联性需要强调历史特性的经济学。[③]

因此，笔者回顾明清陕商经历，研究特定历史情境下陕商西南贸易活动，以便明确回答"明清时期陕川藏商道上发生了什么"等问题，重拾民族文化自信、自觉，明晰商道的历史价值与当代意义。

---

① 参见〔英〕杰弗里·霍奇逊《经济学是如何忘记历史的：社会科学中的历史特性问题》，高伟等译，中国人民大学出版社，2008。
② Frederic S. Lee，"Heterodox Economics"，L. E. Blume & S. Durlauf（eds.），*New Palgrave Dictionary of Economics*，2nd，Vol. 4，New York：Palgrave Macmillan，2008，p.339.
③ 张林：《让历史回归经济学研究》，《思想战线》2016年第5期，第109页。

第三章 明清时期陕商西北商道研究

第一节 陕甘商道概况

历史上，从甘青地区向西，经河西走廊，或柴达木盆地，到达新疆，再越过葱岭抵达西亚、南亚和欧洲，这是狭义上的"西北丝绸之路"，汉唐主要走长安至凉州道东段北道，五代、北宋主要走长安至灵州道，元代以后主要走六盘山道。当年，德国地理学家李希霍芬所说即"西北丝绸之路"，即公元前139年、前119年，西汉张骞两次出使西域路线。该条丝路在我国境内可分为东、西二段。东段从长安出发至玉门关、阳关，沿途翻越六盘山、横渡黄河。东段可分为北、中、南三条线路，三线均由长安出发，到武威、张掖会合，再沿河西走廊至敦煌。北线从泾川、固原、靖远至武威，南线从凤翔、天水、陇西、临夏、乐都、西宁至张掖，中线从泾川转往平凉、会宁、兰州至武威。随着汉代张骞打通汉朝通往西域的南北道路，从长安到中亚撒马尔罕，中原文化的传播扩展至周边安息（伊朗）、犁轩（古罗马）、身毒（印度）、奄蔡（黑海东北）、条支（波斯湾西北）等地，初现"登高明望四海"的汉家气魄。唐代又对经过中亚、西亚直到欧洲丝绸之路进行进一步开辟，现在这条古时丝路已成为联系欧亚的第二条交通走廊。

明代，丝绸之路依旧是中国与外界联系与交往的主要通道之一。当时，外国商人以贡使的名义，通过丝绸之路与中国进行着广泛而频繁的商贸活动。对于他们带来的所有物品，除粗劣之物外，明朝一概准许入境。其主要物品有马匹、骆驼、狮子、钻石、硇砂、宝石、地毯、纸张、葡萄干、金银器皿、宝刀等。西域商人以此来换取中国的瓷器、红玉、丝绸、布匹、棉花、花毯、茶叶、乌梅、麝香、大黄、颜料、金箔、桐油等。

由于明朝对丝绸之路管理得当①，绝大多数外商能按照明朝的法令从事贸易，使汉唐以来的丝绸之路在明代大放异彩，丝路贸易再度繁荣，并形成了独特的贸易景观。据《大中国志》载：明代陕西行省是"大批商货汇集之地"。"开中"的实施促使陕商率先崛起。在此情形下，以陕商为首的十大商帮先后崛起，晋商位居第二，有自明代弘治五年（1492）"叶淇变法"之后崛起的徽商继之而起，成为中国第三大商帮。江南四大商帮苏商、浙商、粤商、闽商，以及山东商帮、江右商帮、龙游商帮均于清代才形成。陕商，脱胎于宋以后中国作坊式家庭手工业雏形，利用明初朝廷"茶马交易"政策，凭借当时陕西路近省费的边关区域优势、产粮大省的农业资源禀赋、整体经济发展的国内中上水平及"厚重质直，忠义仁勇"的陕商精神，大量贩运紫阳茶区的茶叶至边关换取少数民族战马，筚路蓝缕，从而开创了从紫阳至汉阴、石泉、洋县、西乡到汉中，又由汉中分两路，一路经凤翔趋秦州（今甘肃天水）到兰州，一路经凤县、两当、徽县到河州（今甘肃临夏）的中国历史上第一条茶马古道，即陕甘茶马古道。

其中，青海虽在我国的经济版图上属偏远边陲地区，但在中国与中亚经济板块中，青海处于中心位置，是古丝绸之路和唐蕃古道的必经之地，向北、东、东南、西、西南都有着畅通的交通路线，连接着中国与漠北、西域、青藏高原、印度等地，是丝绸之路这条中西交流大通道上贸易交流、文化交流的中转站，承担着重要的交通枢纽功能。其北半部为河西走廊南侧祁连山脉阻隔而成的高原，多沙漠、草原；南半部为昆仑山脉以东的延伸地带，为长江与黄河两大河流的发源地带，多高原河谷与草原；东半部为河湟区域，多山脉、河谷盆地。这些自然通道被日本学者称为"冰原之道""河谷之道""水草之道"及"绿洲之道"。"中国地处欧亚大陆东方，

① 为了确保丝路贸易的正常进行，明朝政府制定了一系列严格的管理措施。第一，每一使团进入嘉峪关时，必须出示关文，并逐一登记，不能随意入关。无关文者或超过关文所载人数者不得进入。第二，外商在明朝境内从事贸易时，不得漫天要价，不得大量收购禁卖物品，如茶叶、罗绮、箭竹等，不能将熟铁、兵器等夹带出关。第三，外商必须遵守中国法令，不得殴打中国居民，不得刺探军事情报，不得携带中国人口出境。违者将被逐出中国，并记录在案，取消以后入境从事贸易的资格。第四，外商出关时，要接受严格检查，凡携带违禁物品者，将予以没收（摘自姚海涛《丝路商旅》，甘肃人民出版社，2015，第164~165页）。

地域辽阔，南北、东西自然环境差异甚大。整体看，中国内地地形呈西北高耸、东南低平的走势，自西向东形成三个台阶。作为中国一个局部的大西北地区，地理环境更为封闭，这里恰好处在黄河文明与中亚文明的中间位置，是不同文化接触、渗透的敏感地带，也是探索东西方文化碰撞与交流的关键地区。"①

第二节　陕甘商道历史演变

茶马古道穿梭于中国西南的崇山峻岭和青藏高原，分陕甘、陕康藏、滇藏三路，连接川滇藏，延伸入不丹、尼泊尔、印度境内，直抵西亚、西非红海海岸。陕甘茶马古道与"西北丝绸之路"相连，康藏、滇越茶马古道与"南方丝绸之路"接轨，茶马古道整体即可视为西北、南方丝绸之路的纽带。

明清时期，大量陕西商人将紫阳茶叶输向青海、宁夏，明代为115万斤，清代为1100万斤，走出了中国历史上第一条"茶马古道"，即"陕甘茶马古道"。由此，陕、甘、宁、青、蒙、川、藏、滇八省间汉藏贸易经久不息，绵延600余年。减轻了中原地区城市膨胀的压力，满足了私营工商业发展的消费性贸易的逐利需求②；缓解了传统农业已无处安置过多的乡村人口的窘境；形成了除江南、华南、华中、华北等区域市场以外，西北、西南、东北、蒙古等边疆地区经济活跃带。以空间上的省际跨域经贸往来，带动了中原黄河、长江流域以外的"北狄""南蛮""东夷""西戎"之地的经济发展。

历史上，丝绸之路陕甘商道的发展演变经历了以下几个阶段。

（1）青海作为中国西部战略要地，此间很早就有人类频繁地迁徙往来。丝绸之路青海道初创于史前，约形成于东周时期。黄帝时代，中原诸部纷至西域取玉。耳熟能详的"玉石之路"从距今4000年前的远古社会即开始

---

① 李水城：《从考古发现看公元前二千纪东西方文化的碰撞与交流》，载李水城著《东风西渐——中国西北史前文化之进程》，文物出版社，2009，第202页。

② 西方学者对中世纪后期各种不同的资本收益有一估计，经商或贷款可获30%以上利润，若是海运则100%赢利，土地和不动产的利润仅为5%～10%，这与中国大致相同（摘自马克垚《中西封建社会比较研究》，学林出版社，1997，第95～96页）。

存在，取道今青海省境通往西域的古道，开启之后的丝绸之路。直至尧舜，历经近千年乃"玉石之路"繁荣时期。《淮南子·本经训》《国语·鲁语下》均有相关记载。至于殷、周，《竹书纪年》《穆天子传》等典籍中依稀可见"玉石之路"的痕迹。据专家推测，《穆天子传》中的"穆王"或以中原商人为原型；文中提到的"乐都""积石"，均系今青海境内的地名。"穆王"一行所走的路线与后世中原通西域的路线大体一致，由东而西贯穿青海之境。这也是早在战国之前由中原经青海抵西域的道路即已被开通的证明。可以说，史前时期的丝绸之路青海道是在许多古老的区域通道雏形基础上，经过很多探索然后形成的。

道路相通势必引发文化流通。出土于新疆东部多处古遗址、古墓葬的彩陶，与甘、青的史前彩陶联系密切。柴达木盆地考古所见的诺木洪文化，竟属周秦至汉时期的羌人文化；而羌与青海渊源颇深。青海民和县喇家齐家文化遗址出土的许多玉器，尤其号称"磬王"的玉磬声名远播，专家考证认为属和田玉；而新疆也发现有与齐家文化时代相当的青铜器遗存，可推想丝绸之路初期走向。来自西亚的青铜器和铁器，由新疆地区抵达黄河流域，地处三江源头的青海势必与西域文化交往很早，并产生双向影响。此外，公元3~4世纪在中亚地区岩画中广泛流行的带有"缤杖"武器的形象，出现在青海较早期岩画如舍布齐、野牛沟、卢森等地点。通过诸种遗存的考证，表明西域与甘青的先民们互有往来、沟通与交流。

（2）两汉时期，整体上的"西北丝绸之路"已基本定型，包括北道、中道、南道三线。[①]青海是西北丝绸之路南线的重要通道，被誉为丝绸之路青海道，由于当时的青海主要是羌人聚居区，亦有少量匈奴、月氏人与之杂居，故名丝绸之路"羌中道"。

"羌中"乃古地名。秦统一六国后其疆域"西至临洮、羌中"[②]，"临洮郡即今洮州，亦古西羌之地，在京西千五百五十一里羌中。从临洮西南芳

---

① 其中，北线起自洛阳，过宁夏、额济纳旗西行；中线沿泾河流域抵达平凉，过六盘山，向西沿祖厉河而下，在靖远附近渡黄河，再经景泰、古浪至武威，后沿河西走廊西行；南线经天水、秦安、渭源至临洮，由临洮至金城（兰州），过黄河至河西，或由临洮西行至临夏，然后西北行至青海西宁，再或经张掖去河西，或过日月山、青海湖，到新疆及中亚西亚，直至罗马。

② （西汉）司马迁：《史记》卷六，中华书局，1959，第239页。

州扶松府以西，并古诸羌地也"①。学者推测"羌中"位于甘肃临洮以西。②之后"羌中"地域逐步确定为"以柴达木盆地为中心的西海以西，昆仑以东地区"。③

"羌中道"以鲜水海（今青海湖）为中心，分别经湟水流域、青海湖、柴达木盆地北缘，以及经都兰、香日德、格尔木，勾勒出南、北两条干线。整体上的"羌中道"，东至陇西（治今甘肃临洮南）称"河湟道"，西通鄯善（治今新疆若羌）称"婼羌道"。④具体线路为：长安京兆尹—凤翔—千阳—陇县—秦州—陇西—渭源—临洮—临夏—民和—乐都—西宁—大通—张掖—酒泉—敦煌—阳关—若羌—且末—于田—和田—皮山—叶城—莎车—塔什库尔干—帕米尔—西域。汉武帝时期，随着汉武帝对西域的开拓、征发，"河西四郡"设立，丝绸之路河西通道畅通，"羌中道"便成其辅道；一旦河西通道受阻，"羌中道"就成为沟通中西交通的要冲。公元5年，王莽请奏设立"西海郡"。公元8年，王莽政变建立"新朝"，暂时无力他顾，卑禾羌人乘机夺取"西海郡"。东汉时期，北匈奴与中原王朝在西域进行了长期较量，西域丝路因此"三绝三通"。平定羌人战争后重置"西海郡"，最终形成青海胡、汉杂处的格局。从考古文物的发掘上，可以证明两汉时期青海与中外文化交流的诸多遗存。比如，在青海出土的西方错金银器，且墓葬主人系匈奴人；再如，1982年于青海平安县窑坊出土的东汉画像砖，似有"佛教僧人比丘形象"，可能涉及"僧道送丧"的情景。⑤结合蜀地类似出土文物，可推测汉晋时期的青海系胡、汉杂居之地，来自西域的游牧族群纷至沓来，比如"羌胡""湟中胡""月氏胡"等，佛教文化经由青海传往益州（今四川成都），再沿长江流域转至建康（今江苏南京）等地。

（3）西晋年间，长达十余年的"八王之乱"引发"五胡乱华"，丝绸之路中线道路梗阻。4世纪初，前凉政权割据甘、青、宁、新，打造经由其

① （西汉）司马迁：《史记》卷六，中华书局，1959，第240页。
② 周伟洲：《古青海路考》，《西北大学学报》（哲学社会科学版）1982年第1期，第65~72页。
③ 吴礽骧：《也谈"羌中道"》，《敦煌学辑刊》1984年第2期，第84~90页。
④ 崔永红、毕艳君：《古道驿传》，青海人民出版社，2007，第8页。
⑤ 许新国：《青海平安县出土东汉画像砖图像考》，载《西陲之地与东西方文明》，北京燕山出版社，2009，第101~102页。

势力范围通往西南的交通要道。前凉政权灭亡以后，吐谷浑崛起，建都伏俟城（今青海海南州共和县），并在其辖境内开发、经营道路交通，共形成西蜀、河南、祁连山、柴达木四条分道，整体谓之丝绸之路"吐谷浑道"①。"吐谷浑道"以今青海为中介，北通河西走廊，南通益州转南朝建康，西通新疆若羌、且末，西南通西藏转印度，东通陇右。

其中，西蜀分道北起古河南国澭川（今碌曲尕海一带）境内，经松潘渡岷江，通益州，经汉中，往建康。河南分道地处甘南，涉若尔盖草原，东南接西蜀分道抵成都，西北接祁连山、柴达木分道各通张掖、敦煌。祁连山分道与河西走廊相连，分为扁都口支道和走廊南山支道。其中，扁都口支道由西宁溯北川河北上，经门源绕托勒山（俄博南山）北行至俄博，越冷龙岭，入益民渠上游至永固，正北往山丹接"西北丝绸之路"，北偏西经民乐至甘州（今甘肃张掖），东偏北经永昌至凉州（今甘肃武威）。走廊南山支道北侧沿走廊南山至酒泉，南接海晏。柴达木分道沿柴达木盆地南北两侧展开，南支道始自茶卡，经香日德、格尔木至若羌；北支道则始于伏俟城，溯布哈河而上，经德令哈、怀头他拉、当金山口，至敦煌。

参阅李朝将吐谷浑时期的道路划分，上述路线可大致对应：沿羌湟至白龙江的"西蜀道"，循湟水西南通往河源的"白兰道"，湟水向西域的"羌中道"，沿羌中、湟水逆行从祁连山各口进入河西走廊、张掖的"南山道"，通往吐蕃的"吐蕃道"。认为西晋末年，青海丝路由南向北、自东向西均有拓展。

日本学者松田寿男曾就"吐谷浑路"分析认为吐谷浑道"作为西域贸易的中转者在东西交通中起到重要作用"②。"吐谷浑对'青海道'的控制与利用，成为其日益登上国际贸易舞台的支撑点和进一步向西域扩张的出发点"③。

---

① 陈良伟：《松潘丝道沿线的考古调查——丝绸之路河南道的一支》，《中国社会科学院研究生院学报》1996年第6期，第63~72页。
② 〔日〕松田寿男：《古代天山历史地理学研究》增补本，陈俊谋译，中央民族学院出版社，1987，第180页。
③ 〔日〕松田寿男：《古代天山历史地理学研究》增补本，陈俊谋译，中央民族学院出版社，1987，第180~181页。

当时，佛教在东汉时期已通过西域传入成都平原，魏晋南北朝时期成都至甘青的"青海道"更是沟通中原与西域、中亚唯一的陆上通道。

（4）公元609年，隋打败吐谷浑后设立4郡，其中2郡在西域，即鄯善郡、且末郡。但是，由于隋朝仅存38年（581~618），故吐蕃于7世纪后半叶占领吐谷浑、诸羌地域后，继续诸多道路的开拓。从逻些出发，或经藏北高原、青海至长安的"唐蕃古道"（其西段谓之"青海道"），或通天竺的"泥婆罗道"，或经藏北的苏毗往西域（其中包括"吐谷浑道"），或经羊同（古象雄王国别称，今在西藏阿里地区）往西域的"勃律道""于阗道"。由于青海北趋西域，东向黄河，东南往川康滇边区拓展的便利，藏地的经济方式、政治制度、风俗习惯遂传至青海。近年来，青海都兰县热水乡、德令哈市敦里木乡等地发现了一批吐蕃时期的墓葬，或可反映出以鲜卑民族为主体同时融合周边其他民族而形成的吐谷浑，在青海与吐蕃发生过紧密交往交融的痕迹。

特别是"唐蕃古道"的开辟，使中原与西藏的交往进入了新阶段。在唐蕃联盟的213年间（634~846），两国使者因朝贡、议盟、修好、求请、和亲、册封、吊祭、安抚、宣慰、报聘，频繁往来于古道。其中"唐蕃古道"东段由长安至河湟地区。即由长安沿渭河西溯，越陇山，经天水、陇西、渭源，到临洮分为两道，或西北行到临夏，转北行，在炳灵寺或大河家一带渡黄河，又经乐都到西宁，此系主道；或北上兰州，沿黄河北岸西行至乐都到西宁，此系次道。"唐蕃古道"西段连接青藏。或认为文成公主由川藏公路入藏，即由西安经松潘至金川、丹巴、康定，渡长江，经玉树入藏抵拉萨；或认为文成公主由青藏公路入藏，即由西安经日月山，逾唐古拉山，过黑河抵拉萨；或认为文成公主由藏族自古沿用的入藏朝佛大道，即由西安经天水、临洮，至兰州，过日月山，越巴颜喀拉山，逾唐古拉山，经那曲抵拉萨。目前，学术界普遍认同第三种说法。沿"唐蕃古道"西段（即"青海道"），贞观八年（634）吐蕃使臣出使长安，贞观十五年（641）文成公主入藏，显庆二年至龙朔元年（657~661）使臣王玄策由唐高宗委派出使印度，景龙四年（710）金城公主入藏，开元十七年（729）唐玄宗命令皇甫惟明及内侍张元芳出使吐蕃，长庆二年（822）唐穆宗派使臣刘元鼎赴吐蕃会盟……历史的烽烟远去，此道使臣、商贾、僧侣、移民往来的盛况却从此留下记忆。

此时，丝绸之路青海道得以完整勾勒，呈现深嵌于丝绸之路（中国段）的整体轨迹。

公元 10 世纪，北宋绕开西夏，另辟由秦州经青海至西域的"青海道"，此道在宋与西夏长期对峙期间，是宋与西域各国进行政治、经济往来的要道，为河湟吐蕃的经济发展提供了契机。百年后西夏崛起，"青海道"与河西走廊被割裂，北宋只能北渡黄河，由蒙古河套地区往西域。

元代，疆域统一。中央在汉藏通道总共设置 27 个驿站，其中 11 个大驿站（前藏 7 个、后藏 4 个），为汉藏的来往官员提供支差乌拉。八思巴赴元大都，第二世噶玛巴拔希赴元大都，第三世噶玛巴让琼多吉赴元上都，第四世噶玛巴若白多吉赴元大都，从以上高僧的传记并结合其他相关资料，可以得出元代赴中原的主要路线，即从西藏腹心地区出发，经藏北入昌都境内的康区，在邓柯渡金沙江，穿玉树、河州、凉州，再北上到达元大都。至于返藏路线，三位噶玛巴选择北上昌都噶玛寺，经当雄从藏北回到楚布寺。具体行经路线如下。

①八思巴赴元大都的路线为：萨迦—拉萨—当雄—（那曲）—昌都—邓柯—（石渠）—称多（玉树）—临洮（河州）。

②第二世噶玛巴拔希赴元大都的路线为：萨迦—拉萨—当雄—（那曲）—噶玛寺（昌都）—丹隆塘（邓柯）—（玉树）—河州—凉州—宗喀—大都；其返回路线为：噶玛寺（昌都）—（那曲）—当雄—楚布寺。

③第三世噶玛巴让琼多吉赴元上都的路线为：楚普—觉孜拉（当雄和那曲交界）—那曲—索桥（索县）—恰拉喀—噶玛寺（昌都）—隆塘（邓柯）—甘孜—临洮—河州—凉州—大都；其返回路线为：上都—五台山—弥约噶尔—芒康—噶玛寺（昌都）—当雄。

④第四世噶玛巴若白多吉赴元大都的路线为：萨迦—觉孜拉（当雄）—那曲—索桥—恰拉喀—噶玛寺（昌都）—丹隆塘（邓柯）—临洮（河州）—大都；其返回路线为：六盘山—宗喀—治丹—噶玛寺（昌都）—丁青—工布。

可见，自唐、蕃时代以来，西北地区及邻近的康北一带就是内地、西藏之间的交通干线。这种影响一直持续到宋、元，以至明初。

第三节　明清陕甘商道考释

一　明代陕甘商道考释

早在北宋熙宁年间（1068~1077），经略安抚使王韶在甘肃临洮、河州一带与吐蕃人木征作战，需要大量战马。朝廷为解决该问题，并欲通过内地来控制边区少数民族，强化中央政权统治，即令在四川当地设立"提兴茶马司"，负责以茶易马；又于陕、甘、川多处设置"卖场"和"买马场"，只准官方交易，不准私贩，严禁商贩转运售卖，违律者治重罪。这就是"以茶治边"的由来。

明初，首先开通的是陕甘商道。自洪武三年（1370），先后设秦州（今甘肃天水，1372 年）、河州（今甘肃临夏，1374 年）、洮州（今甘肃临潭，1383 年）、永宁（今四川永宁，1386 年）、雅州（今四川雅安，1386 年）、碉门（今四川天全，1386 年）等茶马司，以及岩州、松潘、打箭炉、中卫、民乐等茶马交易的市口，[①] 主要负责以四川、汉中和湖南等地出产的茶交换西北各族游牧部落特别是藏族地区的战马。史载：

> 洪武初，定令：凡卖茶之地，令宣课司三十取一。四年，户部言："陕西汉中、金州、石泉、汉阴、平利、西乡诸县，茶园四十五顷，茶八十六万余株。四川巴茶三百十五户，茶二百三十八万余株。宜定令每十株官取其一。无主茶园，令军士薅采，十取其八，以易番马。"从之。于是诸产茶地设茶课司，定税额，陕西二万六千斤有奇，四川一百万斤。设茶马司于秦、洮、河、雅诸州，自碉门、黎、雅抵朵甘、乌思藏，行茶之地五千余里。山后归德诸州，西方诸部落，无不以马售者。[②]

于是，陕茶自陕西紫阳，经汉阴至汉中，经汉中"批验所"检验后分两路进发。或选择"汉洮道"，即经勉县、徽县至洮州；或选择"汉秦道"，

---

① 李明伟：《贸易路上的西北商镇》，《兰州商学院学报》1990 年第 4 期，第 58~66 页。
② （清）张廷玉等：《明史》卷 80，中华书局，1974，第 1947 页。

沿褒斜道经留坝、凤县至秦州。再经秦州茶马司验查后又分两路前行。一路与"西北丝绸之路"接轨,为"秦庄道";另一路为"秦河道",即经甘谷至河州,再过西宁、玉树抵拉萨,到达陕甘茶马古道入藏的终点。[①] 川茶则从成都启运,经绵阳、昭化、广元,汇集于汉中的南郑,辗转略阳、徽县至秦州,由此分路运至陇右、青海等地。[②] 以上所经路线甚至涉及湟中道和河南道的部分区域。其中,湟中道系文成公主进藏之前的唐蕃古道东段龙支城至赤岭一线,而自赤岭经青海湖南至今青海兴海一带,又是湟中道与河南道交叠区域的古丝绸之路。[③]

洪武二十六年(1393),明政府在雅州(今四川雅安)、黎州(今四川汉源)设茶马司,后迁往汉藏贸易中心康定,主持入藏茶马交易,秦蜀之茶"自碉门、黎、雅抵朵甘、乌思藏行茶之地五千余里"。[④] 令将雅安、天全、名山、射洪、邛崃五县所产茶240万斤(明中叶后增为340万斤,清代为1100万斤),在雅安压制成茶砖,经背夫翻雪山背运至康定,然后分三路入藏。

洪武三十年(1397),"改设秦州茶马司于西宁,敕右军都督曰:'近者私茶出境,互市者少,马日贵而茶日贱,启番人玩侮之心。檄秦、蜀二府,发都司官军于松潘、碉门、黎、雅、河州、临洮及入西番关口外,巡禁私茶之出境者。'又遣驸马都尉谢达谕蜀王椿曰:'国家榷茶,本资易马。边吏失讥,私贩出境,惟易红缨杂物。使番人坐收其利,而马入中国者少,岂所以制戎狄哉!尔其谕布政司、都司,严为防禁,毋致失利。'"[⑤] 此举使秦陇南道、青海道和西蜀道的枢纽,即河湟洮岷地区的西宁,逐步成为西北茶马贸易的中心区域,青藏道因汉藏茶马贸易的繁盛而驰名。

永乐五年(1407)三月,为方便使者道途往来,明成祖"谕帕木竹巴灌顶国师、阐化王吉刺思巴监藏巴里藏卜、同护教王、赞善王、必力工瓦

① 李刚、李薇:《论历史上三条茶马古道的联系及历史地位》,《西北大学学报》(哲学社会科学版)2011年第4期,第113~117页。
② 贾大泉、蔚艳芝:《浅谈茶马贸易古道》,《中华文化论坛》2008年第12期,第50~52页。
③ 李健胜:《丝绸之路青海道历史地位述论》,《青藏高原论坛》2016年第2期,第71~75页。
④ (清)张廷玉等:《明史》卷80,中华书局,1974,第1947页。
⑤ (清)张廷玉等:《明史》卷80,中华书局,1974,第1948页。

国师、川卜千户所、必里、朵甘、陇答王、卫川藏等族,复置驿站,以通西域之使。令洮州、河州、西宁三卫,以官军马匹给之"①。同月,"辛未敕都指挥同知刘昭、何铭等往西番、朵甘、乌思藏等处设立站赤,抚安军民"②。历时一年多时间,何铭等完成了修复驿站的使命,永乐七年(1409)二月,"陕西都指挥同知何铭等六十人往乌思藏等处分置驿站,还奏"③。永乐十二年(1414),该驿道再行整修,史载"己卯,中官杨三保赍勅往谕乌思藏帕木竹巴灌顶国师、阐化王吉刺思巴监藏巴里藏卜、必里工瓦阐教王领真巴儿吉监藏、管觉灌顶国师护教王宗巴斡即南哥巴藏卜、灵藏灌顶国师赞善王著思巴儿监藏巴藏卜及川卜、川藏、陇答、朵甘、答笼、匝常、刺恰、广选、上下邛部、陇卜诸处大小头目,令所辖地方驿站有未复旧者,悉如旧设置,以通使命"④。这两次整修使汉藏驿道更加畅通,往还无虞。贡使往还经西宁走青藏道。即从西宁经日月山、倒淌河、玛多、鄂陵湖、扎陵湖、通天河、唐古拉山脉、止贡、墨竹工卡至拉萨。

宣德二年(1427),乌思藏帕木竹巴灌顶国师阐化王遣使入贡,回还途中,"归至西宁,与驿丞子斗争,杀其子。上以其远人,特宥之,遣还。仍敕阐化王,谕令改过"⑤。正统五年(1440),"乌思藏等处番使已遣人护送回还,至西宁札木地方,散于丹的寺等簇寄住"⑥。

由于官府将茶马贸易作为专利,不准私人经营,违者重罚,历代皇帝甚至亲自敦促从陕西、四川运茶至西宁的茶马贸易。史载正统十四年(1449):

> (明廷)遣通政司右通政汤鼎、光禄寺寺丞张如宗,往陕西、四川运茶买马。陛辞赐敕谕之曰:今陕西、西宁等卫所属番族、番民该纳马。特命尔等往四川与都、布、按三司、巡按、监察御史公同计议,就于保宁等府约量运茶八十四万三千六十斤至陕西界,官司收贮,仍

---

① 《明太宗实录》卷65,中研院史语所,1966,第918页。
② 《明太宗实录》卷65,中研院史语所,1966,第919~920页。
③ 《明太宗实录》卷88,中研院史语所,1966,第1170页。
④ 《明太宗实录》卷147,中研院史语所,1966,第1725页。
⑤ 《明宣宗实录》卷34,中研院史语所,1966,第869~870页。
⑥ 《明英宗实录》卷65,中研院史语所,1966,第1245页。

往陕西，会同镇守三司官，及巡按、监察御史公同计议，起倩军夫运至各茶马司交收，内西宁茶马司收一十九万七千七百六十斤，河州茶马司收四十六万二千三百斤，洮州茶马司收一十八万三千斤。待收完日随即具奏差官前去收马，尔等务要公廉详慎，同心协力，酌量人情，抚恤偿运，或有不便之事，奏闻区处，仍严禁管运，茶课官吏、差使人等不许假公营私生事剥削，致军民不安，自取罪愆。①

明代中期以后，以青藏道为汉藏主要通道的情况有所转变。经康区南部，连接内地与朵甘、乌斯藏的川藏道被定为官道，逐渐成为明代藏区僧俗往来，以及茶叶贸易的另一交通要路。景泰元年（1450）五月，"有番僧三人游方四川，道遇乌思藏进贡僧，遂与俱来贡"。为加强汉藏茶马贸易，天顺二年（1458），明廷同意四川按察司金事刘福的奏请，"命礼部移文四川布政司，今后乌思藏地方该赏食茶，于碉门茶马司支给"。

正式的贡道南移官方规定始于成化年间。宪宗成化三年（1467），朝廷下令："诸自乌斯藏来者皆由四川入，不得径赴洮、岷，遂著为例。"新政实施之初，成化五年（1469）乌斯藏答藏王遣番僧自洮州来贡，并"乞如四川入贡例赏赐"。针对乌斯藏僧俗仍拟经由陕西入贡的情况，礼部"以乌思藏经陕西入者赐例从轻"为由，拒绝了其所请。成化六年（1470），朝廷又再次重申了乌思藏赞善、阐教、阐化、辅教四王朝贡俱"由四川路入"的规定。自此，康藏道成为入藏正道，正式取代了青藏道。具体从雅州行经邛州（今四川邛崃）至成都府，再与川陕商道中的"四川官路"（巴山入川西线）衔接，可见，贡道、官道已融为一体。②

即使如此，青藏道的作用依然存在。成化十六年（1480），有乌斯藏僧人向朝廷请求按旧例从洮州进贡。稍后，朝廷在朝贡路线的问题上做了一定的调整，以满足藏区地方来贡者的请求。成化十七年（1481），朝廷规定，阐教、阐化、辅教、赞善四王，在该贡之年，可"道经四川、陕西"前来朝贡。

道路既通，商茶的开放已呼之欲出。弘治三年（1490），明政府允许洮

---

① 《明英宗实录》卷179，中研院史语所，1966，第918页。
② 丁援、宋奕：《中国文化线路遗产》，东方出版中心，2015，第66~69页。

州、河州、西宁三地的茶马司开放商茶,其中,六成可由茶商与边民自由买卖,四成官收,只是在认可私营茶马贸易的同时,加强对茶马贸易的管控,特别是严格限制其与青海蒙古部落间的茶马互市。

> (嘉靖)十五年(1536),御史刘良卿上言:"律例:'私茶出境与关隘失察者,并凌迟处死。'盖西陲藩篱,莫切于诸番。番人恃茶以生,故严法以禁之,易马以酬之,以制番人之死命,壮中国之藩篱,断匈奴之右臂,非可以常法论也。洪武初例,民间蓄茶不得过一月之用。弘治中,召商中茶,或以备振,或以储边,然未尝禁内地之民使不得食茶也。今减通番之罪,止于充军,禁内地之茶,使不得食,又使商私课茶,悉聚于三茶马司。夫茶司与番为邻,私贩易通,而禁复严于内郡,是驱民为私贩而授之资也。以故大奸阑出而漏网,小民负升斗而罹法。今计三茶马司所贮,洮河足三年,西宁足二年,而商、私、课茶又日益增,积久腐烂而无所用。茶法之弊如此。番地多马而无所市,吾茶有禁而不得通,其势必相求,而制之之机在我。今茶司居民,窃易番马以待商贩,岁无虚日,及官易时,而马反耗矣。请敕三茶马司,止留二年之用,每年易马当发若干。正茶之外,分毫毋得夹带。令茶价踊贵,番人受制,良马将不可胜用。且多开商茶,通行内地,官榷其半以备军饷,而河、兰、阶、岷诸近番地,禁卖如故,更重通番之刑如律例。洮、岷、河责边备道,临洮、兰州责陇右分巡,西宁责兵备,各选官防守。失察者以罢软论。"奏上,报可。于是茶法稍饬矣。①

据统计:"从弘治三年至万历二十九年(1490~1601)的 111 年中,仅川、陕行销甘青藏区的茶叶,分别为 30 万至 80 万斤。"② "黑茶一何美,羌马一何殊。羌马与黄茶,胡马求金珠。"③ "武宗正德元年(1506),议准勘处汉中所属金州、西乡、石泉、汉阴等处旧额,岁办茶课二万六千八百余

---

① (清)张廷玉等:《明史》卷 80,中华书局,1974,第 1951~1952 页。
② 陈光国:《青海藏族史》,青海民族出版社,1997,第 325 页。
③ 张永国:《茶马古道与茶马贸易的历史与价值》,《西藏大学学报》(汉文版)2006 年第 2 期,第 34~40 页。

斤，新收茶课二万四千一百六十四斤，俱照数岁办，永为定例。"① 陕西紫阳茶区输甘陇官茶约为每岁 50960 斤。加上"每岁商中茶 8 万斤"，再加上"令四川保宁府每岁运茶 10 万斤至陕西"以赴边换马，可知明代陕西茶商每年输往西北边地的茶叶，最少不下于 23 万斤。西北边茶贸易，催生了青藏道沿线甘陇州县经济的繁荣。

徽州（今甘肃陇南徽县）作为陕、川茶叶入甘的重要集散地之一，"寒燠得中，物产略备，又为水陆通衢，商贾辐辏，故四民乐业，百务俱兴"。② 河州、洮州因西藏官员入京朝贡多择洮岷道出入，"岁运巴陕之茶于司，官茶而民得以马易之"，③ "各省军民留聚巨万"，从而使该州商务发达，"南关市客店一十八座，四方贾居焉"④，"少数年之间，河州之马如鸡豚之畜"。⑤ 皋兰（今甘肃兰州）向西可沿"西北丝绸之路"输内地货物通甘州、凉州，出兰州"河以西之商货，凉庄为大，往者捷买资甘（州）肃（州）"⑥，明人郭代《甘州记事》曾言甘州茶马交易"牦牛互市番氓出，宛马临关汉使回"。⑦ 为免"商人苦于运拽"，明廷令将甘茶"调停折中收贮兰州"⑧；兰州的茶叶"主要由山陕大帮垄断经营"，"山陕大帮为扩大联络，在重要商品集散地的县城，一般都设有会馆，致富之后，有的携资还乡，有的就地安家落户，世代经营商业，成为当地商业世家"。⑨ 故"兰州、西宁等城茶务自明代多为陕帮商人经营，甚至从清代至民国初期，陕商都

① （明）申时行等修，赵用贤等纂《大明会典》卷 37，收入《续修四库全书》第 789 册，上海古籍出版社，2002，第 651~652 页。
② 乾隆《直隶秦州新志》卷 6，收入《中国方志丛书》，华北地方，第 563 号，台北，成文出版社，1976，第 526 页。
③ （明）解缙：《解学士文集·送习贤良赴河州序赠行》，收入《明经世文编》卷 11，中华书局，1962，第 86 页。
④ 嘉靖《河州志》卷 1，收入《中国地方志集成·甘肃府县志辑》第 40 册，凤凰出版社，2008，第 15 页。
⑤ （明）解缙：《解学士文集·送习贤良赴河州序赠行》，收入《明经世文编》卷 11，中华书局，1962，第 86 页。
⑥ 乾隆《武威县志·风俗志》，收入《中国地方志集成·甘肃府县志辑》第 29 册，凤凰出版社，2008 年，第 402 页。
⑦ 范长江：《中国的西北角》，新华出版社，1980，第 119 页。
⑧ 顾炎武：《天下郡国利病书》卷 39，华东师范大学古籍研究所整理，黄珅、顾宏义点校《顾炎武全集》第 15 册，上海古籍出版社，2011，第 2122 页。
⑨ 李刚：《明清时期陕西商品经济与市场网络》，陕西人民出版社，2006，第 325 页。

占举足轻重的地位"。① 兰州下辖的甘州司和庄浪司，"（茶引）九千九百八十二封，每引一税茶，十封中以一封交茶、九封皆折银"②。由此，兰州所辖茶马司共可得茶 9982 封、银 26951 两。兰州从而成为全国最大的茶马集散地和茶马贸易中心。

随着陕川茶叶由天水分途北上，经固原、吴忠入宁夏府，宁夏府亦成为陕商销茶的另一中心市场。沿线三边总督的驻扎之地固原，弘治十五年（1502）增盐池中马，使固原盐商茶商云集，"固原荒凉之地，变为繁华"③；由固原北上，吴忠也是宁夏重要的茶叶集散市场。

二　清代陕甘商道考释

清代，汉藏交通仍采取明代中后期以川藏道为重的做法。其路线和站点的建设也基本遵循了 15 世纪中叶以后川藏道路走向和驿站分布的格局，并进一步拓展。

清初，承袭明代中期以后官督民营的茶马贸易政策，即在西北分别设置西宁、洮州、河州、庄浪（今甘肃庄浪，1583 年）、甘州（今甘肃张掖，1411 年）五大茶马司，负责马匹贸易和收购茶叶；又新辟了由汉中至兴安再入白河的"陕南官路"，形成以打箭炉（今四川康定）为交易中心的陕川藏民族贸易网络。

康熙五年（1666）陕甘分治，设甘肃行省，省会由巩昌（今甘肃陇西）迁至兰州。陕、甘两省皆置茶马司，置大使、副使等官，又置"御史"，通称为"茶马御史"，专管茶马贸易。对茶叶的需求增至 1500 吨，此时，陕商为避战事，沿丝绸之路陇右段西行。该路线应始于明而盛于清，几乎成为由中原赴甘、宁、青、新的主要商道。即从长安经咸阳、兴平、长武，入甘肃境；再经平凉，过萧关口、静宁、会宁至安定（即今定西）、金县（即今榆中）、兰州，接"西北丝绸之路"。或从泾阳贩茶北上，经榆林，转定边抵鄂尔多斯。清代《万里行程记》《伊犁日记》《荷戈纪程》《徨中行

① 王致中：《明清西北社会经济史研究》，三秦出版社，1989，第 402 页。
② 道光《兰州府志》卷 5，收入《中国地方志集成·甘肃府县志辑》第 1 册，凤凰出版社，2008，第 527 页。
③ （明）杨一清：《杨石淙文集·为议增盐池中马则例疏》，收入《明经世文编》第 2 册，卷 114，中华书局，1962，第 1069 页。

纪》《西行日记》《莎车行纪》《辛卯侍行纪》等资料，均有详细记叙。康熙四十七年（1708），泸定桥沟通了雅鲁藏布江两岸，便利"军民商贾之车徒负载"；①康定"番夷总汇，因山而成，市井辐辏"，逐渐成为汉藏商品交易中心。②康熙五十六年（1717）驻牧新疆的蒙古准噶尔部策妄阿拉布坦派策凌敦多布军攻入拉萨策动叛乱。三年后清朝的"驱准保藏"行动获胜。战争中曾从西宁和打箭炉分别派两路大军入藏，平叛后开拓了由打箭炉入藏的道路。清朝在西藏驻军直接统治西藏，朝廷要员、驻藏大臣等人往返西藏与内地大都经由打箭炉。此线从康定出发，经理塘、巴塘至今芒康县境内的江达，从昌都经墨竹工卡县至德庆，最终抵达拉萨。很可能与当年的茶马古道重叠。路线分别有以下几条：

①五世达赖喇嘛阿旺洛桑嘉措的路线为：拉萨—郭拉山—雪布拉山—林周—当雄—那曲—当拉山—玉树—冲布绒—河州。

②七世达赖喇嘛返藏路线为：理塘—巴塘—蚌然堆（芒康）—香堆—昌都—类乌齐—丁青—索县—巴绒（那曲）—乌玛塘（当雄）—热振—彭多—甘丹曲科林—班觉林—朗如—拉萨。

③六世班禅喇嘛的路线为：日喀则—南木林—麻江—雪布拉山—羊八井—当雄—觉子拉—那曲—翻越当拉山—玉树—通天河—拉布—曲马莱—巴颜喀拉山—扎临湖—黄河—塔尔寺—宁夏—绥远—察哈尔—热河避暑山庄。

④十三世达赖喇嘛土登嘉措返回拉萨的路线为：塔尔寺—通天河—当拉（传统唐古拉山口）—凯玛（当在聂荣境内）—那曲—当雄—热振—达龙—甘丹曲科（林周县城所在地）—郭拉山—拉萨。

乾隆年间，康藏道分南、北两路。北路或由陕西靖边入宁夏花马池，转至凉、甘、肃，销定边边茶；或由陕西彬州至甘属之泾州，再至兰州。南路多取飞越岭道转输至康定，由康定，或循"入藏南路"，越雅砻江至理塘、巴塘、昌都抵拉萨；或沿"入藏北路"，经道孚、甘孜渡金沙江至昌都，再趋玉树入青海或甘南藏区。

道光年间，茯砖茶问世。陕商将取自湖南安化的黑毛茶初制为90公斤一块的篾篓包装，运往陕西泾阳，经过再次筛选，整体配料以湖南安化黑

---

① 文荣普：《〈御制泸定桥碑记〉考析》，《四川文物》1984年第3期，第58页。
② （清）魏源：《圣武记》卷5，中华书局，1984，第229页。

毛茶为主，兼湖北老青茶、四川边茶、陕西紫阳茶及广西六堡茶为辅，发酵制作并包装封印，乃"泾阳砖"。除去茶叶，陕西商人亦从事甘宁各地药材、皮毛的外销业务，使陇上经济与中原经济接轨，为贫瘠的西部促进了市场购买能力，从而把西部纳入了全国经济的运转轨道。

回顾整个清代，陕商在西北茶叶贸易领域作用突出。当时全国共有茶引28766道，茶1438300斤，西北茶区有茶引27296道，茶1348000斤，占全国茶引近95%。[1] 至清末，每年销往西北的茶叶平均47万担，西北六省一地每人每年约合1.5斤，为西部经济发展做出了重要贡献。[2]

直至近代，青海道仍在发挥着连通中国与西域、漠北、青藏高原、印度等地的交通功能。民国时期，黄慕松《使藏纪程》描述其进藏路线，即从康定，经泰宁、道孚、炉霍、甘孜、德格，至冈托过江达，再由昌都循清代路线入藏抵拉萨。[3]

第四节　陕甘商道的意义与价值

综上所述，青藏高原在古丝绸之路上扮演了重要角色，其与内地的交通古已有之。历经从先秦的"玉石之路"，至两汉的"羌中道"，魏晋南北朝的"吐谷浑道"，唐代的"唐蕃古道"（西段），直至明清的"青藏道"诸多演变，体现出青藏高原的特殊地位。作为中国历史上最古老的道路之一，陕甘商道对西部跨域发展具有积极贡献与重要意义。

1. 作为丝路关键经往地带，陕甘商道为西部跨域交通发展奠定了道路连通基础

回顾历史，"河湟古道"已拓展为"新丝绸之路"亚欧大陆桥的重要节点及西部省际大通道；"羌中道"已拓展为青、新及内地与南疆交通相联系的青新公路；"唐蕃古道"已拓展为国道主干线和青藏联系的纽带；"青藏道"已拓展为兰青铁路、青藏铁路、青藏公路。笔者认为，借助西安地理区位优势，以西安、西宁、拉萨三点连为一线，再现昔日青海道辉煌应是

---

① 杨重琦：《兰州经济史》，兰州大学出版社，1991，第90页。
② 叶知水：《西北茶市概况及其发展途径》，《中农月刊》1943年第6期，第35页。
③ 黄慕松：《使藏纪程》，收入《西藏学汉文文献丛书》第2辑，全国图书馆文献缩微复制中心出版，1991。

必然。其中，陕西"两纵两横"高铁通道（京昆、包海、青银和陆桥）将融入全国"八纵八横"高铁主通道，形成"高铁网、关中城际网、西安综合铁路枢纽"的发展格局。特别是西成高铁、宝兰高铁、西宝高铁、兰新高铁的开通，贯通了西部诸省。

青海在北接兰新、东连陇海、东南至成都、西南连拉萨、西通南疆的铁路网基础上，"两横三纵三条路"的主骨架公路网基本建成。将进一步解决青海与西部诸省特别是"青甘川交界地区"，以及长江经济带、天山北坡经济带等的横、纵向综合运输通道建设问题，构筑沿黄经济带高等级公路网络，疏通省外快速公路运输通道（通往甘肃敦煌、新疆、西藏）、境外通道（借助霍尔果斯、巴克图等口岸，经中亚，至俄、欧；或由西宁经新疆吐尔尕特、伊尔克什坦口岸接中亚）。

西藏已开通拉萨—西宁—玉树、昌都—成都等多条高原新航线，现正继续完善综合交通运输体系，加快建设川藏铁路，滇藏、川藏、新藏公路，以及拉萨至林芝、拉萨至那曲、泽当至贡嘎、昌都至邦达等高等级公路。

2. 作为丝路贸易集散节点，陕甘商道为西部跨域物资流通提供了贸易畅通基础

陕甘商道，历经从"玉石之路"到"茶马古道"的演变，物资交换始终贯穿其中。特别是明清时期，沿线贸易涉及盐马（茶）贸易、棉布贸易、皮货贸易、茶马贸易等。即使是茶马贸易，既有茶叶和其他实物商品之间的贸易方式，也有银钱和茶叶之间的交易，及商业信用中介的茶叶贸易。在市场上体现为汉地茶、绢、布等，与藏地马匹、食盐、金砂、麝香、贝母、皮货、红椒等商品相交换。通过陕西商帮及其他商帮，青藏土司、头人和寺庙代理人等，借助直接贸易或经由邻近藏区官吏的间接贸易两种途径，陕、青、藏商品流通的种类、数量不断增加，大大推进了物资流通功能转变，从满足少数人奢侈生活需要的炫耀性产品交易向满足更大多数人生存发展需要的必需品买卖转变，真正确立了中国商品经济雏形，对汉藏经济发展做出了历史性贡献。

3. 作为丝路区域文明中心，陕甘商道为西部跨域文化交流提供了民心相通的基础

陕甘商道历经千年的跨域贸易，无形中拉近了客商与当地民众的距离，

消弭了时空造成的文化隔阂，呈现出民族经济文化跨域传播的立体格局，在考古、文博、特色产业等层面异彩纷呈。

（1）沿线道路勘探考古方面。根据联合国教科文组织世界遗产中心和中国国家文物局"推动丝绸之路南亚廊道申报世界文化遗产"前期准备工作的指示和安排，青海与陕西考古界于 2017~2021 年联合开展"丝绸之路南亚廊道"（青海段）文化遗产综合调查、研究、宣传、保护规划制定等工作，为"丝绸之路南亚廊道"申遗工作提供基础文化遗产信息、资料与相关学术支撑。2017 年 9 月，调研组已从恰卜恰河谷北段的上沟后村西部建筑遗址与古道路组合遗存开始田野调查研究，从中亦可了解青海地区的古道演变历史。

（2）沿线文化遗存展示方面。2017 年 9 月，唐蕃古道丝绸之路沿线 9 省（区）文物联展亮相第二届敦煌文博会；2017 年 12 月，唐蕃古道展又于甘肃省博物馆开幕，共展出 245 件（组）文物，涉及陕、甘、青、新、川、滇、藏、蒙八省（区）。其中，马家窑文化是黄河上游的代表性原始文化，青海的河湟谷地发现有马家窑文化遗存，比如"五人舞蹈纹彩陶盆"；分布在河西走廊中西部地区的四坝文化，以青铜器皿为代表，比如"网格纹人形罐""四羊青铜权杖首"；甘肃省嘉峪关、敦煌等地，发现有魏晋时期的古墓，所出土的砖画内容丰富，涉及农耕、狩猎、宴饮、出行；以及考古发现的新疆吐鲁番阿斯塔那古墓群，甚至与南诏大理、西夏相关的文物，均反映出当时中原地区与少数民族地区的文化交流。

（3）沿线特色产业拓展方面。2017 年 9 月，《人民日报》整版刊登了西藏近五年发展取得的成绩。2018 年 1 月，青海省文化和新闻出版厅根据《青海省丝绸之路文化产业带发展规划及行动计划（2018~2025）》，将实施 23 个重点项目，更是从文化衍生产业支撑方面助推了"丝绸之路青海道"文化交流传播。2018 年 2 月，国家发展改革委、住房和城乡建设部印发《关中平原城市群发展规划》，确立了西安"国家中心城市"地位，实施"三中心两高地一枢纽"战略①，借助已有的包茂发展带、福银发展带、陇海产业和城镇发展轴、京昆发展带，积极实施文化设施建设、文化遗产保

———————

① 其中，"三中心"即打造西部地区重要的经济中心、对外交往中心、丝路科创中心，"两高地"即丝路文化高地、内陆开放高地，"一枢纽"即国家综合交通枢纽。

护、文化品牌推进、文化平台提升工程，以西安深厚的历史文化积淀，发展与西宁、拉萨等地的经济社会文化往来，改善产业结构，助力扶贫攻坚。正如鲁迅先生所说："其实地上本没有路，走的人多了，也便成了路。"古时的道路、商品、商帮对应今日的网络、产业、集团，将以一股势不可当的合力终纳百川而归海，走出民族文化复兴的探索之路。

第四章　明清时期陕商西南商道研究

第一节　陕藏商道概况

茶马古道包括陕甘、康藏、滇越三条，前两条均是陕西商帮最先开辟的，而且，陕甘茶马古道与通往西域、西亚、中亚的西北丝绸之路接轨，康藏、滇越茶马古道与经缅印直通南亚的南方丝绸之路接轨，茶马古道整体即可视为西北、南方丝绸之路的纽带；陕西长安就处于陕甘道、陕藏道的要冲，又是唐蕃古道的起点，陕商最先助推了至少两千年前中国西南一支庞大物流体系的形成。自元代西藏正式划归中央政府管辖，西藏朝贡及茶马贸易往往经由四川康定等地中转，再经川陕驿路入京，由此进行大规模汉藏贸易。明清之际这种往来更加频繁，由陕西汉中至四川成都，再由四川成都至西藏拉萨的陕藏商道在古代交通史上占有重要地位，成为连接西北、西南地区汉藏往来的驿路栈道。其中，陕川商道由自秦汉以来穿越秦岭、巴山的 7 条主要栈道构成，分别是自关中翻越秦岭到汉中的嘉陵道、褒斜道、傥骆道、子午道，以及再从汉中翻越巴山入蜀的金牛道、米仓道、荔枝道。近年来，"茶马古栈道蜀门遗址"等的一系列考古发现证明了秦蜀交通的历史痕迹。川藏商道则主要沿用康藏茶马古道线路，即自成都向西，借从西藏拉萨到雅州（今四川雅安）的驿路，至打箭炉厅（今四川康定）后取南、北两路入藏。这种因民间商品经济发展所导致的民生日用品大量进入流通，必然有力推动市场范围的扩大和沿线城镇的发展，以及文化交流，对汉藏民族融合具有积极贡献与重要意义。

因此，以明清陕藏商道为基点思考汉藏民族经济交往缘起与文化演进去向，便紧紧扣住了时代最敏感的脉搏，遥遥呼应当代"一带一路"建设。

第二节 陕藏商道历史演变

以往明清商帮研究大多偏重晋商和徽商，对陕商着墨不多。国内研究陕商比较突出的有傅衣凌、田培栋、李刚等专家，他们的著作多探讨陕西商帮各历史时期在各地的经商活动，所涉物品交易种类也较丰富；但就某一贸易形态及具体历史情境与文化意涵的深入挖掘尚显不足，对比如"茶与汉藏""茶与商帮""商帮与商道"等未系统梳理。因此，笔者以明清时期陕商所从事汉藏茶叶贸易为叙事视角，重点梳理陕藏商道交通演变历史，特别是在明清两代的整修、改进，并穿插汉茶入藏历史，逐一厘清，以见教于学界同仁。

（1）陕川疆界毗连，周初青铜器"散氏盘"铭文中记有"周道"，据王国维考证，此"周道"即陈仓故道，多取道嘉陵江河谷而行[①]。战国时期，最初大规模开通的秦蜀栈道跨越秦岭和巴山，当时"石牛粪金""五丁开道"的传说最早见于西汉末年著名学者扬雄所作的《蜀王本纪》，其后阚骃《十三州志》、常璩《华阳国志》、郦道元《水经注》等书均有记载。秦惠王更元十三年（前312）修筑褒斜栈道，"栈道千里，无所不通，唯褒斜绾毂其口"，"攻楚汉中，取地六百里，置汉中郡"，"秦之迁民皆居蜀"[②]；"自秦人取蜀而后，始有茗饮之事"[③]。武阳、成都或是中国最早的茶叶市场[④]。秦昭王四十一年（前266）至五十年（前257），范雎相秦时凿修秦蜀栈道。秦始皇于公元前220年修治驰道，以秦都咸阳为中心，咸阳、汉中郡、蜀郡间为秦蜀栈道。从古南郑（汉中）经勉县西南烈金坝，入宁强东北的五丁峡（金牛峡），由今七盘关、龙门阁和明月峡的古栈道入古葭萌

---

① 故道全线为：陈仓至凤县折西南沿故道水河谷，经今两当、徽县至今略阳接沮水道抵汉中，或经今略阳境内的陈平道，至大安驿接金牛道入四川。《中国国家地理》2005年6月陕西专辑（下）刊发的"秦岭遥感卫星三维立体图"标明，陈仓道起至宝鸡陈仓经汉中略阳入蜀，并称："陈仓道即故道，大致沿嘉陵江河谷而行，北始陈仓，南经凤县、甘肃徽县、陕西略阳，沿途夷平，居民稠密，使用时间较长。"解放初，沿故道、嘉陵道修通了宝成铁路。

② 王崇焕：《中国古代交通》，天津教育出版社，1991，第10页。

③ （清）顾炎武：《日知录集释》卷7，上海古籍出版社，1985，第590页。

④ 陈椽：《茶业通史》，中国农业出版社，1984，第441页。

（广元昭化），再经剑门、柳池驿、武连驿、梓潼送险亭、五妇岭、石牛堡入成都。

（2）西汉武帝在听取张骞出使西域汇报以后，决定开通长安与西南一线。元狩年间（前122~前117）"发数万人作褒斜道五百余里"[1]，自长安向西南经汉中，以达成都，并远至云南，为西南干线。西汉汉平帝元始五年（公元5）秋，王莽开通子午道。该道从杜陵直绝南山，径汉中。东汉明帝永平六年至九年（公元63~66），汉中太守鄐君奉命开通褒斜道。汉安帝延光四年（125）十一月，司隶校尉杨涣奏请结果，朝廷诏益州刺史，罢子午道，通褒斜路。在整个两汉、三国、两晋、南北朝时期，褒斜道一直处于秦蜀交通干道地位。汉宣帝神爵三年（前59）即有四川资阳人王褒"烹茶尽具""武阳买茶"的记载。三国蜀魏交战时，蜀地茶叶曾沿秦蜀道输送至西北。魏晋南北朝以后，大量流民涌入大巴山区，汉水流域的茶叶种植得以发展。近期，西藏阿里地区考古的一则新发现，初步确认在汉晋时代的墓葬陪葬品中有茶和茶具存在。如果此说成立，则说明汉茶入藏大约在中原汉晋时代甚至更早；甚至认为输茶路线是由汉地南疆西域南传至阿里地区[2]。另，汉晋时代，以益州（今四川成都）为中心，形成丝绸生产、盐铁制造、漆器、金银器制作等最为重要的中心城市，是"高原丝绸之路"最为重要的物资交流中心。

（3）唐代，唐蕃在政治、经济、文化、宗教等各方面展开交往。贞观八年（634）文成公主入藏，沿唐蕃古道，带去中原大量物品，遂使食茶之风开始影响藏区。"唐高宗时（西康南路边茶）由秦陇输入吐蕃，逮后吐蕃内侵（唐地），遂养成其普遍之嗜好。初以掠取，继由交易"[3]。唐肃宗至德三载（758），藏汉茶叶市场在雅州（今四川雅安）已正式形成，成为藏汉民间的自发贸易。据黄颢先生的研究，即使唐蕃失和时，唐蕃官方之间商定的以赤岭为市的茶马交易亦未曾中断。南路"汉地茶叶从雅州、黎州等地源源

---

① 王崇焕：《中国古代交通》，天津教育出版社，1991，第10页。
② 霍巍：《西藏西部考古新发现的茶叶与茶具》，《西藏大学学报》（社会科学版）2016年第1期，第8~12+66页。
③ 贺觉非：《西康纪事诗本事注》，西藏人民出版社，1988，第60页。

不断运往吐蕃"。① 在藏地茶叶初为药材,仅限于佛教僧人和王室贵族等饮用。② 都松莽布支"在位期间,吐蕃有大量茶叶、器乐"③,"吐蕃出现了以前未曾有过的茶叶和碗"④,"据谓得到茶及多种乐器"⑤,"自汉地获得茶及多曼达、笛子、布桂及唢呐等"⑥。吐蕃同唐朝在交界地区展开了激烈争夺,并积极开拓西域、南诏,其时"赞普执掌政事权位高于往昔诸王,突厥等天下别部均降归治下,征其贡赋。攻下坚城深池,征服富饶地域后,赞普又推行政令于及南诏,使百蛮来贡赋税,收乌蛮归于治下。往昔各代赞普之中,其甲利兵坚,政令四波,未有能超越此王者"⑦。"吐蕃尽据羊同、党项及诸羌之地,东接凉、松、茂、嶲等州;南邻天竺,西陷龟兹、疏勒等四镇,北抵突厥,地方万余里,诸胡之盛,莫与为比"⑧。吐蕃强有力的向外扩张增进了其与内地及周边的交流,所以"藏族人民生活中须臾不可离开的茶叶正是在都松莽布支时期传入吐蕃地区"⑨。中唐以后,曾载常鲁公使西蕃烹茶帐中,赞普曰"我此亦有"⑩;赞普赤都松赞在位时"(茶)高贵的大德尊者全都饮用"⑪,藏族第一部茶经《甘露之海》亦有关于如何鉴别汉地茶叶优劣的记载⑫。这说明当时确已有汉茶入藏。不仅在藏地,饮茶亦风靡中原,"自邹、齐、沧、隶,渐至京师,城市多开店铺,煮茶卖之"⑬;德宗年间国内茶叶经济兴盛,茶叶产量约 10 万吨,茶税收入 40 万贯,茶业产值400 万贯以上。德宗建中元年(780)朝廷开始征收茶税,实行茶榷、官营⑭。

---

① 黄玉生:《西藏地方与中央政府关系史》,西藏人民出版社,1995,第 422 页。
② 泽旺夺吉:《藏族茶文化论析》,《中国藏学》1994 年第 4 期,第 72 页。
③ 蔡巴·贡嘎多吉:《红史》,陈庆英、周润年译,西藏人民出版社,2002,第 30~31 页。
④ 达仓宗巴·班觉桑布:《汉藏史集》,陈庆英译,西藏人民出版社,1986,第 92 页。
⑤ 巴卧·祖拉陈瓦:《贤者喜宴——吐蕃史译注》,黄颢、周润年译,中央民族大学出版社,2010,第 110 页。
⑥ 巴卧·祖拉陈瓦:《贤者喜宴——吐蕃史译注》,黄颢、周润年译,中央民族大学出版社,2010,第 114 页。
⑦ 王尧、陈践:《敦煌古藏文文献探索集》,上海古籍出版社,2008,第 113 页。
⑧ (北宋)司马光:《资治通鉴》,中华书局,1956,第 6396 页。
⑨ 陈楠:《藏史丛考》,民族出版社,1998,第 118 页。
⑩ (唐)李肇:《唐国史补·因话全录》,古典文学出版社,1957,第 66 页。
⑪ 达仓宗巴·班觉桑布:《汉藏史集》,陈庆英译,西藏人民出版社,1986,第 143~145 页。
⑫ 达仓宗巴·班觉桑布:《汉藏史集》,陈庆英译,西藏人民出版社,1986,第 104~106 页。
⑬ 庄晚芳:《茶史散论》,科学出版社,1988,第 54 页。
⑭ (后晋)刘昫等:《旧唐书》,中华书局,1975,第 78 页。

德宗贞元年末（785~805），"时回纥入朝，始驱马市茶"①。唐代，陕南汉江流域的金州（今陕西紫阳）出产芽茶，已是全国著名产茶区之一，"生西城、安康二县山谷"②，形成以金州为中心的紫阳茶区（包括紫阳、汉阴、石泉、西乡、城固、汉中及四川保宁府的部分产茶区县安康、岚皋）。紫阳茶的销售，历史上以陕西关中、甘宁青新（途中县境内有水旱两路③，出县后分别在西乡、汉中、十八里铺会合，再继续向西，经西北茶商之手，分两路进入大西北地区④）和楚豫地区三地为主。

（4）宋代，朝廷在前朝"榷茶法"实行之外准民"以茶易马"，原因是两宋时期，北部契丹、西夏、女真等相继崛起、威胁中原，允许"茶马互市"既可借助茶税收入缓解军费之需及战马匮乏问题，又能稳固与西南少数民族关系，以集中精力用兵抗击北部少数民族侵扰。另外，藏地从吐蕃王朝崩溃以后，饮茶习俗逐渐从上层普及于民间，藏区对茶叶需求量骤增，也促成了汉藏茶马贸易。宋太宗太平兴国二年（977），中央朝廷决定在陕西（含今甘肃）等地与藏、羌等少数民族地区进行茶马互市，即以茶易马的互补贸易，形成官营的榷茶易马制度。与此同时，官方又在四川成都设立了都大提举成都府路茶场，后又改为茶马司。成都府茶马司管辖若干买茶场和买马场。买茶场设在成都周围的眉、蜀、彭、绵、汉、嘉、邛、雅等州。买马场设在与西藏临近的威、茂、文、龙、雅、黎等州及雅州的碉门等处。宋神宗熙宁元年（1068）泾阳散装茯茶问世。熙宁六年（1073），北方战乱又起，陕西马道梗阻，朝廷于是将茶马互市重点移至西南黎州、雅州，并特在茶叶产地之一的四川雅州和茶马互市地的秦凤路设置茶马司及榷茶市场，专司茶马互市。陕西当时有茶场逾300个，陕商"询究商贾及牙店人久来通贩射利本末，自来陕西客人兴贩解盐入川，却买

---

① （宋）欧阳修、宋祁：《新唐书》卷196，中华书局，1975，第5612页。
② 李刚：《陕西商人研究》，陕西人民出版社，2005，第38页。
③ 李刚、李丹：《天下第一商帮：陕商》，中国社会科学出版社，2014，第146~147页。
④ 第一条路线：沿褒斜道经留坝、凤县、两当到达天水。到天水后又分为两路：一路经清水到达庄浪等地，另一路经甘谷、武山、陇西、临洮至河州（今临夏）。第二条路线：经勉县、略阳、徽县、成县、岷县至洮州（今甘肃临潭）。茶叶至河州、洮州等地后，除大部分就地销售外，另有一部分又转销至塔里木盆地、河西走廊乃至更远地区（摘自李刚、李丹《天下第一商帮：陕商》，中国社会科学出版社，2014，第147~148页）。

川茶于陕西州军货卖，往还获利最厚"①。次年，朝廷令将川陕民茶尽卖于官，更严禁私行交易，陕西茶商输茶谋利的积极性被压抑。1181年，仅黎州一处售马3341匹，藏民尤其喜爱汉地雅州名山所产茶叶。北路青海的结古（今青海玉树），宋代时已成为川、青、藏贸易的集散枢纽。整个两宋时期，四川每年将年产茶3000万斤的一半以上销往藏区。②"元祐元年（1086），（黄廉被）召为户部郎中，陆师闵茶法为川、陕害，遣廉使蜀按察，至则奏罢其泰甚者。且言：'前所为诚病民，若悉以予之，则边计不集，蜀货不通，园户将受其敝。请榷熙、秦茶勿改，而许东路通商；禁南茶毋入陕西，以利蜀货。定博马岁额为万八千匹。'朝廷可其议，使以直秘阁提举"③，保证川茶向藏区的销售。战争期间，嘉陵道悠远但相对平坦，方便运输；所以川陕交通路线中使用最多的是嘉陵道，被置为入川正驿。行经路线是从今宝鸡东面的陈仓顺嘉陵江河谷向西南至凤县，然后由凤县至略阳过嘉陵江要绕行青泥岭（位于甘肃两当、徽县之间），再折向东南，经略阳、勉县到达汉中。

（5）13世纪，元朝建立后将全国划为11个行中书省，今川陕合称为"陕西四川行省"。元朝中央规定西康包括雅安、天全、汉源等的藏族土司头人和宗教首领的朝贡事项，统一归属陕西官府办理④。忽必烈于中统元年（1260）设立秦蜀行中书省，其治所设京兆府。陕西行省的治所长安，统河西、吐蕃、四川诸处。四川雅安、天全、汉源、射洪一带划归陕西行中书省，陕商自然视之为内境，运茶贸易川边之地。于是，大批汉藏官员、西藏朝贡及茶马贸易官商往来于川藏，再经川陕入京。当时，入藏之茶仍主要是蜀茶。当时的陕川驿路，舍弃嘉陵道，辟连云栈为陕川驿路干线，改行大散关、凤州、褒城、沔州、广元路间，与唐代中后期秦蜀驿路经地相同。由此，连云栈成为陕、川、藏、滇等省的交通动脉。陕商亦多由连云栈进藏，从事对川康藏地区的经贸开发活动。由于自唐代以来陕西就与藏羌地区建立起经贸文化交流，元代又打破了宋代官方贸易垄断限制，且驻

---

① （清）徐松辑《宋会要辑稿·食货五五》，刘琳、刁忠民、舒大刚、尹波等校点，上海古籍出版社，2014，第7275页。
② 贾大泉：《川茶输藏的历史作用》，载《四川藏学论文集》，中国藏学出版社，1993，第4页。
③ （元）脱脱等：《宋史》卷347，中华书局，1977，第11003页。
④ 任乃强：《西康图经·民俗篇》，西藏藏文古籍出版社，2000。

军四川藏区，来自陕西与内地的汉、回商帮也逐渐进入甘孜地区，多数从事茶、盐、皮毛的商贸活动。① 据《西康综览》及民国《松潘县志》记载，元代康藏各地的商人常以藏地土产如羊毛、皮革、麝香、鹿茸、贝母、赤金等物运集打箭炉，而从汉商手中换回粗茶、布匹等物，获利甚丰；少数从事农业及蔬菜的生产开发，现今甘孜州的许多蔬菜，都是元代才开始从内地传入的。仅甘孜地区，在元代的汉商已超过 300 人。可见，元代的"西西交流"在全国大一统的背景下已有初步发展。至元十四年（1277），元朝"置榷场于碉门、黎州，与吐蕃贸易"②。1277～1311 年，效仿宋代经验设立"西番茶提举司"代替宋代茶马司，专门管理运往西藏地区的茶叶。元代虽然不再以茶叶来交易藏区的马匹，但沿袭宋代"榷茶"制度，并将运往藏区的茶叶称为"西番茶"。1314～1321 年，朝廷太医忽思慧所著《饮膳正要》记录了用产自四川雅州等地的"西番茶"制作酥油茶的过程，曰"西番茶（出本土，味苦涩，煎用酥油）"③。先由官府统购茶叶，在碉门（今四川天全）等地互市；后改由商人自行购销，按引纳税，听其销往藏区。

（6）明代，统治阶级出于稳固边疆之需，为防止鞑靼、西番边患，设立"九边"，有延绥、宁夏、固原、甘肃 4 处属于陕西布政使司。为解决边疆庞大驻军的后勤给养问题，初用"协饷"之策，却不太理想；遂于洪武三年（1370）朝廷颁布"食盐开中"④"茶马交易"政策。《大明会典》载："（洪武）四年，奏准陕西汉中府、金州、石泉、汉阴、平利、西乡县茶园，每十株官取一分，其民所收茶，官给价买。无主者，令守城军士薅培，及

---

① 目前阿坝和甘孜两州共有回族 25612 人，其中有许多姓氏，根据他们的家谱或传说，亦都说其祖先是从元代开始逐步迁入当地的。其中陕西人的比例很大，因为回族族源的一个最主要聚居形成地便是长安。

② （明）宋濂：《元史》卷 9，中华书局，1976，第 190 页。

③ （元）忽思慧：《饮膳正要》卷 2，刘正书点校，人民卫生出版社，1986，第 58 页。

④ 《明史·食货志》卷 80 记载："洪武三年（1370），山西行省言：'大同粮储，自陵县运至太和岭，路远费烦。请令商人于大同仓入米一石，太原仓入米一石三斗，给淮盐一小引，商人鬻毕，即以原给引目赴所在官司缴之，如此则转运费省而边储充。'帝从之。召商输粮而与之盐，谓之开中。其后各行省边境，多召商中盐以为军储。盐法边计，相辅而行。"摘自（清）张廷玉《明史》卷 80，中华书局，1974，第 1935 页。另，《盐法通志》卷 55 之《转运》亦载："洪武三年九月始募商纳米中盐。中书省言陕西河东军储请募商人输粮而与之盐。凡河南府一石五斗，开封府及陈桥仓二石五斗，西安府一石三斗者并给淮浙盐一引……凡输米西安凤翔二府二石，河南平阳怀庆三府二石五斗，浦解陕州三石者，并给解盐一引……诏悉从之，凡召商输粮给以盐引，谓之开中。"

时采取，以十分为率，官取八分，军收二分。每五十斤为一包，二包为一引，令有司收贮，与西蕃易马。"① 盐、茶法变革为陕西商帮再次崛起带来契机，陕西商帮突破血缘、亲缘、地缘关系，非亲即友辗转邀集；并鉴于茶与宗教和生活习俗的关系，更因青藏高原特殊的自然环境，茶叶一直为藏地急需，催生了汉藏茶叶贸易的兴盛。明朝官员将朝廷间接控制的藏区各部视为明之边疆，称为"边"，销往藏区的茶叶遂有"边茶"之称。"西南各省气候、土质、环境，除西康仅有东南角以及云南西北部少数雪线地带外，无不适于茶树之生长，中以四川产量最多。在内销茶叶市场上，颇占重要地位。"② 对"巴陕之茶""秦蜀之茶"的运输往往取道陕川官道（由长安经凤翔南折入汉中达四川的连云栈道）与川藏茶马古道（从四川南方丝绸之路重镇雅安出发，经康定、昌都至西藏拉萨）。洪武元年（1368）泾阳茯砖茶问世，蒸压乌茶的工艺业已成熟。洪武五年（1372）朝廷置秦州、河洲、洮州茶马司，陕茶经由陕甘道输往西北地区。洪武十六年（1383）置雅安茶马司"以茶治边"，且官运官销。同年，以交易地点永宁为例，茶马比价为 80 斤茶值上马 1 匹，60 斤茶值中马 1 匹，40 斤茶值下马 1 匹。洪武二十年（1387）朱元璋诏令"天全六番招讨司八乡之民番蠲其徭役，专令蒸造乌茶，运至岩州，置仓收贮，以易番马"③。洪武二十一年（1388）开放商茶，"题准四川布政司仍令民间采摘，与羌人交易"④，准许西南边茶商运商销。洪武二十二年（1389），以交易地点岩州、雅州为例，茶马比价为 120 斤茶值上马 1 匹，70 斤茶值中马 1 匹，50 斤茶值下马 1 匹。明代文学家汤显祖写道："黑茶一何美，羌马一何殊。"⑤ 当时，陕西布政使司辖区包括今陕、甘、宁、蒙、青大部，陕商兼得"茶马互市"之利，南路边茶贸易主要掌握陕商手中，山、陕商帮一度联合以"西商"的形象活

---

① （明）申时行等修，（明）赵用贤等纂《大明会典》卷 37，收入《续修四库全书》，史部，政书类，第 789 册，上海古籍出版社，2002，第 651~652 页。

② 张天福、张邦轮在 1939 年 5 月 7 日于重庆举行之"第一次全国生产会议"提出《发展西南五省茶叶案》，此处"西南五省"指川、藏、滇、黔、贵五省（摘自沈云龙主办、全国生产会议秘书处编《全国生产会议总报告》，收入《近代中国史料丛刊三编》（440），台北，文海出版社，1988，第 528 页）。

③ （清）张廷玉等：《明史》卷 331，中华书局，1974，第 8591 页。

④ （清）张廷玉等：《明史》卷 80，中华书局，1997，第 1497 页。

⑤ （明）汤显祖：《汤显祖诗文集》卷 20，上海古籍出版社，1982，第 7 页。

跃于茶马古道上①，形成川康商业隆替以陕商为转移的局面。永乐五年
（1407）三月丁卯，成祖诰命并谕怕木竹巴灌顶国师、阐化王吉刺思巴监藏
巴里藏卜，间同获教王、赞善王、必力工瓦国师川卜、千户所必里、朵甘、
陇答王卫川藏等簇，复置驿站，以通西域之使。令洮州、河州、西宁三卫，
以官军马匹给之。永乐七年（1409）二月，又敕令陕西都指挥同知刘昭、
何铭等 60 人往乌斯藏等处，分置驿站，抚安军民。"（永乐）十一年
（1413），中官杨三保使乌斯藏还，其王遣从子刭结等随之入贡。明年复命
三保使其地，令与阐教、护教、赞善三王及川卜、川藏等共修驿站，诸未
复者尽复之。自是道路毕通，使臣往还数万里，无虞寇盗矣"②。

　　明代，西藏进出中原的道路分为南线和北线。入藏南道，因为是明代
规定乌斯藏等地贡使入京之道，故亦称"贡道"。从成都出发，西至雅州，
因当时二郎山及大渡河天险，故从雅州起分为二支绕行，北路经天全，往
西经今甘宁，再经甘孜至朵甘行都指挥使司与青海、甘肃进藏之路汇合；
南路经黎州西行过大渡河、雅砻江、理塘、巴塘，越金沙江、芒康，再向
西北行至昌都与朵甘过来的入藏路合。在茶马互市之外，陕商又较早参与
了西北西南的开中食盐贸易。明宣德十一年（1436），实行"食盐开中"
制，即令"边商引盐，一引止输粟二斗五升，小米不过四斗，商利甚巨"③。
此举先后在晋、陕推行，使陕商兼营茶、盐贸易。至弘治时，陕商已利用
开中纳银制，成为驻家于扬州及四川的专业盐商。扬州当地以"徽商为最，
关以西（陕）山右（山西）次之"④。四川"为盐商者多山陕之民"⑤。清代
维新教育家，曾倡办关中实业的刘古愚亦曾指出："前明用开中法，以盐实
边，输粟塞上，得捆盐于淮南北。明边重西北，山陕输粟便，故淮盐以西
商为大宗……边益实，而商益富，则多赖陕。"⑥陕西关中富商大贾迅速崛

① 田培栋：《明清时代陕西社会经济史》，首都师范大学出版社，2000，第 106 页。
② （清）张廷玉等：《明史》卷 331，中华书局，1974，第 8580 页。
③ （明）王德完：《王都谏奏疏·救荒无奇及时讲求以延民命疏》，收入《明经世文编》卷
　　444，中华书局，1962，第 4875 页。
④ 万历《扬州府志》，收入《北京图书馆古籍珍本丛刊》第 25 册，史部地理类，书目文献出
　　版社，1991，第 1453 页。
⑤ （清）丁宝桢：《四川盐法志》卷 39，清光绪刻本，第 2342 页。
⑥ （清）刘光蕡：《烟霞草堂集》卷 4，收入《清代诗文集汇编》第 751 册，上海古籍出版
　　社，2010，第 177 页。

起，从而以"西商"之名驰誉天下。如三原之"河浒公以商起家，令君商，君商三原会宁间，已用盐策起赀淮上"①，都是当时十分有名的大盐贾。天顺二年（1458），明朝规定乌斯藏地方的食茶，于碉门茶马司支给。成化三年（1467），川藏道成为当时西藏通往内地的主要贡道。成化五年（1469），朝廷题准陕西"民间采茶除税官外，余皆许给文凭于陕西腹里货卖"②。这使陕商率先走上民营的道路。成化六年（1470）又明令西藏僧俗官员入贡"由四川路入"③。自此，川藏道成为入藏正驿，兼贡道、官道为一体，成为茶叶输藏的主要通道。为强化茶叶在汉、藏之间的联系，天顺二年（1458）朝廷规定："今后乌思藏地方该赏食茶，于碉门（今四川天全）茶马司支给。命礼部移文四川布政司：今后乌思藏地方该赏食茶，于碉门茶马司支给，仍行湖广布、按二司。如有番僧经过，不许官员军民人等将茶私自卖与，沿途官司、把隘去处，务要搜检，若有夹带私茶，通追入官，就将各犯依律问罪。从四川按察司佥事刘福奏请也。"④ 弘治三年（1490），朝廷据"食盐开中"的实践经验，改行茶业"开中边"，变官收官销为官督商销，"令陕西巡抚并布政司出榜招商，报中给引，赴巡茶御史处挂号，于产茶的地方收买茶斤，运赴原定茶马司，以十为率，六分听其货卖，四分验收入官"⑤。正德六年（1511）又改为对半分成，"每引仍给附茶"。⑥ 附茶为配给茶商可以自由出卖的商茶，使陕商获利甚丰，足迹遍及川区，坐商深入至理县等地。从故宫所藏明代档案来看，明代边茶来源除川茶外，还有湖茶，其次则是陕西南部的汉茶（主要产自今汉中、南郑等汉水流域地区）。弘治十八年（1505）陕、川"合用运茶军夫。四川军民远赴陕西接界去处，

---

① （明）温纯：《温恭毅集》卷 11，收入《文渊阁四库全书》，台湾商务印书馆，1983，第 645 页。

② （明）徐廷章：《徐中丞奏疏·甘肃边备疏》，收入《明经世文编》卷 70，中华书局，1962，第 592 页。

③ 《明宪宗实录》卷 78，中研院史语所，1962，第 1516 页。

④ 《明英宗实录》卷 291，中研院史语所，1962，第 6210 页。

⑤ （明）申时行等修，（明）赵用贤等纂《大明会典》卷 37，收入《续修四库全书》第 789 册，上海古籍出版社，2002，第 653 页。

⑥ 乾隆《甘肃通志》卷 19，收入《文渊阁四库全书》，史部，地理类，第 557 册，台湾商务印书馆，1983，第 555 页。

交与陕西军夫，转运各茶马司交收"①。正德三年（1508）设紫阳县，陕西紫阳茶区逐渐形成。万历年间，湘茶与川茶并行并逐渐居于主导地位。从此，一条横跨中国南北及西南地区的茶叶贸易通道主要由陕商促成，其所贩运之茶叶数量，每年不下 600 万斤。随着川藏贸易中心从雅安西迁康定，"惟茶商聚于西炉，番众往来交易，以是成为通衢也"②，炉城"贸易则操于陕商之手"③，康定由明代以前的牧场变为 48 家锅庄的贸易交易中心，"陕西街"远近闻名；西安市户县（今西安市鄠邑区）人创办的"德泰合"茶庄占据康定贸易首把交椅 600 年之久；康定城外的一座山被命名为"陕商之山"；"康定情歌"出自陕商；康定地区的习俗亦非常类似于陕西民俗，遥遥呼应泾阳、三原、户县的陕商故里。

（7）清初，进藏道路有康藏、滇藏、青藏三线。其中，康藏线分别通往打箭炉、松潘、邛州。康藏茶马贸易渐变为"边茶"贸易，从东部的康定经甘孜、德格至昌都，或由理塘、巴塘、芒康至昌都，然后至拉萨，行旅食宿设施一般是 5 里一站、10 里一亭、30 里一驿，络绎不绝。由于当时单凭陕南州县所产茶叶不能满足日益发展的边茶供应，湘茶的运输路途又过于遥远，清廷开始鼓励川地茶叶贸易，川茶迅速恢复，而川、陕、湘等地的驿马也已拨补足额。清康熙三年（1664）褒斜道得以整修，新辟的陕南官道已连接成网。清中叶，"紫阳茶区各县最高年总产茶曾达 1500 吨，其中仅紫阳县 1000 吨以上"④；陕商将茶叶贸易中心推进深入藏区的巴塘，突破了卫藏、康巴、安多语言障碍，构建起层级商贸交易的网络。康熙八年（1669），陕甘分省。康熙中叶，各族商民纷纷转入松潘、打箭炉一带贩卖边茶而涌入藏区。康熙五十八年（1719）部分开放民间茶叶贸易。康熙六十一年（1722）允许驻藏军队藏地采买米粮，实行军粮供应社会化。康熙晚期，川边茶引已达年 946 万斤，边土茶引也达 900 余斤，从而大大冲击了西北的茶马官市，导致甘青等地茶马司官茶的滞积亏折。西北茶马互市

① （明）杨一清：《杨石淙文集·为修复茶马旧制第二疏》，收入《明经世文编》卷 115，中华书局，1962 年影印本，第 1078 页。
② （清）王我师：《藏炉总记》，收入（清）贺长龄辑、（清）魏源编《皇朝经世文编》卷 81，载《魏源全集》第 17 册，岳麓书社，2004，第 456 页。
③ 李亦人：《西康综览》，中正书局，1946，第 342 页。
④ 樊光春：《紫阳茶业志》，三秦出版社，1987，第 6 页。

的衰败，又导致"西西交流"中藏汉贸易中心的南移，很快形成打箭炉与松潘两大中心。更重要的是，由于藏汉两地商民的双向驱动，"西西"民族商贸迅速发展，川边茶引数量激增。康熙年间陕甘茶以互市最盛时，每年易马之额茶30余万蓖，合100万斤左右。而到雍正、乾隆时则超过此数额10倍以上。① 具体而言，茶引运销总数在乾嘉之际平均每年高达1588.6万斤，边土茶引总数达1407.3万斤。② 其中，仅天全一地，增引数由康熙四十八年（1709）的510引增至雍正七年（1729）的6345引。从绝对数看，乾隆五十四年至五十六年（1789~1791）年均增加2670引，而嘉庆三年（1798）一年就增加4100引。③ 雍正八年（1730）"陕省行茶定例，每引一道运茶一百斤，准其附带耗茶一十四斤。如有多带，即行查拿，照私盐律治罪"④。清同治五年（1866），左宗棠出任陕甘总督，力推湖茶，湖茶开始大量涌入内地；又因1867年陕甘地区"回民起义"等战乱的发生，陕商迅速衰落。但即便是到民国三年（1914），陕西关中道上依然有泾阳茯砖茶的运输，商号达到22家；民国二十八年（1939）亦有商号86家之众。

直到19世纪晚期，清廷受英国所迫开放西藏的亚东为外贸口岸，国内汉藏贸易的盛况暂告一段落。

笔者认为，对汉藏交往方面的研究，1937年前多倚重对唐代时期的研究，如徐方幹、李光璧，对宋、元、明时期则着墨不多。直至1938年后，陆续出现了谭英华、黄奋生、丁实存等人，对这方面研究陆续有著述出版。1950年后，较之前著述甚丰，涉及族群、宗教、历史，比如吴天墀对宋，韩儒林和施一揆对元，马伟对明以及朱永嘉、陈鸣钟、李凤珍、松巴·益希华甫、芈一之对清均有研究；特别是顾祖成对明清汉藏关系史的研究涉猎颇丰，法国学者亚历山大·达维·耐尔亦见解独到。1986年后，除通论方面卢秀璋、林梅村、任树民、任乃强和泽旺多吉、何耀华、李文实等人的贡献外，万明、黄万纶、陈崇凯与顾祖成、阮应国则从经济往来角度予

① 赵尔巽：《清史稿》卷124，中华书局，1977，第3654页。
② 鲁子健：《清代四川财政史料》下卷，四川省社会科学院出版社，1988，第32页。
③ 鲁子健：《清代四川财政史料》下卷，四川省社会科学院出版社，1988，第35页。
④ 乾隆《雅州府志》卷14，收入《中国地方志集成·四川府县志辑》第63册，巴蜀书社，1992，第642页。

以论述，特别是霍巍、石硕、许祖波等在考古基础上对汉藏物质、文化交往与传播进行了深入研究。遗憾的是，以上就明清时期汉藏贸易的缘由、道路交通的形成及演变论述尚显不足，缺乏"一带一路"叙事与视角的转换。明清汉藏贸易历经茶马互市、官方朝贡、粮台驿站至民间商贸的演变，勾勒出近代中国商品经济萌芽、产生的轨迹；特别是商道的开通、修缮遥遥呼应丝绸之路的"特殊性和互联性"，可以更好地理解历史事件发生的必然性与规律性。回顾明清陕藏商道的轨迹，研究历史情境与文化意涵下的汉藏贸易，既是对"一带一路"的交叠拓展，亦是用当代眼光对过去史实的重新发掘与借鉴。

第三节　明清陕藏商道考释

一　陕川商道

　　明以前，陕西交通由长安经凤翔、宝鸡南折向汉中，循南北栈道达四川，为入蜀官道。明代，陕边四镇的驻兵促成"开中之法"。陕商兴起，输茶入藏。成都成为陕藏商道上的重要交通枢纽。由关中至汉中取嘉陵、褒斜、傥骆、子午四道，其中，嘉陵道沿嘉陵江谷道出略阳、阳平关，在广元与汉江谷道会而为一；褒斜道自汉中经留坝、太白达眉县之斜峪；傥骆道自洋县之傥谷口达周至之骆谷口；子午道自洋县东北之午口北越秦岭而达子口。褒斜、傥骆、子午道又齐集于南郑，由此汇入广元。此入川四道勾勒出北从"宝凤隘道"、南至广元的商道行迹，充分利用了陕南地区由北向南的丹江、汉水、嘉陵江的水运条件。南北舟车往来，其沿途逐渐形成区域贸易重镇。比如，地处褒斜道北口的眉县齐家寨，毗邻西安与宝鸡，自清代以来被誉为"出山码头"，由四川汉中运来的各类货物及陕南、太白山区所产茶等，甚至岐山、扶风所产物资也要集中到此销售中转[1]；再如，汉中铺镇（即南郑十八里铺）由于地处鄂皖、陇蜀交界，堪为汉中"水陆码头"，由紫阳贩往甘陇的茶叶由此中转。[2]

　　子午道开辟利用在秦代之前。子午道是秦蜀古道穿越秦岭山地最东部

---

① 李刚：《陕西商人研究》，陕西人民出版社，2005，第70页。
② 李刚：《陕西商人研究》，陕西人民出版社，2005，第71页。

的一条线路，更是蜀道中唯一依据道路走向方位命名的道路。首次见于正史是在西汉末年。史书言王莽"通"子午道，而未言"辟"，可能是子午道的开辟年代早于王莽时期，褒斜道摩崖石刻"石门颂"亦有相关记载，说明子午道被开辟和利用的时间至少在秦汉之际，甚至在秦代之前。东汉和唐代是子午道最盛时期，安史之乱以后逐渐衰落。

傥骆道最短但也最艰险。傥骆道是秦蜀古道穿越秦岭山地次东部的一条线路，是关中至汉中间最为近捷，也是最为艰险的一条道路。因其"南口曰傥谷，北口曰骆谷"而得名。首次见于正史是在三国时期。在唐中期以后使用最为频繁，商旅、赴任、人员交往多经此路，五代时期逐渐荒塞不通，元、明、清时期失去官驿大道地位。

褒斜道是秦蜀古道穿越秦岭次西的一条线路，因其"近捷少坂"，历史上长期充当汉中、巴蜀间的交通干道。因其"南口曰褒，北口曰斜"而得名，首次见于正史是在西汉时期。褒斜道交通条件便利，沿线无须翻越高耸的分水岭，只需通过一个五里坡（即衙岭），就完成了秦岭南北的跨越。优越的地理条件，使得褒斜道的开辟和利用时代较早，根据文献考证和考古发现，可以推断至少在殷商末年，最早的褒斜道即已出现。战国时期，秦国为巩固汉中、攻灭巴蜀，对褒斜道在内的秦蜀古道进行了大规模的修筑，秦统一六国后，褒斜道又成为全国驰道网中重要的组成部分。秦末，褒斜道损毁严重，汉武帝时期进行了大规模开修。东汉明帝永平年间，对褒斜道南段进行了一次大规模的整修，凿通了著名的褒斜道石门。

故道是陕川商道的最长古道。李白曾写《蜀道难》，"蜀道难难于上青天"即指故道。诗人从蚕丛、鱼凫开国的古老传说开始，追溯了秦蜀隔绝的漫长历史，描述了五位壮士付出了生命的代价，才在崇山峻岭中开辟出一条崎岖险峻的栈道的壮美传说，强调了蜀道的来之不易。故道又名陈仓道、嘉陵道，是秦蜀古道穿越秦岭山地最西部的一条线路，也是诸线中道路里程最长的一条，历史上以路线迂回曲折而著称。故道的名称首见于正史是在西汉时期，《史记·河渠书》中多次提及当时关中和巴蜀间的主要交通线路就是故道，但故道的实际开辟利用时代很可能早至商周之际。西周青铜器"散氏盘"铭文中出现的"周道"，或为故道前身。故道路途相对平坦但漫长。

明代承元入川正驿乃褒斜道，谓之连云栈。当时，陕西承宣布政使司

（行省）设在西安府，由西安府经凤翔府至宝鸡的一段驿路位于关中平原，分别为京兆、渭水、白渠、郿城、凤泉、岐周、岐阳、陈仓驿。由宝鸡南行入连云栈。连云栈又有"北栈""南栈"之分，北段借用部分陈仓故道，南段则沿用褒斜道的路段。洪武三年（1370）徐达曾遣傅友德等由略阳、金兴旺由凤翔，入连云栈，合兵攻汉中，前者由嘉陵道，后者取褒斜道。至今在凤县连云寺村头的古褒斜栈道口，立有清乾隆年间一块石碑，上刻"对面古陈仓道"。这证明古人曾从陈仓故道上修新路直插褒斜道，此线从陕西宝鸡向南，到达凤县凤州镇后折向东南，越柴关岭进入汉中留坝县，再经勉县到达汉中。洪武二十五年（1392）明太祖"命普定侯沐英监督军夫，增损历代旧路，开通修建"①。起自褒城县，计有鸡头关、石嘴七盘、青石铺、马桥铺、火烧碳、安山湾等40余处。"川陕通连，中惟一线"②。清康熙三年（1664）贾汉复重修连云栈宝鸡至汉中段，康熙二十八年（1689）葛斯泰又"因贾迹重修之"，乾隆二十七年（1762）至嘉庆十六年（1811）亦有三至五次大的维修，至道光、咸丰年间全面大规模整修栈道。所有栈道共计有900余里③。此系北栈，由宝鸡至褒城。南栈则由沔县历宁羌、广元、昭化至剑州，分别为陈仓、东河桥、草粮楼、凉泉、三岔、松林、安山、武关、马道、青桥、开山、黄沙、顺政、青阳、金牛、柏林、黄坝、神宣驿，当川藏冲衢。

可见，连云栈道不仅是联系陕川要道，也是我国西部地区南北往来的大动脉，物资的交流、文化的融合日显繁忙。"今则云、贵两省俱改道由此行走，文报差使络绎不绝"④。"栈道虽称川，今实在陕……今之栈道非昔也，联舆并马，足当通衢"⑤。比如，康熙二十二年（1683）癸亥闰六月清廷派方象瑛及吏部员外郎王君材去四川，沿此道入蜀；乾隆年间（1747~

① （清）顾祖禹：《读史方舆纪要》卷56《陕西五》引《褒中志》，贺次君、施和金点校，中华书局，2005，第2667页。
② 陕西巡抚张楷《奏为遵旨修筑川陕栈道竣工事》，乾隆五年（1740）八月二十八日，中国第一历史档案馆藏朱批奏折，档案号：04-01-37-0151-017。
③ 陕西巡抚张楷《奏为遵旨修筑川陕栈道竣工事》，乾隆五年（1740）八月二十八日，中国第一历史档案馆藏朱批奏折，档案号：04-01-37-0151-017。
④ 陕西巡抚吴振棫《奏报修理留填厅栈道动用生息本款银数事》，咸丰六年（1856）七月初四日，中国第一历史档案馆藏录副奏折，档案号：03-4521-006。
⑤ （明）王士性：《广志绎》卷5，中华书局，1981，第111页。

1762）平定大小金川叛乱后，川、藏的上层统治阶级定期向朝廷朝觐和纳贡亦经此道至京；嘉庆六年（1801）春，白莲教起义军冉学胜部亦在此与清军对抗。

以上秦岭入川四线汇于剑阁道广元之神宣驿之后，再由巴山入川。可分别沿西线剑阁道（又称金牛道、石牛道、南栈道、四川官路、四川北路）、中线米仓道（又称大竹路、巴岭路）、东线洋巴道（又称洋渠道、荔枝道），从汉中分别通往成都、巴中、重庆。

西线剑阁道为交通要道，北趋阳平关、略阳，接陈仓道①；南趋汉中，接褒斜、傥骆、子午道。自神宣驿以南沿从广元、昭化以及嘉陵江切穿的缺口处入川，穿剑门山以出剑阁，经梓潼、绵阳、罗江、德阳、广汉以至成都。

中线米仓道系沿巴江上源与汉江支流濂水的谷道，即从汉中往南，沿冷水河谷而上，越米仓山，然后顺嘉陵江支流之一的南江河谷南下巴中，沿巴河、渠江，在合川转嘉陵江而抵达重庆。

东线洋巴道途经镇巴，通往万源、蓬县、万县以至重庆、涪陵等地。过去向无专名，见于记载亦晚。严耕望先生在《唐代交通图考》第 4 卷《山剑滇黔区·天宝荔枝道》曰："涪州既为天宝贡荔枝之主要产地，其由涪州驿运荔枝至长安之路线，越巴山山脉，至天宝间之洋州治所西乡县，又东北取子午谷路越大秦岭。入子午谷，约六百三十里至长安。""涪州既为天宝贡荔枝之主要产地，其由涪州驿运荔枝至长安之路线，宋人尚有记载，云自涪陵县经达州取西乡县入子午谷至长安，才三日"②。唐朝以后，历代王朝都将荔枝道作为通蜀的主要交通要道。明清以来洋巴道仍为洋县西乡至万源间的川陕要道，商贾多由此道入川，川陕交界处，荔枝道沿线贸易集市兴盛一时，如盐场坝、渔渡坝等街市，其名一直沿用至今。

成书于明代的《天下水陆路程》《天下路程图引》，为我们提供了陕川商道信息。其中，《天下水陆路程》所见蜀道路线如下：

---

① 明、清两代，宝鸡县分别属陕西等处承宣布政使司凤翔府、陕西省凤邠道凤翔府辖。

② 严耕望：《天宝荔枝道》，收入《唐代交通图考》第 4 卷《山剑滇黔区》，中研院史语所，1986，第 1302 页。

……陈仓驿。宝鸡县。六十里至东河桥驿。属宝鸡县。六十里草凉楼驿。属凤县。六十里凤县梁山驿。六十里三岔驿。七十里松林驿。并属凤县。六十里安山驿。六十里马道驿。五十二里鸡头关。八里褒城县开山驿。东五十里至汉中府。南五十里黄沙驿。至此路始平。四十里沔县顺政驿。六十里青阳驿。四十里五丁峡金牛驿。六十里柏林驿。十里宁羌州。五十里黄坝驿。并属沔县。六十里过七盘关界。神宣驿。七十里朝天驿。西北去剑州,即朝天岭属保宁府广元县。六十里沙河驿。七十里龙潭驿。六十五里柏林驿。四十里施店驿。五十里槐树驿。七十五里保宁府阆中县锦屏驿。六十里柳边驿。南部县。六十里富村驿。六十里云溪驿。六十里秋林驿。六十里潼川州黄华驿。六十里建宁驿。五十里中江县五城驿。六十里古店驿。六十里汉州广汉驿。六十里新都县新都驿。四十里至四川布政司成都府成都县锦官驿。①

《天下路程图引》所见蜀道路线如下:

……宝鸡县。十五里夷门镇。进连云栈。三十里至北新店儿。二十里凤翔县岐阳驿。五十里东河桥。六十里草凉楼驿。五十里至梁山驿。六十里三岔驿。四十里南新店儿。三十里至松林驿。六十里安山驿。六十里马道驿。五十里鸡头关。五里出栈。五里褒城县开山驿。二十里纽项铺。东南六十里至汉中府。西北二十里至黄沙驿。至此,路始平。四十里至沔县顺政驿。六十里青阳驿。六十里至金牛驿。后有金牛池。四十里过五丁峡。二十里至柏林驿。十里至宁羌州。五十里黄坝驿。四十里神宣驿。四十里朝天岭。岭极高峻。西北去剑州。西南三十里至沙河驿。六十里至利州卫。六十里龙潭驿。六十五里圆山驿。六十里柏林驿。四十里施店驿。五十里槐树驿。七十五里保宁府阆中县锦屏驿。六十里至隆山驿。六十里柳边驿。六十里富村驿。六十里云溪驿。六十里秋林驿。六十里潼川州皇华驿。六十里建宁驿。五十里中江县五城驿。六十里古店驿。六十里

---

① (明) 黄汴:《天下水陆路程》,杨正泰校注,山西人民出版社,1992,第23~24页。

至汉州广汉驿。六十里新都县新都驿。四十里四川成都府。成都、华阳二县。锦官驿。①

清代，交通系统更趋完备。民间称为"官路"或"官马大路"。以京师为中心，分为官马北、西、南、东几大系统。其中，官马北路主要由北京通往奉天（今辽宁沈阳）、黑龙江城（今黑龙江黑河南）、多伦诺尔厅（今内蒙古多伦）、乌里雅苏台库伦（今蒙古国乌兰巴托）、恰克图（今俄罗斯恰克图南）、科布多（今蒙古国吉尔格朗图），由吉林通往宁古塔（今黑龙江宁安）、伯力（今俄罗斯哈巴罗夫斯克）、庙街（今俄罗斯尼古拉耶夫斯克）；官马西路主要由北京经西安通往皋兰（今甘肃兰州），由西安通往成都②。

……宝鸡县陈仓驿。七十里宝鸡县东河驿。七十里凤县草凉驿。七十里凤县梁山驿。五十里凤县三岔驿。五十里凤县松林驿。六十五里凤县留坝驿。五十里凤县武关驿。五十里褒城县马道驿。四十里褒城县青桥驿。五十里褒城县开山驿。四十里南郑县汉阳驿。五十里沔县黄沙驿。四十里沔县顺政驿。九十里沔县大安驿。九十里宁羌州柏林驿。四十五里宁羌州黄坝驿。入四川界。六十里广元县神宣驿。九十里广元县问津驿。四十里昭化县昭化驿。八十里剑州剑门驿。六十里剑州柳池沟驿。八十里剑州武连驿。八十里梓潼县在城驿。六十里绵州魏城驿。六十里绵州在城驿。六十里罗江县罗江驿。六十里德阳县在城驿。四十里汉州在城驿。五十里新都县在城驿。五十里成都府成都县锦官驿。

关于此条线路，现举实际调研案例说明。比如，课题组途经朝天段古道曾见一块石碑。撰文如下：

---

① （清）憺漪子辑《天下路程图引》，杨正泰校注，山西人民出版社，1992，第478~479页。
② 根据《大清会典则例》卷121《兵部·车驾清吏司·邮政下》"至四川成都府"的"驿程"，可知蜀道路线与《天下路程图引》不取《天下水陆路程》"朝天驿西北分剑阁路"不同，清代邮政驿程入川后走"剑阁路"。

增修广邑道路碑记

蜀道之难莫如栈。而西栈之险又甚于北，上自宁羌，下逮武连。钩山带河绵亘六百里，所谓连云者也。而耸西栈之脊，作连云之柱者，厥惟朝天关。是关也，石磴盘空，下临江水，其险数倍于鸡头岭，为入蜀第一扼塞，李白云"蜀道之难难于上青天"，信非虚语也。国朝定鼎以来，百废俱兴，雉堞巍然，洵属川陕锁钥重地，惜基址松陷，历久崩塌，往来行人望而却步。余于丁未中秋后代庖兹土，毅然有修举之思，奈差使络绎，左支右绌，欲为而辄止者屡矣。今岁民和年丰，颇乏案牍之劳，除邑之城垣、文昌楼、关帝坊、奎星阁倡捐修理外，复谋诸邑中士（疑为耆）平治道涂，一时向风者，不特本处绅民愿襄斯举，即余旧治客商亦莫不倾囊相助。筮日鸠工自陕西接界之七盘关起，至昭化交界之榆钱树止，上下联络计程二百余里。中间岭之最著者，曰五盘，曰新开，曰黄荆；关之最著者，曰七盘，曰朝天；山之最著者，曰木寨，其崎岖不易行者，若龙门、飞仙、石柜三阁，尤为秦蜀未有之险。雇夫庀材，向之筑以土者，今累以石，土之下以石为脚。基之旁，以石为杆。相度经营，不遗余力。历半载而关势巍峨，化险为夷，数百年之缺陷，一旦从而弥之，又树以表道。古有明文，兹自七盘关至榆钱树，道路既修，树木亦应栽植，所植之树，惟柏与桑，相间而植，柏以表道，桑以养蚕，行人更便于憩息。是举也，非余一人之力，实阖邑绅民、行商居贾，好义乐施，相与以有成也。余抚而乐之，是以濡毫而为之记。

署广元县事直隶资州资阳县知县广昌范涞清撰　道光二十八年仲秋月吉日立

又如，课题组途经剑阁道，其两侧皇柏参天。乔钵《翠云廊》撰文如下：

序曰：自剑阁南至阆州，西至梓潼，三百余里。明正德时知州李璧，以石砌路，两旁植柏数十万，今皆合抱，如苍龙蜿蜒，夏不见日。剑门路，崎岖凹凸石头路。两行古柏植何人？三百长程十万树。翠云廊，苍烟护，苔滑阴雨湿衣裳，回柯垂叶凉风度。无石不可眠，处处堪留句，龙蛇蜿蜒山缠互。传是昔年李白夫，奇人怪事教人炉。休道蜀道难，莫错剑门路。

经调研发现：树的走向与道的走向基本吻合；树密集的地方基本排列整齐；树的间隔比较接近；有记载明代正德年间李璧种柏树；道光年间范涞清修广元境内道路时也种行道树，柏树与桑树相间。整体分析，陕川商道（四川段）道路特征为：四川地形复杂，道路"钩山带河"；植被茂密，视野被极大地限制；四川降水丰富、气候适宜，植被生长迅速。和北方丝绸之路不同，南方有古道，并且由于步行和车行对道路的要求不一样，在一些道路崎岖的山区，现代修路时多绕行，古道往往得以幸存。

上述道路遗迹中，最为大众所熟悉和最出名的，就是褒斜道石门及其摩崖石刻。另外，还有三处遗迹非常典型：一是子午道北段一处遗迹，有几十到上百的栈孔，数量非常多；二是褒斜道南段的一处栈道遗迹，可以看到宽 40 厘米的栈孔；三是故道南段略阳一段，可以看到四种古往今来的交通形式，栈道、碥道、宝成铁路、水路（嘉陵江船运痕迹），有一种古今穿越之感。

2016 年，四川省独家成立了"蜀道申报世界双遗产领导小组"，申报了金牛道剑门段。有一些专家认为，如果"蜀道申遗"缺失了拥有众多蜀道遗迹的秦、陇区域，蜀道的原真性、独特性和完整性将严重缺失，"蜀道"的历史文化价值也将大打折扣。

二 川藏商道

明代，四川南部雅安、灌县、名山、邛崃、射洪五属州县是我国最古老的茶区之一，又与居住在松潘等地的藏区相连。为适应中央政府和西藏地方政府之间政治经济联系的需要，在明成祖永乐年间，修通了从乌斯藏（今西藏拉萨）到雅州（今四川雅安）的驿路。从雅州折东北行经邛州（今四川邛崃）至成都府，与川陕驿路即"四川官路"（巴山入川西线）相连接，具体由北京西行至咸阳县后，向西经凤翔府折西南行经宝鸡、凤县、留坝厅、褒城、河县、宁羌（今陕西宁强），可取道"四川官路"至成都。在临近藏区的碉门、黎州、雅州设茶马司主持茶马交易，并将这一制度推行于全部川藏边区，秦蜀之茶，"自碉门、黎、雅抵朵甘、乌思藏，行茶之地五千余里皆用之"①。从明朝后期开始，为了"隔离蒙番"（"番"指藏族，即隔离蒙藏，阻隔蒙藏之间的联系），明王朝开始规定藏区大小僧俗首领前往京城朝贡，必须经四川前往，而不得走甘青，这使得川藏道的作用日渐重要，开始成为中央王朝与西藏地方之间一个重要的连接纽带和通道。明末长期战乱，汉人更是大量迁入藏区。

进入清朝以后，川藏之间的道路变得更加重要，康熙为了平定准噶尔入侵西藏，首次由四川进兵，并在沿途设置塘汛、粮台，康定至拉雅设站程81处，安置塘兵等不下5000人，驻兵约6000人在今阿坝藏族羌族自治州地区。特别是雍正三年（1725）藏区划界之后，整个康区大部划归四川，成为归皇帝直接管辖的内地，这使得川藏交通的地位和重要性得到大幅度提升，变得越来越重要。由此，川藏道的南路开始成为官道，驻藏大臣入藏多走此道；加上清廷新辟了由汉中至兴安再入白河的陕南官路②，形成了以川边打箭炉为交易中心、向川陕藏辐射延伸的民族贸易网络。特别是，由于三分之二的南路边茶均取飞越岭道转输至康定发卖，仅乾隆时从雅安至康定就设有13大站；康熙四十七年（1708）造泸定桥，使雅鲁藏布江天堑变通途，"军民商贾之车徒负载，咸得安驱疾驶"③，康定遂成川陕藏商业中心，"番夷总汇，因山而成，市井辐辏"④。由康定，再取南、北二道入藏。

南路由康定越雅砻江至理塘、巴塘、江卡（即芒康宗）、左贡、怒江沟，至然乌、扎木（即波密）至昌都再行300里至拉萨。此道大体与北纬30度线重合，差不多为藏彝走廊的中分线，是宋以后西南茶马道的主要路线；自明中叶以来巴塘成为川藏边茶的中转市场，"陕西客户贸易于此"，有街市，建汉城隍庙以及关帝庙，并有专门接待陕西商旅的"行馆"，"五谷丰壤，桃李竞芳"。

北路由康定经道孚、甘孜渡金沙江至昌都分岔一道与南路汇合入拉萨，一道趋类乌齐、玉树的巴塘或歇武沟入青海，为入藏北路。因为地势相对平缓，北路成为川藏之间物资交流的重要商道。道孚县成为茶叶转输中心。清人徐珂在《清稗类钞》中指出以"道孚县论之，唯贩牛、羊、毛革与买

---

① （清）张廷玉等：《明史》卷80，中华书局，1997，第1497页。
② 李刚：《陕西商人研究》，陕西人民出版社，2005，第78页。
③ 文荣普：《御制泸定桥碑记》考析，《四川文物》1984年第3期，第58页。
④ （清）魏源：《圣武记》上册（卷5），中华书局，1984，第229页。

换茶叶之商甚巨……道孚汉商颇多饶裕,皆陕人"①。由甘孜而北上玉树"约三十家……陕商六家,以北隆昌为较大,亦即汉商中较大者"②。这样,从清代开始,川藏大道的南、北两路不仅成为中央同西藏地方之间进行沟通和联系的桥梁以及重要通道,也是内地与西藏或者说是汉藏之间商业贸易、文化交流的枢纽地带和主要通道。

第四节　陕藏商道的意义与价值

时空穿梭,历史的马帮驼队已被陆海空的运输取代,但陕藏商道的文献取证及田野调查、考古探险仍在推陈出新。作为中国历史上最古老的道路之一,陕藏商道对汉藏经济、政治、文化的发展具有积极贡献与重要意义。

1. 开拓了汉藏民族贸易的往来及区域经济的繁荣

陕商借由此道,利用明政府在陕西实行的"边茶开中"政策,大规模从事边茶贩运,其足迹遍及湘、鄂、陕、川、藏,成为明代以来西南最大的茶叶贸易商业资本集团,创造了宋元以后中国商业史上"八个第一"。形成在陕西以泾阳、三原为中心,以龙驹寨、凤翔为横坐标,以延安、汉中为纵坐标并联系到各州县市场、集镇贸易的市场网络结构。并由此扩展至川、藏等省,找到了商机的盈利点和机制的突破点,大大推进了明代中国经济从官办官营向商办民营,从满足少数人奢侈生活需要的炫耀性产品交易向满足更大多数人生存发展需要的必需品买卖的转变,促进了中国商品经济的雏形的形成,对汉藏经济发展做出了历史性贡献。

2. 保证了汉藏民族关系的稳固及边疆统治的安定

在16世纪全球化的国际背景及新的经济结构特征下倒逼明政府茶马交易政策的出台,维护稳定、促进贸易的道路驿站不断被开通、拓展。茶马古道上西藏地方和中央政府官员、商贾僧众往来穿梭,上令下达和下情上报更加顺畅,保障了中央政府对西藏地方的治理;引发了内地人口向边疆的迁移,带去了物质与精神的交流。征战或驻兵期间固防的军事需要带来历次栈道的修造工程,亦是交通建筑史上的伟大创举,它改变了汉藏人民

① (清)徐珂:《清稗类钞》卷5,中华书局,1984,第2337页。
② 马鹤天:《甘青藏边区考察记》,商务印书馆,1936,第192~193页。

在政治、经济、文化等方面发展不平衡的状态，连接了中国古代经济发展较早、较快的关中与蜀汉地区，又促进了西藏经济的后发优势，对西南滇、藏、川大三角区域的拓展不可或缺；又把西北和西南连成一片，促进了国家的统一、民族的团结，对汉藏人民的生存、生产及生活起到了积极的推动作用，让中华文明同世界文明一道为人类提供正确的精神指引和强大动力。

3. 促进了汉藏民族文化的传播及民族关系的融洽

明清行政区划的变动、拓展亦未能阻挡这种区域间的交往，反而影响了藏地雪域文化继而又"反哺"了中原文化。这种蕴含在地理环境、经济往来、社会演变之中的汉藏文化，通过绵延 500 年之久的明清汉藏贸易，使华夏民族为主体的中华民族各地域文化（包括黄河、长江及汉水流域形成的中原文化、巴蜀文化、雪域文化、岭南文化等）和各民族文化（包括汉、藏等）发生持续的交流、竞争和融合，呈现出民族经济文化发展多地域、多民族、多层次的立体网络。由此产生丰富的汉藏文化样貌，所经路线留有多处世界级文化遗产，先后吸引了四川省文物考古研究院 2005 年对康巴地区、陕西省考古研究院 2014 年对秦直道、川陕甘青藏五省份 2014 年联合对唐蕃古道进行的一系列考古、探险活动。尤其是就米仓道、荔枝道等陕川线与川藏南北线陆续开展的科学考察、田野调查取得不少重大学术发现与收获，如万历年间的茶马互市布告、鎏金镂刻吉祥纹饰马鞍、银胎堆花酥油茶壶、铜鎏金释迦牟尼立像，甚至葬具、石刀等，说明不同文化已在滇川藏陕等地相互影响渗透。特别是，对"一带一路"的交叠拓展下的古代商道的鉴定研究，对后续的古道申遗，以及文化交往如藏传佛教的举证等亦有深远影响，研究的意义及其价值可见一斑。

第五章　明清时期陕川藏贸易商品研究

第一节　明清时期陕西商品经济的发展

陕西为社稷故乡、中国农业的发祥地。在发达的农业以外，制陶、采矿、冶炼、酿酒、皮革、造纸、漆作等手工业也历史悠久、源远流长。进入明清以后，由于社会生产和社会分工的发展，商品经济的发展比较活跃，农业和各主要手工业中的资本主义因素都有显著的增长。主要表现为：农业中农产品商品化和商业性农业得到了快速发展；许多新的手工业部门自农业部门分离，使资本主义性质的工场手工业出现，并得到一定程度的发展，大量商业资本开始向产业资本转移。

一　粮食作物商品化

乾隆时期，关中地区的咸阳"乃粮食聚集之区，历来外省赴买者固多，本省赴买亦自不少"①；泾阳"冶峪镇在县西北六十里。按，据《续志》云：是镇逼近谷口，于行旅道路最为紧要地方，形势尤称险隘。县北接淳化、云阳、石桥等镇。仰资淳化粮炭以给食用。峪内石路崎岖窄狭，又逼水渠，不能车运，仅容担驮，以致费多价贵，民嗟不便。知县唐秉刚于乾隆三年内奉檄饬查，与淳化令会勘确估。属淳者淳修，属泾者泾修，捐俸五十两以为之倡，绅衿耆庶乐输资助，约费四百二十两。于傍山另凿石渠行水，将旧渠填实布为平路。自云阳镇至关帝庙二十余里俱行修治。泾邑所属一带，已骑堪并辔，轨可容车，捆载连箱，无忧颠蹶。睹此坦道康庄，

---

① （清）陈宏谋：《培远堂偶存稿·文檄》卷27，收入《清代诗文集汇编》第280册，上海古籍出版社，2010，第645页。

尤想见前人修筑之功大也"①。韩城"大集之在县者,米粮杂货,每关一月,俱集城外,花布则在察院门口,日以为常。在乡者,芝川单日,昝村以双日,薛峰、大崩,随时小集,忽有忽无"②。"在城三市,枭卖粮石";周至、宁陕粮食亦多输出。陕南地区的城固"至道光咸丰年间,农多饱暖,商裕财货,县境世家望族、闾里之民户口滋繁,称极盛焉"③;安康"(嘉庆年间)岁科谷每一石,应得谷三千六百万石,所余至三百万石之多"④。至清代中叶前期,渭水流域的粮食市场,主要集中在西安和同州两府的临潼、渭南、泾阳、三原、朝邑各县,"主要运往山西、河南"。⑤

二 经济作物商品化

秦汉时期,陕西农作物区域分布的基本格局就已形成。唐代以后,陕北、陕南农业经济的发展,弥补了此前陕西农业的空间发展不平衡状况。清代,由于玉米、马铃薯和甘薯等作物的引进、推广,陕西的农作物分布格局再次显著提升。除了粮食作物外,陕西各地经济作物的分布、发展亦呈现不同特点。

1. 茶叶

陕西为社稷故乡、中国农业的发祥地,也是全国最早产茶区之一。

远在原始社会中期,原居渭河流域的农耕部落炎帝族号称"神农氏","教民稼穑";⑥ "神农尝百草……日遇七十毒,得茶而解"。⑦秦汉时期,秦并巴蜀,使饮茶开始在民间风行,顾炎武《日知录》中说"自秦人取蜀以后,始有茗饮之事"。⑧

① 乾隆《泾阳县志》卷2,收入《中国地方志集成·陕西府县志辑》第7册,凤凰出版社,2007,第29页。
② 乾隆《韩城县志》卷1,收入《中国地方志集成·陕西府县志辑》第27册,凤凰出版社,2007,第15页。
③ 民国《城固县乡土志·户口》,《中国方志丛书》华北地方第264号,台北,成文出版社,1969,第34~35页。
④ 嘉庆《安康县志》卷10,收入《中国地方志集成·陕西府县志辑》第53册,凤凰出版社,2007,第325页。
⑤ 崔振禄、李式蝶主编《陕西粮食史志资料汇编》,陕西粮食史志编纂委员会,1993,第111页。
⑥ 岐山杨陵至今存有"教稼台"遗址。
⑦ 庄晓芳:《茶史散论》,科学出版社,1988,第16页。
⑧ (清)顾炎武:《日知录集释》卷7,上海古籍出版社,1985,第590页。

唐代茶叶贸易繁荣，汉地饮茶之风盛行。唐代陆羽在《茶经·六之饮》中记载："茶之为饮，发乎神农氏，闻于鲁周公，齐有晏婴，汉有扬雄、司马相如，吴有韦曜，晋有刘琨、张载、远祖纳、谢安、左思之徒，皆饮焉。"各地"市井茶肆相属，商旅多以丝绢易茶"。① 金州（今紫阳、安康、岚皋一带）是全国有名的茶产区之一，"生西城、安康二县山谷"。② 陕西秦巴茶区（包括今陕西安康、汉中，四川万源、万县和甘肃甘南等地区）形成发展，所产"茶芽"被列为"贡品"，出现"一斤茶芽值一斤黄金"的高价。史载："茶早采者为茶，晚采者为茗。《本草》云：'止渴，令人不眠。'南人好饮之，北人初不多饮。开元中，泰山灵岩寺有降魔师大兴禅教，学禅务于不寐，又不夕食，皆许其饮茶。人自怀挟，到处煮饮，从此转相仿效，遂成风俗。自邹、齐、沧、棣，渐至京邑，城市多开店铺煎茶卖之，不问道俗，投钱取饮。其茶自江、淮而来，舟车相继，所在山积，色额甚多。"③ 唐代《茶经·八之出》将产茶区划分为山南、淮南、浙西、剑南、浙东、黔中、江南、岭南八区④，其中西南地区就占山南、剑南、黔中三区。其中：剑南道有彭州、绵州、蜀州、邛州、雅州、泸州、眉州、汉州、嘉州、简州、茂州、利州，山南西道有思州、播州、费州、夷州、涪州、渝州、开州、夔州、忠州、渠州。该分布说明，唐代四川的产茶区主要在上下川东、川西北和上川南三个相对独立的分布地带，四川盆地腹心地区尤为稀少。《蛮书》卷7记载："茶出银生城界诸山，散收无采造法。蒙舍蛮以椒姜桂而烹饮之。"⑤ "蜀茶南走百越，北临五湖，皆自固其茗香，滋味不变。"宋人胡仔《苕溪渔隐丛话》卷46引蔡宽夫《诗话》："唐茶品虽多，亦以蜀茶为重。"⑥ 唐德宗贞元九年（793），开始实行"税茶"，其税收对安史之乱后的唐王朝起到一定的经济支撑作用。茶叶贸易是唐朝最主要的外贸商品之一，对中国茶及茶文化的域外传播产生了深远影响。

---

① 吕思勉：《中国制度史》，上海教育出版社，1985，第194页。
② 上海古籍出版社编《生活与博物丛书·饮食起居编》，上海古籍出版社，1991，第11页。
③ （唐）封演：《封氏见闻记校注》卷6，赵贞信校注，中华书局，2005，第51页。
④ （唐）陆羽：《茶经译注·八之出》，宋一明译注，上海古籍出版社，2014，第72~84页。
⑤ （唐）樊绰：《蛮书校注·云南管内物产第七》卷7，向达校注，中华书局，1962，第190页。
⑥ （宋）胡仔纂集《苕溪渔隐丛话前集·东坡九》卷46，廖德明校点，人民文学出版社，1962，第314页。

　　宋代，吐蕃王朝分裂为四个不相统属部分。① 北宋大中祥符元年
（1008），吐蕃族首领李立遵挟吐蕃赞普的后裔唃厮罗居宗哥城（地在今青
海平安县），后来唃厮罗东迁邈川（今青海乐都），再迁青唐（今青海西
宁），并以此为都，于北宋明道元年（1032）建立地方政权，辖有湟水流域
及甘肃部分地区。

　　由于当时河西走廊为西夏所据，道路不畅，西域诸国、高昌商人、宋
朝通使皆取道青唐从事贸易活动，此路线称青海线。史载：拂菻（我国古代
对东罗马帝国之称）商人"东自西大食及于阗、回鹘、青唐，乃抵中国"②。

　　由此，青唐成为汉藏经济往来的枢纽。熙宁五年（1072）三月，宋朝
边官王韶曰："沿边州郡，惟秦凤一路与西蕃诸国连接，蕃中货物四流，而
归于我者，岁不知几百千万，而商旅之利，尽归民间，欲于本路置市易司，
借官钱为本，稍笼商贾之利，即一岁之入亦不下一二十万贯。"③ 朝廷然之。
所谓"货物四流"，即由河湟地区售往宋朝的货物，每年价值"几百千万"，
宋以茶交易蕃马，即"凡市马于四夷，率以茶易之"④。汉茶、汉缯、汉帛
售往青藏高原各部，且经由丝路远销南亚、西南亚和欧洲国家。

　　此时，仅靠民间交易已无法满足青藏高原各部对汉地商品的需求，官
方交易（进贡、回赐形式）随之补充。大中祥符八年（1015）二月，宗哥
城唃厮罗、立遵、温逋、斯木罗丹一并遣使贡马，估其价值760万（文），
宋真宗赐锦袍、金带、器币、供帐什物、茶、药有差，"凡（中）金七千
两，他物称是"。次年三月，宗哥城的唃厮罗、立遵遣使来献马582匹，宋
赐器币总计万二千以答之。治平四年（1067）十二月，宋朝廷赐董毡（唃
厮罗政权第二代嗣主，奉行其父唃厮罗与宋结好的政策）银器五十两，布
百匹。熙宁十年（1077）十二月，董毡进珍珠、乳香、象牙、玉石、马，
宋依例估价，特回赐银彩及添赐钱，仍赐对衣、金腰带、银器、茶等。除
旧请外，岁赐大彩400匹，唃茶200斤、散茶200斤。

① 范文澜：《中国通史简编》（修订本）第3编第2册，人民出版社，1965，第477~478页。
② （元）脱脱等：《宋史·外国六·拂菻》卷490，中华书局，1997，第14124页。
③ （清）徐松辑《宋会要辑稿》，刘琳、刁忠民、舒大刚、尹波等校点，上海古籍出版社，2014，第7275页。
④ （清）徐松辑《宋会要辑稿·职官四二》，刘琳、刁忠民、舒大刚、尹波等校点，上海古籍出版社，2014，第4080页。

此间贸易往来促进了汉藏经济繁荣。仅以茶马贸易为例，北宋主要在秦州（今甘肃天水）、陕西、河东一带沿边州县设立买马机构，为提高商品供给，朝廷实施了对川茶的统购包销政策，并在成都等地专门设置了制造锦绮等高级丝织品的生产机构，每年用于买马的财政开支折计钱达100万贯以上。陕西商人活跃于西北、西南地区，"陕西兴贩鲜盐入川，却卖川茶于陕西州军，货卖往返，获利最厚"①。南宋主要在四川、广西一带设立新的买马机构，除继续与西北的回鹘、西蕃茶马交易外，还与西南的诸民族进行茶马贸易。"秦马旧二万，乾道间，秦、川买马额岁万一千九百有奇，川司六千，秦司五千九百。益、梓、利三路漕司，岁出易马䌷绢十万四千匹。成都、利州路十一州，产茶二千一百二万斤。茶马司所收，大较若此。庆元初，合川、秦两司为万一千十有六。嘉泰末，合两司为万二千九十四"②。增加了一千一百九十四。建茶兴起，蜀茶式微。当时，成都府路产茶区有眉州丹棱县，蜀州青城县、永康县，彭州九陇县、导江县、永昌县，绵州彭明、龙安，汉州什邡、绵竹，嘉州洪雅、邛州大邑、火井县，雅州名山、百丈、芦山、荣经县、简州，梓州路泸州、长宁军、合州，利州路巴州和利州，夔州路夔州、忠州、达州、涪州、南平军。③ 当时，产茶区仍集中于川西、川南。

同时，青藏高原丝绸之路沿线城镇随之兴起，比如宗哥（今青海西宁市平安县）、邈川（今青海乐都）、青唐等。据载，青唐城历唃厮啰、董毡、阿里骨三代营修，方圆20里，分东西二城（东城为汉商、于阗、回纥行商所居，西城佛寺广五六里，城中佛舍亦居半④），两城有宫殿、祭天坛，居民数千家。

明初，为了安抚制羁西北边外的少数民族，实行"茶马交易"政策。"太祖洪武中，立茶马司于陕西四川等处，听西番纳马易茶"⑤。这一官运官销的"榷茶"制度，实施至成化五年（1469），茶叶生产走上商品化道路。

① （清）徐松辑《宋会要辑稿》，刘琳、刁忠民、舒大刚、尹波等校点，上海古籍出版社，2014，第7275页。
② （元）脱脱等：《宋史·兵十二》卷198，中华书局，1977，第4955页。
③ 参见贾大泉、陈一石《四川茶叶史》，巴蜀书社，1989。
④ 邓锐龄：《青唐》，载《中国历史大词典》，上海辞书出版社，1995，第395页。
⑤ （明）申时行等修，（明）赵用贤等纂《大明会典》卷153，收入《续修四库全书》，史部，政书类，第791册，上海古籍出版社，2002，第585页。

至弘治三年（1490）又进一步"开中边茶"，"孝宗弘治三年，令陕西巡抚并布政司出榜召商，报中给引，赴巡茶御史处挂号，于产茶地方收买茶斤，运赴原定茶马司。以十分为率，六分听其货卖，四分验收入官"①。遂使陕茶走上大规模商运商销的阶段。"武宗正德元年，议准勘处汉中所属金州西乡石泉汉阴等处旧额岁办茶课二万六千八百余斤，新收茶课二万四千一百六十四斤，俱照数岁办，永为定例"②。正德三年（1508）设紫阳县，统一经营，遂使陕西紫阳茶区（主要分布在陕南与川东接壤的安康、汉中和四川达县、万县四个地区，其余分布于陕西岚皋、汉明、石泉、平利、西乡、镇巴等县）逐渐形成。据《明会典》统计，明代陕西"五州县茶课岁额共五万多斤"，"每岁商中茶又有八万斤"，③ 共产茶 13 万斤左右，这一数字一直维持到明亡。

清代，由于统一全国战争对军马的需要，促使清承明例，恢复"茶马法"，《大清会典》载"陕西茶法，给番易马。初差御史巡视，后归巡抚兼理，他省发引招商"，④ 推动陕西植茶开始恢复。以安康的紫阳县为中心，形成了一个有相当规模的商品性茶叶产区。人们以植茶为主要产业，"耳扒碍足朝收苙，背笼擎肩晚采茶"，使茶叶生产再度繁荣，且现出"深山邃谷到处有人，寸地皆耕，尺水可灌"⑤ 的景象，至清代中叶"紫阳茶区各县最高年总产茶曾达 1500 吨，其中紫阳县 1000 吨以上"，⑥ 达到历史上的最高峰。茶叶生产的商品化极大地促进了茶叶种植的发展，使茶叶种植成为紫阳县的支柱产业，从事茶业产供销人员名色繁多，有茶户、茶行、栈房、商贩、茶滚子、经纪牙人、栋工、装工，该县人民赖茶为生者众矣。乾嘉后，由于清廷实行放垦秦巴政策，川楚各省流民纷纷入山垦殖，茶区人口激增，紫阳县"乾隆四十年男妇大小共二万五千六百九十丁口，道光十八

① （明）申时行等修，（明）赵用贤等纂《大明会典》卷 37，收入《续修四库全书》，史部，政书类，第 789 册，上海古籍出版社，2002，第 653 页。
② （明）申时行等修，（明）赵用贤等纂《大明会典》卷 37《户部二十四·课程六·茶课》，收入《续修四库全书》第 789 册，上海古籍出版社，2002，第 652 页。
③ 樊光春：《紫阳茶业志》，三秦出版社，1987，第 78 页。
④ 樊光春：《紫阳茶叶志》，三秦出版社，1987，第 79 页。
⑤ 道光《紫阳县志》卷 3，收入《中国地方志集成·陕西府县志辑》第 56 册，凤凰出版社，2007，第 166 页。
⑥ 樊光春：《紫阳茶叶志》，三秦出版社，1987，第 6 页。

年册报男妇大小一十二万七千八百九十丁口"①。陆路沿汉江由人肩挑婆背
至紫阳，茶主要转口中心是西乡，转输茶叶使西乡"其民昼夜治茶不休"
以致"男废耕，女废织，而莫之能办也"②。水路则经汉水船运城固十八里
铺，使"铺镇"成为边茶办运中转枢纽及陕南最大的茶盐互市市场。

2. 蚕桑

陕西是我国古代蚕桑丝织的主要发祥地，作为周人祖先的"嫘祖③始
蚕"的故事发生在关中"育蚕街"。陕西省白水县仓颉庙的壁画里，就有嫘
祖教人养蚕、制丝、纺织的内容。最早的织锦技术亦来自陕西，周代即已
出现。唐代，关中蚕桑丝织得到进一步发展。唐代关中的岐州（今陕西凤
翔）、华州（今陕西华县）、同州（今陕西大荔）是我国蚕桑的主产地。但
是，唐安史之乱后，陕西蚕桑事业遭遇战乱重创，一度衰落。宋代，关中
和关东、巴蜀是中国三个蚕桑主要生产基地。

明初，政府劝课农桑，规定"天下农民，凡民田五亩至十亩者，栽桑、
麻、木棉各半亩，十亩以上倍之，有司亲临督视，惰者有罚"④；税收折实
征收，⑤"弘治时陕西所负担的农桑折丝为九千二百一十八匹有奇，本色丝
绵为百二零六斤有奇，居全国等六位"⑥，取得初步成效。陕北农桑皆兴。
所列土产涉及桑树，类丝织品（丝、绫、绵、黄/白绢等）；主要产丝地包
括肤施、宜川、延长、洛川和宜君；种桑养蚕地则在清涧、神木和米脂。
陕南宁羌于明代后期试养山蚕；汉中府、兴安府（治今陕西安康）于清代
前中期蚕桑业成效显著，兴安府所属的汉阴、平利和石泉诸县种桑养蚕之

---

① 道光《紫阳县志》卷3，收入《中国地方志集成·陕西府县志辑》第56册，凤凰出版社，
　　2007，第161页。
② 樊光春：《紫阳茶叶志》，三秦出版社，1987，第5~6页。
③ 嫘祖，又名累祖。中国远古时期人物。为西陵氏之女，轩辕黄帝的元妃。她发明了养蚕，
　　史称嫘祖始蚕。《山海经·海内经》载："黄帝妻雷祖，生昌意。"郭璞注《世本》载：
　　"黄帝娶于西陵氏，谓之累祖。"袁珂案《路史·后纪五》载："黄帝之妃西陵氏曰嫘祖，
　　以其始蚕，故又祀先蚕。"所谓先蚕，即为最先教人们栽桑养蚕织丝的神，又称先蚕神。后
　　来又称祭蚕的仪式为先蚕。刘恕《通鉴外记》亦曰："西陵氏之女嫘祖，为黄帝元妃，治
　　丝茧以供衣服，后世祀为先蚕。"《集说诠真》载："为蚕祈福，谓之先蚕。"李贤注《汉
　　旧仪》载："春蚕生而皇后亲桑于菀中。祭蚕神曰菀窳妇人寓氏公主，凡二神。北齐始祀
　　黄帝元妃嫘祖为先蚕神，以与妇女相合。嗣后道教；民间皆以其为蚕神，奉祀至今。"
④ 《大明会典》卷17，收入《续修四库全书》第789册，上海古籍出版社，2002，第302页。
⑤ 为避免物价变动给相关人带来损失，把金额折合成某种实物价格计算。
⑥ 史念海：《河山集》第1册，陕西师范大学出版社，1963，第220页。

风亦盛。当时，城固的绢、洋县的丝和宁羌的山蚕丝绸皆是汉中特产。甚至在清代后期，陕南的生丝有相当数量通过汉水外运湖北汉口等地。

兹将明代陕西各州县纳丝绢及植桑数列表于下（见表 5-1）：

表 5-1　明代陕西各州县纳丝绢及植桑数

州县名	纳绢（匹）	折色丝（斤）	植桑（株）
长安	76.2		
泾阳	424.1		
高陵	86.91		291
富平	654.1		
三原	97.2	102.2	
华州	286.2	10.15	
华阴	335.1	268.9	8567
同州	132.2		
朝邑	182.1	6.11	6681
合阳	289	15	98000
澄城	293.1	332.14	10562
耀州	67.1		
同官	112.1	2.14	4694
彬州	127.1		
淳化	123.2	3.14	
三水	143.6	1.1	
蒲城		316.15	9332
武功		23.3	7280
眉县		0.12	2199
旬阳			679

资料来源：史念海：《河山集》（第三集），人民出版社，1988，第 221~225 页。

此繁荣景象源于各朝官吏的不懈倡导[1]和市场利润的强力驱动。嘉庆时期"村村看茅屋，问问几株桑"[2]。乾隆时期陈宏谋奏章指出，"民间渐知仿效养蚕，各处出丝不少……织成秦绸、秦土绸、秦绫等，年年供进贡之用，

---

[1]　咸宁的李信、蓝田的王科、户县的文昭、三原的穆宁中等都喜劝课农桑。

[2]　民国《汉南续修郡志》卷 30，收入《中国地方志集成·陕西府县志辑》第 50 册，凤凰出版社，2007，第 489 页。

近已通行远近"。① 另据清人杨屾著《豳风广义》,"水丝一斤货银一两四五钱,能买木棉二十斤,足中人阖家一岁之衣"。② 清代中叶,陕西"城固洋县蚕利甚广,华阴华州织卖缣子,宁羌则采取槲叶,喂养山蚕,织成茧绸",③其中又以秦纱和马畅绢最为驰名,"秦纱俗曰茧子,四方往往有之或亦购求之";④ "洋县花市丝绢城乡多务之……出绢虽以马畅名,其实马畅出者十之二,余者城固出,尽以马畅名之"。⑤

清末,陕西的丝织业仍然保持相当的规模,其情况可见表 5-2。

表 5-2　清末陕西丝织概况

地名	丝织概况
城固	年产丝 30000 斤,产绫 3000 尺,裹绸 2000 尺,丝线 3000 两
南郑	土丝产量 120000 两,年产绸 10000 尺,绢 10000 尺,绫 15000 尺,土绸 5000 尺,丝帕 30000 条
洋县	年产茧 10065 斤,生丝 10000 斤,绢绸 10000 尺,丝线 1000 两
安康	年产丝 8000 斤,产绸 2000 尺,粗细绢绸 12000 尺
平利	年产茧 50000 斤,产绸 8000 尺,绫 400 尺,绢 200 尺
石泉	年产茧 7000 斤,生丝 4000 斤
商县	年产茧 9000 斤,生丝 5000 斤,纺绸 400 尺,丝绸 200 尺,生丝缎 800 尺,裹绸 500 尺
蓝田	年产茧 2000 斤,生丝 6000 斤
临潼	年产茧 2000 斤,生丝 1500 斤
长安	年产茧 6000 斤,生丝 5000 斤,土绸 2000 尺

资料来源:《陕行汇刊》第 7 卷,第 1 期。

---

① (清)陈宏谋:《劝种桑树檄》,收入(清)贺长龄辑,魏源编《皇朝经世文编》卷 37,中华书局,1992,第 146 页。
② (清)杨屾:《豳风广义》,郑辟疆、郑宗元校勘,农业出版社,1962,第 7 页。
③ (清)陈宏谋:《巡历乡村兴除事宜檄》,收入(清)贺长龄辑、魏源编《皇朝经世文编》卷 28,中华书局,1992,第 605 页。
④ 杨虎城、邵力子、武善树等辑《陕西艺文志》卷 3,民国排印本,第 24 页。
⑤ 光绪《洋县志》卷 4,收入《中国地方志集成·陕西府县志辑》第 45 册,凤凰出版社,2007,第 532 页。

3. 植棉

陕西的植棉历史悠久。李之勤先生认为"当在公元 1273 年以前不久"。①《王祯农书》亦有类似说明。明清时期，陕西植棉织布得以发展，其间又经历了隆嘉、乾隆和光绪三个发展阶段。当时，"北土广树艺而昧于织，南土精织纴而寡于艺。故棉则方舟而鬻于南，布则方舟而鬻诸北"②。纺织技术落后，又因明政府花布征税苛重，陕西植棉现有记载的仅渭南、富平、华县三县。其中，渭南最具规模。明代"收则岂唯足以制诸布衣，又可贸易以供赋役之用"③。至清代"河之南不甚宜，河北随地皆宜。东乡尤宜，故其种尤多"④。从道光时起，在渭南地区的大荔、澄城等县就有一种"翻纺"的方法，即"贫家妇女贷棉二斤，纺之可得丝三十两，织之可成布三丈，余以所成之布易棉四斤，除归还所贷之二斤外，是赢棉二斤矣，以此二斤纺之织之，又易棉四斤，以此四斤纺之织之，又易棉八斤，以此八斤纺之织之，又易棉十六斤。棉棉相易，生生不已，谓之翻纺"，"四五口之家可终岁不买布，而着衣不尽"⑤。当地地方志中也对妇女纺织的辛苦有所记述："妇女尤苦，日则入操中馈，出服田园；夜则纺织，常逾子丑……"⑥ 富平在嘉靖时已有植棉，"地沃丰收，又兼木棉布丝之利"，"产木棉，织布转生息"⑦。乾隆时期，"日用杂物、花布、农器偏于市肆"，"贫者不能贷财为礼，粟一石，布一匹"⑧。华县，雍正时"柳子镇王宿庄，

① 李之勤：《陕西植棉业史的考察》，载《东北亚研究——西北史地研究》第 6 编，中州古籍出版社，1995，第 75 页。

② （清）姚之骃：《元明事类钞》卷 24，收入《文渊阁四库全书》，台湾商务印书馆，1963，第 329 页。

③ 嘉靖《渭南县志》卷 3，收入《中国地方志集成·陕西府县志辑》第 13 册，凤凰出版社，2005，第 61 页。

④ 雍正《陕西通志》卷 43，收入《文渊阁四库全书》第 553 册，台湾商务印书馆，1982。

⑤ 道光《大荔县志》卷 6，收入《中国地方志集成·陕西府县志辑》第 20 册，凤凰出版社，2005，第 68 页。

⑥ 民国《续修大荔县新志存稿》卷 4，收入《中国地方志集成·陕西府县志辑》第 20 册，凤凰出版社，2007，第 423 页。

⑦ 嘉靖《耀州志》卷 4，收入《中国地方志集成·陕西府县志辑》第 27 册，凤凰出版社，2007，第 369 页。

⑧ 光绪《富平县志稿》卷 3，收入《中国地方志集成·陕西府县志辑》第 14 册，凤凰出版社，2005，第 288 页。

善纫作大布"①，当地女子"以不善织为羞"②。隆庆时产有木棉。③

清代，由于陕西省人口激增，如何解决过剩劳动力成为突出问题。棉布相比蚕桑"免绩缂之工，得御寒之益，可谓不麻而布，不茧而絮。虽曰南产，言其通用，则北方多寒，或茧纩不足，而裘褐之费，此最省便"④。"价昂数倍"⑤，清代城固织布一匹工银1钱，而布一匹卖价7钱，⑥ 利润6倍；江南棉纺织技术传入陕西，以上因素促使清代陕西植棉发展，从渭北地区拓展至关西、汉中、商州和陕北。新增植棉纺织的州县有：宜君"其俗质朴勤俭，山居穴处气质朴，野习尚勤俭而重农功，妇女间有纺织者，民贫地瘠输纳维艰"⑦。澄城"食资五谷，服资木棉，火资石炭器用黑磁"⑧。商州"草本花可为布亦可代绵，近来植者渐广"⑨。汉中"近年汉南知有木棉"⑩，"每至秋冬，凤县留坝一路驮棉花入川者，络绎于道"⑪。甚至"运往陕西以北各地以及甘肃、青海额鲁特旗和鄂尔多斯旗去的数量也是巨大的"⑫。宜川"宜川民亦晓织布，但未能比户娴习，大收织作之利。至种桑养蚕，屡经督抚宪刊示劝谕，邑令复抄录蚕桑辑略，蚕政编等书，

---

① 雍正《陕西通志》卷43，收入《文渊阁四库全书》第553册，台湾商务印书馆，1982。

② 民国《续修陕西省通志稿》卷19，民国23年刻本。

③ 隆庆《华州志》卷9，收入《中国地方志集成·陕西府县志辑》第23册，凤凰出版社，2007，第43~44页。

④ （明）徐光启：《农政全书校注》（中），石声汉校注，上海古籍出版社，1979，第975~976页。

⑤ （清）毕沅：《陕西农田水利牧畜疏》，收入（清）贺长龄辑、魏源编《皇朝经世文编》卷36，中华书局，1992，第98~100页。

⑥ 民国《城固县乡土志·物产》，收入《中国方志丛书》第264号，成文出版社，1969，第56页。

⑦ 民国《续修陕西通志》卷196，1934，第11403页。

⑧ 乾隆《澄城县志》卷9，收入《中国地方志集成·陕西府县志辑》第22册，凤凰出版社，2007，第140页。

⑨ 乾隆《续商州志》卷4，收入《中国地方志集成·陕西府县志辑》第30册，凤凰出版社，2007，第270页。

⑩ （清）卓秉恬：《川陕楚老林情形亟宜区处》，收入严如煜辑《三省边防备览》卷14，《续修四库全书》第732册，上海古籍出版社，2002，第343页。

⑪ 民国《续修南郑县志》卷3，收入《中国地方志集成·陕西府县志辑》第51册，凤凰出版社，2007，第2页。

⑫ 李文治编《中国近代农业史资料》第1辑（1840~1911），生活·读书·新知三联书店，1957，第425页。

分给各里，并传示丝车，俾各照造供用，近来渐知仿效"①。陇州"（风俗）农服耕种，女习纺织"②。山阳"风俗淳朴俭约，男尚耕□女习纺织，重勤俭少游惰，守法度鲜争夺"③。长武"农勤稼穑，俗有古风。邑民耕田而外苦无出产，间有牧羊，豢养牛者皆终日劳劳，不敢或息，妇女近来颇习纺织，衣服朴素，男子之衣帛者不过百分之一二，田车耕牛而外，率无长物"④。迄至"光绪后（户县）洋棉输入，欲名洋花，茎高实大，收数优于乡棉，故种者多。至宣统间，洋棉遂普及而乡棉日少，妇女职业以纺织为主，棉之产额逐年加多，除一般人民衣被外，尤为农产物出境之大宗。惟纺织率用土机，纱粗布劣，不能与洋纱洋布相颉颃，是又吾邑人所宜讲求改进者也"⑤。三原"布，乡间有之，胜于贩自楚豫者"⑥。泾阳"自光绪二十三年始，（泾阳）县境出棉五十三万斤三千有奇，三十二年增至三倍，今又倍增矣。宣统元年，每斤售银十七八两至二十两，（宣统）二年，百斤售银十二三两至十五两。闻诸棉商曰：'棉之利大矣哉。每百斤以银十三两率之运汉，厘捐则价倍，化为纱布则价倍，南往北来则价倍，本一而倍之三。今若于产棉之区设机而纺之，而织之为纱、为布，而贩运听之，则衣被天下不难矣，区区一邑之利云尔哉？'"⑦清末，每年可售出棉花300万斤，且"大部分运往汉口，其商品棉的数额是相当巨大的"⑧。

兹将陕西近代棉产情况列表如下（见表5-3）。

---

① 乾隆《宜川县志·方舆志·风俗》卷1，收入《中国地方志集成·陕西府县志辑》第45册，凤凰出版社，2007，第231页。

② 雍正《陕西通志·风俗》卷45，收入《文渊阁四库全书》第553册，台湾商务印书馆，1982，第553页。

③ 民国《续修陕西通志》卷196，铅印本，1934，第11390页。

④ 民国《续修陕西通志》卷196，铅印本，1934，第11401页。

⑤ 民国《续修鄠县志》卷1，收入《中国方志丛书》第233号，成文出版社，1969，第88页。

⑥ 乾隆《三原县志》卷1，收入《中国地方志集成·陕西府县志辑》第8册，凤凰出版社，2007，第83页。

⑦ 宣统《泾阳县志》卷8，收入《中国方志丛书》第236号，成文出版社，1969，第320～321页。

⑧ 耿占军：《清代陕西农业地理研究》，西北大学出版社，1996，第163页。

表 5-3　1932 年陕西各县棉产情况调查

县名	棉田石积 （亩）	当地消费者 （担或斤）	亩产 （斤）	总产量 （担或斤）	购入量 （担或斤）	售出量 （担或斤）
宝鸡	8623	2000	39.52	3407	15000	1000
长安	57306	3724	65	37448	10430	10200
周至	23000	4500	27	6210	800	400
朝邑	3690	220000	25	907250（斤）	4800	4000
户县	59000	390	30	17700（担）	10200	9500
耀县	3000	20000	3	900	1000	1000
蒲城	4000	75000（斤）	20	8000（斤）	23000（斤）	23000（斤）
渭南	125669	4000	22.5	20000（担）	14000（担）	135000（担）
大荔	222765	4283（担）	20	44500	—	—
蓝田	3215	1740	15	482	—	—
兴平	21755	308210（斤）	30	652650（斤）	515000（斤）	401500（斤）
华阴	1800	4500	20	3600	1700（担）	1700（担）
洋县	20000	2000（担）	30	6000（担）	3000	2000
韩城	23467	2000	20	46934	2000	1000
合阳	15771	2195	30	4731	4000	4000
富平	2000	250	30	600	200	200
沔县	9892	3027	40	3956	—	—
汉中	10376	2290	40	4150	—	—

资料来源：陕西省档案局存中国农民银行西安分行 1932 年的《关于陕西各县棉产情况调查》，按原表录。

4. 药材

陕西山高地寒，山林茂密，水源丰富，是我国"西口药材"的主要产地。比如，岷州的当归、黄芪，中卫的枸杞，产自西宁、武威的大黄等。陕西本部的药材产地主要集中在秦巴山和陇山各山区州县，其中尤以凤县的党参、陇县的当归、宁强的柴胡、安康的杜仲与黄连、华县的黄精、洛南的秦艽驰名；特别是，陕南地区的药材产量仅次于云、贵、川、甘四省。

史载："（凤县）药之属，党参甚美，大者一茎斤许，故'凤党'药家珍之。全红花椒，肉厚有双耳。鹿茸、麝香、山羊血、熊胆亦时有之。此外如何首乌、五加皮、白芨、枸杞子、五味子、款冬花、百合、商陆、细辛、牛子、车前、葛根、葶苈、香附、紫苏、苍耳子、蛇床子、冬葵、补骨脂、石斛、蒲公英、鹅不食、马鞭草、紫河车、接骨丹、杜仲、雄黄之类皆足，备不时之属。土人入山采取，货于市，足资衣食。"① 陇县 "地近汧、渭二河，并各溪涧支流，水性肥甘，多种稻田，不资浇灌收种颇饶。原地坡地，虽未解南方引水仰浇之法，而能勤力培粪，再得甘霖应候，大概十年九收。山谷地亦多栽麻，并产当归、乌药等类，东路贾客相率赴陇捆贩"②。"荔邑地多坟垆，土质亢燥，无粳稻之利，余谷皆可种，迤北镰山前后，旷野寥阔，以种麦为主。其在胶土者，逢雨泽漫溢，润酣力饱，颗粒异常坚实，收亦丰稔。其平处绵土及近河之沙土，性质柔和，得雨即发，易望中收。南乡渭北洛南沙苑横亘，高阜低堆，隙地无几，加以风沙飞走，地力薄弱，不善五谷。……邻省药品中荔邑称善者，蒺藜固著名天下，若麻黄，为龙莎《唐志》推为贡物。生熟地黄《宋书》采以进上。陈承《别说》柴胡代银（谓同产者可代银夏）。《汤液本草》黄蓍如绵（谓同黄蓍柔软如绵）。其他香附、甘蔗、远志等与他处同例，不琐记。果属之榅桲、畜属之玺羊，前志书已载，大荔物产之大凡如是"③。

兹将陕西药材产地产量列表于下（见表5-4）。

表5-4 陕西药材产地产量调查

品名	产地	产量（斤）
党参	凤县及陕南	604000
当归	陕南	420000
柴胡	宁强、勉县、略阳、神木	125700
甘草	神木中部、洛川	41740
杜仲	安康、汉中、汉阴	807000
大黄	安康、平利	214250
乌药	城固、南郑	150000

① 光绪《凤县志》卷8，收入《中国地方志集成·陕西府县志辑》第36册，凤凰出版社，2007，第366~367页。
② 乾隆《陇州续志》卷1，收入《中国地方志集成·陕西府县志辑》第37册，凤凰出版社，2007，第127页。
③ 民国《续修大荔县旧志存稿》卷4，收入《中国地方志集成·陕西府县志辑》第20册，凤凰出版社，2007，第423~424页。

续表

品名	产地	产量（斤）
丹皮	安康、商南	425000
葛根	南郑、韩城	551150
秦艽	洛南、澄城	35000
没药	商南	80000

资料来源：《陕行汇刊》第 7 卷第 1 期《陕西之特产》。

清代，药材业已由自然采挖阶段进入人工培育阶段。"药材之地道行远者为厚朴、黄连两种。老林久辟，厚朴、黄连之野生者绝少，厚朴树则系栽成于小坡平坝中，有笔筒厚朴，言其小也。树至数年、十数年，如杯如碗，则好厚朴矣。黄连于既辟老林山凹山沟中栽种，商人写地数十里，遍栽之，须十年方成，常年佃棚户守连，一厂辄数十家，大抵山愈高，谷愈深，则所产更好。雪泡山、灵官庙一带，连厂甚多"①，"（道光年间）汉川民有田地数十亩之家，必栽烟草数亩，田则栽姜或药材数亩。烟草亩摘三四百斤，卖青蚨十千以外。姜药材数亩，收八九百斤，卖青蚨二三十千，以为纳钱粮，市盐布，庆吊人情之用"②。凤县、洛南、平利、陇县、华县、城固皆有类似情形。

5. 烟草

烟草种植系清代初年由山西人传入陕西。烟草最初种植于渭北一带，其所种"邓州烟"三伏后晒者，色稍黄，名伏黄，销路最阔。嘉庆后，随秦巴开发，烟草种植开始扩展到汉中、安康。"汉中郡城，烟贾所居，烟铺十居其三四。城固胥水以北，沃土腴田，尽植烟苗。盛夏晴雯弥望野绿，皆此物也，当其收时，连云充栋"③，道光年间年产"六七十万斤"④，已达到与蚕桑同等重要的地位，当时有"夏丝秋烟"之说；后又传至安康，"紫阳务滋烟

---

① （清）卓秉恬：《川陕楚老林情形亟宜区处》，收入严如煜辑《三省边防备览》卷 14，《续修四库全书》第 732 册，上海古籍出版社，2002，第 343 页。
② 道光《秦疆治略》，收入《中国方志丛书》第 288 号，成文出版社，1969，第 10 页。
③ （清）岳震川：《府志食货论》，收入（清）贺长龄辑、魏源编《皇朝经世文编》卷 36，中华书局，1992，第 109 页。
④ 民国《城固县乡土志·商务》，收入《中国方志丛书》第 264 号，成文出版社，1969，第 56 页。

苗，较汉中尤精，尤易售"①。烟草种植除自用外，大量售出。"南郑城固大商，重载此物，历金州以抵襄、樊、鄂诸者，舳舻相接，岁糜数千万斤"②。

　　由此可见，明清时期陕西经济作物种植的兴盛，为陕西商帮从事边茶、棉布、药材、烟草等商品贩运准备了直接条件。这种农业的商品性发展既扩大了社会分工，又加深了商品生产者之间的竞争与分化，在封建社会内部产生了资本主义生产关系的萌芽。"农业愈变成商业性的，则其资本主义的组织愈是发展"③。明清之际，中国社会人口暴涨，从万历年间的 1.4 亿人增长到道光年间的 4 亿多人，再加上传统的耕作技术难有突破性创新，中原地区无法容纳的人口开始向边疆规模化移民。人口的增长和全国性的移民所带来的巨大需求，给中国商业带来了转机，迫使传统商业加速转型。增长的人口使人地矛盾不断激化，农业生产边际报酬递减，农商比较效益之差距不断扩大。为维持生计，部分游离于农业生产之外的人口外出经商。据资料记载：至道光年间泾阳县人口达到最高峰时的 193200 人，其中商人就占到 32500 人，占全县人口总数的 16.8%。

　　但是，此时国内商业的特殊之处在于：一方面，商业资本仍然同高利贷（钱庄、当铺）、地租结合，顽固寄生于封建剥削方式，且其本身并不创造新的生产方式；另一方面，由于承担"要经营商品，他就必须首先购买商品，因此必须是货币资本的所有者"的商业社会职能，以及商品所有权转移职能（即通过购销活动实现供求统一、物资流通职能，即通过运输、保管实现商品的空间和时间转移及情报流通、金融、保险等辅助职能），④商业资本又支配生产、投资生产，并将货币资本、人力资本转化为产业资本，以利润形式反哺经济的发展（比如，明代仅从兰州、西宁流入泾阳、三原的陕商利润即在 2000 万~3000 万两之巨⑤），相当一部分利润转化为生产性投资（比如，清代陕南"铁厂、板厂、纸厂、耳菌厂，皆厚资商人出

---

①　（清）岳震川：《府志食货论》，收入（清）贺长龄辑、魏源编《皇朝经世文编》卷 36，中华书局，1992，第 109 页。

②　（清）岳震川：《府志食货论》，收入（清）贺长龄辑、魏源编《皇朝经世文编》卷 36，中华书局，1992，第 109 页。

③　〔俄〕列宁：《俄国资本主义的发展》，人民出版社，1975，第 269~270 页。

④　彭措卓玛：《康定锅庄经济研究》，硕士学位论文，中央民族大学经济学院，2010，第 37 页。

⑤　李刚：《陕西商帮史》，西北大学出版社，1997，第 6 页。

本交给厂头，雇募匠作"①，"开厂之商多为关中富商"②）。在此情形下，生产领域的雇佣劳动呼之欲出，促使了商品交换的进一步拓展、延伸。

因此，随着关中制茶业的发展，生产规模不断扩大，技术外溢性增强，部门分工及专业化分工日益迫切，"较多的工人在同一时间、同一空间（或者说同一劳动场所），为了生产同种商品，在同一个资本家的指挥下工作，这在历史上和逻辑上都是资本主义生产的出发点"③。泾阳每年有大量人口长期从事茶叶的加工、制作。"官茶进关运至（泾阳）茶店，另行检做，转运西行，检茶之人亦万有余人"④。如果按照当时的城镇人口数据进行统计，明清以来泾阳人口保持在 10 万人左右，⑤ 那么至少有 10% 的城镇人口在从事茶叶制造业，足见其规模之大。茶叶贸易的商品化意味着茶叶贸易逐渐脱离政府垄断控制而成为独立的经济活动，茶叶贸易开始了其作为一种正常商品贸易流通活动的阶段。在此较为宽松的政策环境下，陕西茶商顺势而起，掀起明清之际延续 500 年之久的"走西口"经商潮。

第二节　明清时期陕川藏商品贸易的繁荣

2018 年 7 月 28 日，阿里地区借助第七届象雄文化旅游节平台，对外首次集中展出了该地区墓葬出土的陶器、铜器、玛瑙、天珠、黄金面具等 60 件文物，其中纹锦丝绸、茶叶、天珠等都是第一次在考古发掘中出土的珍贵文物。在当天下午召开的象雄文化学术研讨会上，中国社会科学院考古研究所西藏工作队队长、考古专家、副研究员仝涛表示，通过这些文物的考古、研究，进一步证明了阿里在古象雄时期是古象雄的核心区域，同时出土的丝绸、茶叶等文物，可以佐证在古象雄时期，西藏阿里与祖国内地有着密切的联系。仝涛在与各方专家交流探讨时表明，在阿里出土的纹锦

---

① （清）卓秉恬：《川陕楚老林情形亟宜区处》，收入严如煜辑《三省边防备览》卷 14，《续修四库全书》第 732 册，上海古籍出版社，2002，第 343 页。

② 李刚：《陕西商帮史》，西北大学出版社，1997，第 387 页。

③ 《资本论》第 1 卷，人民出版社，2004，第 391 页。

④ 道光《秦疆治略·泾阳县》，收入《中国方志丛书》，华北地方，第 288 号，成文出版社，1969，第 30 页。

⑤ 屈松泉：《泾阳县人口简史》，载《泾阳文史资料》第 3 辑，中国人民政治协商会议陕西省泾阳县委员会文史资料研究委员会编，1987，第 111 页。

丝绸是青藏高原迄今为止发现的最早的丝绸，茶叶残块也是西藏境内首次发现，这一发现，打破了外界一直认为唐代之前茶叶并未进入西藏的论断，将茶叶入藏的历史前推了近 500 年。同时，丝绸的发现，重建了青藏高原西部的"丝绸之路"及与其他地区的贸易联系。

历史上，古丝绸之路在东西方商品交流与文化传播方面均有深远影响。茶叶成为中国沿古丝绸之路外销的三大类货物之一。史料记载，中国茶叶最早向海外传播始自南北朝时期，中国商人在中蒙边境，通过以茶易物的方式，向土耳其输出茶叶。

据中国科学院地质与环境研究室古生态学组研究员吕厚远与国内外同行专家合作研究，观察到西藏阿里故如甲木古墓葬中发现的这些"疑似茶叶"的植物出土时已呈黑色团状，经测定内含只有茶叶才具有的茶叶植钙体和丰富的茶氨、咖啡因等成分，从而可确定"这些植物遗存都是茶叶"。据碳 14 测年份，其存在年代为距今 1800 年前后，相当于中原汉末时期。

隋唐以后，借助西北、南方丝绸之路，陕西泾阳茯砖茶销往国内西北、西南各省，及周边多国，被誉为"中国古丝绸之路上的生命之茶、神秘之茶"。今天的陕西秦岭以南、四川雅安和灌县、云南的佛海、湖南益阳、湖北赵李桥等产茶区，成为当时重要的茶马贸易区域。"汉藏茶马贸易"以青藏道、川藏道与滇藏道为主线，辅以众多的支线、附线构成道路网络系统，涉及川、滇、陕、甘、青、藏，与"西北丝绸之路"相衔接而向外延伸至中亚、欧洲。明清时期，陕藏茶叶贸易，发展尤为突出。

从明代开始，川藏道包括"南路""西路"。"南路边茶"以四川五属边茶，经雅安、康定，销往藏地；"西路边茶"则以灌县、什邡、平武等地所产茶，由灌县沿岷山道，过茂县、松潘、若尔盖，再经甘南至河州，转输入甘南和青海藏区。跋涉地域涉及藏、汉、羌、回四个主要民族共同居住的多族群空间，由此沟通的茶马互市经历了强制贸易、民间商贸两个阶段，围绕茶叶的贸易分官营与私营两类。

清朝建立后，在西北和西南推行了两套截然不同的官营茶马贸易和商营（民）边茶贸易制度：顺治年间，面向甘青藏区，在西北继续沿用宋明时期的官营茶马贸易，由政府主导经营，自乾隆初年才予以废止；康熙年间，面向康藏地区，在西南则确立边茶商营贸易，通过在康定开辟边茶市场、设置榷关，由政府颁发茶引、征收茶税，茶商自由营运。

1. 官营茶马贸易

(1) 官营茶马贸易数额

洪武八年 (1375)，"戊辰，遣内使赵成往河州市马，初，上以西番素产马，其所用货泉与中国异，自更钱币马之至者益少。至是乃命成以罗绮、绫帛并巴茶往市之，仍命河州守将善加抚循，以通互市。马稍来集率厚其直偿之成又宣谕德意。自是番酋感悦，相率诣阙谢恩，而山后归德等州西番诸部落皆以马来售矣"①。

洪武九年 (1376)，秦州、河州茶马司市马 171 匹。②

洪武十一年 (1378)，兵部奏市马之数，秦、河二州及庆远、顺龙茶、盐马司所易马 686 匹。③

洪武十二年 (1379)，兵部奏市马之数，秦、河二州茶马司以茶市马 1691 匹，庆远裕民司以银盐市马 192 匹。④

洪武十三年 (1380)，河州茶马司市马用茶 58892 斤、牛 98 头，得马 2050 匹。⑤

洪武十四年 (1381)，兵部奏茶盐银布易马之数，秦、河二州以茶易马 181 匹，纳溪、白渡二盐马司以盐布易马 200 匹，洮州卫以盐易马 130 匹，庆远裕民司以银盐易马 281 匹，得马约 697 匹。⑥

洪武十五年 (1382)，兵部奏市马之数，秦、河、洮三州茶马司及庆远裕民司市马 585 匹。⑦

洪武十六年 (1383) 即有强制纳马的政令，进一步规定陕西茶马交易的比例 "凡上马每匹给茶四十斤，中马三十斤，下马二十斤"，且 "出茶地方有税，贮放有茶仓，巡茶有御史，分理有茶马司、茶课司，验茶有批验所，岁遣行人榜文于行茶所在县示禁约私茶"⑧，"凡犯私茶者，与私

---

① 《明太祖实录》卷 100，中研院史语所，1962，第 1694 页。

② 《明太祖实录》卷 110，中研院史语所，1962，第 1836 页。

③ 《明太祖实录》卷 121，中研院史语所，1962，第 2342 页。

④ 《明太祖实录》卷 128，中研院史语所，1962，第 2042 页。

⑤ 《明太祖实录》卷 133，中研院史语所，1962，第 2133 页。

⑥ 《续文献通考》卷 165，明万历三十年 (1602) 松江府刻本，第 3047 页。

⑦ 《明太祖实录》卷 150，中研院史语所，1962，第 2371 页。

⑧ 乾隆《甘肃通志》卷 19，收入《文渊阁四库全书》第 557 册，台湾商务印书馆，1982，第 555 页。

盐同罪"①。

洪武十七年（1384），癸未，命秦州、河州茶马司以所市马 560 匹分给陕西骑兵。②

洪武十八年（1385），秦州、河州茶马司及叙南贵州乌撒宁川毕节等卫，市马 6729 匹。③

洪武三十一年（1398），秦州、河州、洮州茶马司与西南各地市马 13528 匹，支茶 50 万斤。

永乐八年（1410），河州茶马司与西南各地市马 7714 匹，支茶 278460 斤。

宣德七年（1432），河州、西宁茶马司与西南各地市马 8800 匹。

宣德十年（1435），河州、洮州、西宁茶马司与西南各地市马 13000 匹，支茶 1097000 斤。④

明代中叶以后，随着蒙古势力的重新崛起，导致"番人为北狄所侵掠，徙居内地、金牌散失"⑤。不断繁荣的贡赐贸易也使官营茶马互市逐渐失去了市场。私茶的猖獗与商茶的勃兴，导致官营茶马互市逐渐由盛而衰。这一时期由于私茶的盛行，官营互市受到种种冲击而走向衰落。茶马贸易的数额虽不能满足明王朝需要但仍保持缓慢发展趋势。

万历二十九年（1601）明廷又批发了茶马御史毕三才的上疏，其中第一条即为"定马额以便招中"。并指出："招商中茶易换夷马，原有定额陕西四镇给军骑，征各监孳牧作种，皆仰给于茶司，此诚实边之长策也。迩年马数日增，茶商苦于禁严，几致绝迹。甚至借商茶易番马，希复旧规，滥收驽劣，随收随例，茶司几于虚设。"进而规定："以后每年茶司易马，西宁额三千二百匹，河州三千四十匹，洮州一千八百匹，岷州一百六十匹，甘州一千匹，庄浪八百匹，共一万匹"。⑥ 这是明代又一次对官营茶马贸易数额的规定，与金牌信符制时期相比，年定额数仍呈现较大上升趋势。虽然实际实行情况无确切资料可考，仍能从一个例面反映这一时期区域性民

①　（清）张廷玉等：《明史》卷 80，中华书局，1997，第 1947 页。

②　《明太祖实录》卷 168，中研院史语所，1962，第 2570 页。

③　《明太祖实录》卷 176，中研院史语所，1962，第 2674 页。

④　武沐、刘光华：《甘肃通史》（明清卷），甘肃人民出版社，2009，第 148 页。

⑤　（清）张廷玉等：《明史》卷 80，中华书局，1997，第 1949 页。

⑥　《明神宗实录》卷 356，中研院史语所，1962，第 6657 页。

族贸易的发展。

（2）官营茶马贸易价格

该方面不仅材料奇缺，而且很不统一。根据现有材料可得出以下几点
认识。

其一，西北地区与四川相比马贱茶贵，因而形成了陕甘与四川马价的
高低悬殊。究其原因可能来自茶叶品种有粗细之别，及陕甘茶叶运价
高昂。

其二，明初，四川马价规定"中马一匹给茶一千八百斤"。洪武二十二
年夏，"诏茶马司仍旧唯定其价：上马一匹与茶一百二十斤，中马七十斤，
驹马五十斤，番商有不愿者，听"。① 西北地区则一律以河州茶马司为例，
"壬午（洪武十六年），兵部奏定永宁茶马司以茶易马之价，宜如河州茶马
司例，凡上马每匹给茶四十斤，中马三十斤，下马二十斤，从之"②。

其三，明洪武二十五年（1392）实行强制性纳马换茶。以 30 万斤茶换
马 10340 匹，折算为平均价不到 30 斤，与明初 20~40 斤茶的马价略同。洪
武二十六年至三十一年（1393~1398）李景隆入番颁牌，用 50 余万斤茶换
马 13518 匹，其平均价格近 40 斤，比明初略高。史载："洪武中以茶易马，
上马给茶八十斤，中马六十斤，下马四十斤。"③ 可见，洪武年间马价一度
有所提高。另，史载永乐八年"镇守河州卫陕西都指挥同知刘昭奏：陆续
收到河州卫各番族马七千七百一十四匹，上马每匹茶六十斤，中马四十斤，
下马递减之，共给茶二十七万八千四百六十斤"④。折算为平均值，每匹马
为三十七斤。

2. 私营茶马贸易

民间茶马贸易分私茶与商茶。私茶则主要来自各级地方官吏，以及茶
商和小贩。更多则是商茶。

（1）民间茶马贸易缘起

明初，实施"官茶易马"，在官茶的直接专卖制下商人不许介入。大规
模的商茶易马始于明中叶，明弘治三年（1490）改官茶官运为官茶商运，

---

① 《明太祖实录》卷196，中研院史语所，1962，第 2950 页。
② 《明太祖实录》卷156，中研院史语所，1962，第 2425 页。
③ 《明太宗实录》卷 87，中研院史语所，1962，第 1152 页。
④ 《明太宗实录》卷 110，中研院史语所，1962，第 1412~1413 页。

使以商人为中心的民间贸易与官办贸易并行于明代。

明洪武七年（1374），明朝设西安行都指挥使司于河州，升河州卫指挥使韦正为都指挥使，总辖河州、朵甘、乌思藏三卫。后来又升朵甘、乌思藏二卫为行都指挥使司。同年 12 月，炽盛佛宝国师喃加巴藏卜及朵甘行都指挥同知锁南兀即儿等遣使来朝，又奏举土官赏竺监藏等五六十人。明太祖遂设朵甘宣慰司一、招讨司六、万户府四、千户所十七，以赏竺监藏等分别为指挥同知、宣慰司使、招讨司官、万户、千户等，并派员外郎许允德携诏书及诰、印前往赐之。①

明永乐元年（1403），明政府又在西康实行"茶马交易"，令将四川雅安、名山、天全、射洪、邛崃五县的茶产贩运康藏，产生了继"陕甘茶马古道"之后的第二条茶马古道，即"康藏茶马古道"。陕西长安就处于陕甘道、陕藏道的要冲，又是唐蕃古道的起点，衔接、延伸了川藏道。自元代西藏正式划归中央政府管辖，西藏朝贡及茶马贸易往往经由四川康定等地中转，再经川陕驿路入京，由此进行大规模汉藏贸易。明清之际这种往来更加频繁，由陕西汉中至四川成都，再由四川成都至西藏拉萨的陕藏商道在古代交通史上占有重要地位；成为连接西北、西南地区汉藏往来的驿路栈道。"金牌差马制"在正统末年遭破坏后，明朝实行"运茶中盐法""纳马给茶法""纳粮中茶法"，允许商人直接参与茶马互市，更使茶商得到长足发展，从而涌现出一批资本雄厚的茶商。朝廷规定：边引销售藏区，腹引销售内地，形成四川茶叶的引岸制度。"引"即发给商人的销售许可证，政府按"引"征税。四川边茶主要销往西藏。

明永乐五年（1407）至十二年（1414），明朝政府与藏族阐化王合作修通了从雅安到西藏的驿路。元、明之间的另一种变化是茶马互市的贸易集点不断西移，即由先前的雅州（今四川雅安）、碉门（今四川天全）、黎州（今四川汉源）延伸，最终集中于打箭炉（今四川康定）。

自嘉靖年间推行引岸制度以来，黎、雅等地引额由 1 万引增至 3 万引，占全川引额的 79%。

清代，官营茶马制度被彻底废止，民间贸易的范围更加广泛。一种以钱请引，以引定量定税，并到规定地区（岸口）销售的引岸制在这个时

---

① 陈庆英：《西藏历史》，五洲传播出版社，2002，第 44 页。

期形成。很多日常生活必需品也因茶马贸易涌入交易范围。藏区输出的商品包括香料、药材、宝石、玉器、兽皮、羊毛、黄金、象牙等土特产品。康熙后期,汉藏贸易发展迅速。康熙四十年(1701),康定每年的正额税银约为5316两;嘉庆六年(1801)则增至约2万两。① 清代康定城的东门(另有南、北门)仅"茶税"一年就收白银17174两,闰月则多收1431两。

一般而言,商人与藏区的贸易通过直接贸易或经由邻近藏区官吏的间接贸易两种途径进行。茶商与藏族交易乃以物易物的方式在互市进行,川中茶产最初是"四川布政使司奏:川中产茶曩者,西番诸羌以毛布、毛缨之类相与贸易,以故岁课不亏。近者朝廷颁定,课额官自立仓收贮,专用市马,民不敢私采。每岁课程,民皆陪纳。请仍令民间采摘与羌人交易,如此则非惟民得其便抑,且官课不亏。诏从之"。② 后来,发展至汉族用茶、绢、布等商品,与藏族的马匹、食盐、金砂、麝香、贝母、皮货、红椒等相交换。既有茶叶和其他实物商品(比如茶马贸易,茶粮贸易,茶叶与红缨、毡衫、布、椒、蜡等贸易)之间的贸易方式,也有银钱和茶叶之间的交易,及商业信用中介的茶叶贸易(包括茶叶的赊买赊卖和预付货款两种形式),这意味着在促进茶叶商品流通之外,茶叶生产的货币资本形式成为可能,进一步使商业资本在某种程度上转化为产业资本。

以徐兰生所著《玉树地区调查记》为例,具体分析。

由各处输入玉树之货物为以下几种:由西藏输入之货为氆氇尼、细褐子布、地毯、藏香。自印度经由西藏运入者为红花、枣子、羊毛织品、布匹、钢铁、铁器、瓷器、玻璃、洋烛、伞、染料、纸卷烟、珊瑚、蜡珀、军器、子弹。自四川运入者为砖茶、冰糖、酒、瓷器、烟叶、鼻烟、桐油、绸缎、布匹、毡帽、米、面、靛青、熟皮、马鞍、纸。自日本经由四川运入者为火柴、丝光棉线、涂瓷器皿。自甘肃运入者为米、面、挂面、枣子、葡萄、瓜子、铁锅、铁器。自云南运入者为糖、鸦片烟。甘肃人大半以自藏运入之红花、枣子为西藏土产,其实俱由印度转运而来。自云南运入之鸦片烟颇不少,近今始减。侨居之汉人吸之者甚多,贩运至甘肃,冀获善

① 鲁子健:《清代四川财政史料》(下卷),四川省社会科学院,1988,第32页。
② 《明太祖实录》卷188,中研院史语所,1966,第2824页。

价亦颇不乏人。土人之嗜吸鸦片烟者，竟未一见。自羊毛市价跌落以来，玉树银根奇紧，大半交易以物换物。纹银只为物品之代价，有名而不见其流行。

玉树经年输出之货物为以下几种：羊毛、羔皮、老羊皮、猞猁皮、狐皮、沙狐皮、熊皮、狼皮、豹皮、牛皮、牛尾毛、鹿茸、麝香、知母、冬虫草、香菇。就地自用之物品为以下几种：大麦、炒熟大麦粉、酥油（乳油）、乳渣子（乳干酪）、牛奶、绵羊、山羊、牛粪薪、羊毛粗褐子布、羊毛细褐子布。[①]

在商品交换初期，货币形式往往固定在受人们普遍欢迎的牲畜上，"牲畜变成了一切商品都用它来估价并且到处乐于同它交换的商品一句话，牲畜得到了货币的职能，在这个阶段上就已经当货币用了"。因此，物物交换是藏地各氏族、部落和群众之间商品交换的主要形式。以后，商品交换的权力，大部分集中到土司、头人和寺庙代理人手中，通过他们在更大范围的交换，使商品的种类、数量不断有所增加。[②]

（2）民间茶马贸易地域范围

大藏区一般有两种划分方法。依据地理与自然条件，分为"上阿里三围，中卫藏四如，下朵康六岗"；依据方言，分为"法域卫藏、马域安多、人域康巴"。

其中，"上、中、下"三地分别是上阿里王国、中卫藏四如、下朵康六岗。"上阿里三围"古称阿里古，为藏区早期"十三小邦"之一，汉史籍称为"羊同"。4~5世纪，象雄王国建立；644年松赞干布吞并象雄王国，吐蕃全境统一；清代归入西藏噶厦政府管理；新中国成立后为我国西藏阿里地区。涉及今西藏普兰、札达、日土三县，分别谓之雪围、林围、水围，三地位于国道G219即新藏线（起于新疆叶城，终于西藏日喀则）。"中卫藏四如"乃古代藏族军事组织，遍布拉萨周围。分别是：藏如（今日喀则区域江南地段）、卫如（拉萨市辖区）、约如（以山南群结昌珠寺为中心的山南区域）、叶如（日喀则江北地段）。"下朵康六岗"中，"朵康"是藏

---

① 赵心愚、秦和平、王川：《康区藏族社会珍稀资料辑要》（下册），巴蜀书社，2006，第1000~1002页。

② 来作中：《解放前康区的商品交换》，载《甘孜州文史资料选辑》第13辑，中国人民政治协商会议甘孜藏族自治州委员会，1998，第124页。

语"安多"和"康"二词组合；"六岗"乃藏族传统地理概念，分别指：色莫岗、擦瓦岗、马康岗、绷波岗、玛扎岗、木雅热岗；又附"四水"，由东向西分别是雅砻江、金沙江、澜沧江、怒江。"三域"分别是："法域卫藏"包括前藏与后藏，前藏主要是拉萨、山南区域，后藏主要是日喀则区域；"马域安多"位于青藏高原东北部，地理范围包括青海果洛藏族自治州、海西蒙古族藏族自治州、海南藏族自治州、海北藏族自治州、黄南藏族自治州、甘肃省甘南藏族自治州、天祝藏族自治县、四川阿坝藏族羌族自治州等地区；"人域康巴"位于横断山区，包括四川甘孜藏族自治州、阿坝藏族羌族自治州（部分）、木里藏族自治县，西藏昌都市、云南迪庆藏族自治州、青海玉树藏族自治州等地区。

雅安隶属于"下朵康六岗"的"人域康巴"，是我国西南地区最大的边茶生产基地。在有文字记载的夏、商、周时期，雅安地区是梁州西境，乃多民族共居之地，介处羌彝。战国时（前316年），雅安属蜀国。秦灭蜀国后，仍以旧蜀国地设郡。然后羌人沿青衣江徙入雅安，是为青羌即青衣羌国故地。两汉三国时期，仍袭秦制，实行郡县。武帝元鼎六年（前111），改置沈黎郡，辖严道县、青衣县、徙县、旄牛县等地。至东汉安帝延光元年（122）改蜀郡西部都尉为蜀郡属国，辖县未变。灵帝时（168）置汉嘉郡，领县四，置设汉嘉县。此后各代郡县迭有废兴。宋元时代，仍置雅州未变。

宋明两代，由于战争频繁，需要大量马匹，朝廷颁布了"榷茶制"的法令，实行茶叶垄断贸易政策。在需求急剧增加情形下，雅安茶叶供给亦不断增加，每年供应量达数百万斤。大量出现的焙（制）茶叶作坊从农村至城市，分散加工后由官府统一收购销售。明以后，此类作坊被统一称为"茶号"，茶叶集聚导致行业扩大。增加了政府税收与茶商利润，有力推进了社会经济的发展。

元宪宗八年（1258）置雅州属嘉定府治，领县五，并增置碉门宣抚司、天全招讨司。所辖县治有荥经、芦山、名山、汉源和严道等县直至明代如故。这期间雅州实际管辖权属吐蕃本部宣慰司，至明代洪武年间改置安抚司，后降为所，治今清溪县（汉源县）。明代地方政权建制，在省以下，废路改府，即府、州、县三级制。雅州辖名山、荥经、芦山等县，州治今雅安县城关镇。清初，雅安仍为雅州直隶州，雍正七年（1729）升州为府，辖县六，即今名山、荥经、芦山、清溪、天全、雅安。另增置土司若干，比如大田土司、松坪土司、穆坪土司、天全吐司等。他们从明末清初被任命授印后，世代承袭。

雅安边茶业的兴盛，吸引中国北方许多商贾纷至沓来。自元代西征后，川陕合省而治，大批陕商入川赴藏。

康定毗邻雅安，位于甘孜藏族自治州。于是，从事西南边茶贸易的陕西商人，分两批进入康藏。

第一批是明代去的，主要来自户县牛东乡的"牛东帮"（又称"河南帮"），集中于康定"陕西街"，有80多家贩茶的陕商字号，以户县"德泰合"茶庄为其代表，有600年经营历史（见表5-5）。

表5-5　明清户县牛东各村在康定从事商业概况

店名	店东	资本	历时	投资方式
恒盛合	牛东孙家、新阳葛家	20000两	600年	孙葛两家各出200两合资
利盛公	北待方村钟全声等	30000两	400年	合资
昌义发	不详	40000两	200年	不详
茂盛福	不详	80000两	180年	不详
德茂源	韩五格韩八，韩和同	12000两	100余年	合资
德泰合	稻务村南家，宋村宋家	18000两	100余年	南宋两家各出500两合资

资料来源：中国人民政治协商会议陕西省户县委员会文史资料委员会：《户县文史资料》第3辑，1987年10月。

第二批是清代去的，主要来自泾阳、三原的"泾阳帮"（又称"河北帮"），集中于雅安"三元街"，亦有多家贩茶的陕商字号，以泾阳于桥苗家办的"义兴"茶号为其代表，有500年经营历史；泾阳社树姚家办的"天增公"茶号，在雅安也极有影响（见表5-6）。

表5-6　明清陕西商帮（"泾阳帮"）在雅安经营情况

店名	店董	籍贯	引额	资本	投资方式
义兴	苗幼幼	泾阳	11600张	100000	独资
恒泰	苏含芬	泾阳	8000张	300000	独资
聚诚	赵炎	泾阳	4500张	30000	独资
永和	毕六眉	泾阳	2400张	—	独资

续表

店名	店董	籍贯	引额	资本	投资方式
丰盛	胡光荣	泾阳	1600 张	—	独资
天兴仁	高智轩	泾阳	—	30000	独资
利盛公	北待方村钟全声等	户县	—	30000	合资
恒盛合	牛东孙家，新阳葛家	户县	—	20000	孙葛两家各出 200 两合资
德泰合	稻务村南家，宋村宋家	户县	—	18000	南宋两家各出 500 两合资
德茂源	韩五格韩八，韩和同	户县	—	12000	合资

泾阳县资料来源：杨仲华《西康纪要》，《西康雅安边茶概论》（《中农月刊》第三卷，第 8 期）；户县资料来源：杨益三《陕帮"炉客"在康定——略记户县德泰合兴衰始末》，李秉山《户县牛东附近各村在打箭炉从事商业概况》（中国人民政治协商会议陕西省户县委员会文史资料委员会：《户县文史资料》第 3 辑，1987 年 10 月）。

至民国时期，康定余家坐商中，陕籍商贾占半数以上。[①] 据《甘肃通志卷十九·茶马》统计，清代全国共有茶引 28776 道，茶 1438300 斤，西北茶区有茶引 27296 道，茶 134800 斤，约占全国茶引的 95%，到清末每年销往西北的茶叶平均 47 万担，西北六省一地每人每年约合 1.5 斤。罢中马之制后，茶按引分，由商间定，商遂分为东西两柜。东柜以汉商为主，"多陕晋籍"；西柜以回商为主，"多泾阳、潼关、汉中籍"[②]。同光年间陕甘回民起义被左宗棠统率清军镇压后，西柜凋零离散，只剩"魁泰通"一家，无法成柜，只得附属于东柜，与东柜的其他茶号合伙做生意，西柜随之消散。从当时陕西东商茶庄领取茶票情况，可以了解清代陕西东柜茶商的经营规模（见表 5-7）。

表 5-7　光绪三十二年（1906）东商茶票数目

号名	茶票	块数	斤数	号名	茶票	块数	斤数
新泰和	82	65600	328000	裕兴重	40	32000	160000
魁泰通	44	35200	176000	裕兴和	12	9600	48000
合盛茶	42	33600	168000	天泰运	66	52800	264000

资料来源：中国人民政治协商会议陕西省户县委员会文史资料委员会：《户县文史资料》第 3 辑，1987 年 10 月。

---

① 来作中：《解放前康区的商品交换》，载《甘孜州文史资料选辑》第 13 辑，中国人民政治协商会议甘孜藏族自治州委员会，1998，第 124 页。

② 陈椽：《茶叶通志》，农业出版社，1984，第 459 页。

至于藏区茶叶市场的真实需求量，亦有学者进行统计。近代英国学者Charies Bell 推测，藏区平均每年需要从中国输入的边茶数量在 1480 万 ~ 1500 万磅（1 磅 = 0.9071847 斤）[①]；民国时期学者认为西康和西藏两地茶叶消费量约为 16 万担（见表 5-8）。

表 5-8　西藏、西康地区边茶消费量统计[②]

省别	人口数量（口）	人均消茶量（市担）	总销量（市担）	备注
西康	1755542	1.10	19310.96	本表人口数量依据 1943 年 7 月出版之国民政府年鉴；消茶量系每人每年消茶量，根据 1934 年行政院农村复兴委员会调查；西藏每年每人消茶量系估计数字；总销量系由每人每年消茶量乘各该省人口数量
西藏	3722011	1.50	137890.01	
合计	—	—	157200.97	

如表 5-8 所示，藏区的边茶年销售量为 15 万 ~ 16 万担，但因政府旨在"定售茶之多寡，以是为制番之策"，通过边茶贸易垄断人为制造供不应求的局面，达到政治控制的目的，故推测藏区茶叶市场消费应该比实际需求要少。同时，清政府及其控制下的茶商获取了高额垄断收益（包括政府税收与商人利润）。首先，清朝时期的边茶课税重于腹茶，每引征税羡等银两合计土引（官府售发给茶商与少数民族土司进行茶叶贸易的凭证）较腹引（行销当地或内地的茶引）高 127%，边引则高达 158%，如有战事发生，则"多额外急征"。[③] 另据 1892 年四川总督刘秉璋上奏总理衙门称，政府从每

[①] Charies Bell 也找不到确凿数据，他通过推论得到该数据，"茶乃西藏人之主要饮料，甚至即谓西藏人之食，亦无不可；因无论牛油及大麦粉，皆与茶混杂。男女消耗，平均一日饮茶四十杯至五十杯；……日饮二十杯之人，为数甚少，多者有每日能饮八十杯者。若辈先饮去一杯之四分之三或一半，然后再行注满；盖上后再饮一口。若中止不饮，或有事外出等情，其杯立即注满"，"即以西藏现有人口平均每人饮茶四十杯而论，估计每人每年需要消费茶叶，至少四磅；平均每年需要中国边茶之输入，便达 1480 万 ~1500 万磅"（转引自杨逸农《中印茶叶藏销问题》，《中农月刊》第 3 期第 5 卷，1942，第 15~19 页）。

[②] 参见《边茶与边政》，《边政公论》第 3 卷第 11 期，1944 年。

[③] 鲁子健：《清代藏汉边茶贸易新探》，《中国藏学》1990 年第 3 期，第 50~60 页。

年销往藏区的边茶（约 1400 万斤）中征税十余万两白银，用作藏区军饷[1]。那么，政府的茶叶税收每年应不不少于十余万两白银。

其次，光绪年间，英国人 E. C. Bale 赴康定考察边茶输藏情况，据其粗略统计：每 11 斤茶叶的成本 706 文（包括：原值 200 文，引税 50 文、泸定桥至康定关税 36 文，由荥经至康定运费 320 文，包装加工费 100 文），汉商交付藏商货物的售价 1240 文，边茶的销售利润率高达 75%。[2] 同期，英国学者 A. De. Rosthorn 于光绪十七年（1891）赴川，统计边茶销藏情况如下：销往藏区的茶叶总额为 108600 担，其成本为 576000 两，总售价为 1014000 两，利润率为 70%。

据此二人统计结果推测，边茶贸易的利润率应达到 70% 以上。[3] 经过辗转运输，最终高昂的茶叶价格进入藏区后转嫁至藏民，其日常生活消费成本增加。贫苦藏民无力购买如此高价的茶，就采集气味略近的树叶来焙制成假茶。

西康的陕商茶号，在雅安将川南五县的茶产压制成茶砖，并创出一系列汉藏商标。"义兴"号的茶商标为狮子牌，"天增公"的茶品牌叫水兽牌，两家几乎垄断了川南边茶的一半以上。然后，茶号雇用背夫沿茶马古道翻二郎山将茶砖运至康定，再由康定派伙计或交由藏商将茶砖运至巴塘、理塘、昌都、拉萨，全程 2000 余里，每年将 4500 万斤茶叶运往西藏；随着大量茶叶走私至藏区，汉地的茶、绢、绸缎、布匹、铁器、铜器、纸张与藏地的马匹、食盐、红椒、红缨、毛布、药材、畜皮进行着以物易物的交易，便利、改善了当地民众生活，扩大了汉藏经济交流。据统计，清代泾阳茶商鼎盛时有 86 家，大概每年每家办茶 15 票，共计 1500 票，每票 4500 斤，每年过境砖茶数量在 200 万公斤以上，[4] 如此大的规模也在很长一段时间里垄断西北茶叶市场。其中，陕西"泾阳茯砖茶"作为商茶，发挥了重要作用。可见，其渊源之深、影响之广。

---

① 周伟洲：《英俄侵略我国西藏史略》，陕西人民出版社，1984，第 74 页［转引自杨亮升《十九世纪末二十世纪初帝国主义的侵略与四川藏区的商品经济》，《西南民族学院学报》（哲学社会科学版）1987 年第 3 期，第 79~85 页］。

② 交易货币为铜钱，单位"文"。

③ 黎立：《论清代打箭炉茶叶贸易》，硕士学位论文，四川省社会科学院，2013，第 15 页。

④ 泾阳县商业局：《泾阳县商业志》，陕西人民出版社，1995，第 156 页。

（3）明清西部著名茶产品：泾阳茯砖茶

"自古岭北不产茶，唯有泾阳出名茶。"位于泾河下游、关中腹地的泾阳，自古是三辅名区、京畿要地。战国晚期置县，距今 2200 多年。同时，泾阳也是南茶北上的加工制作输运中心枢纽，始自汉代，兴于唐宋，盛于明清。历史最兴盛时期，泾阳县城以及周边就有逾 110 家茶行林立，12 处水运码头，商贾云集，热闹非凡。至今，泾阳县城仍存有当年茶市遗址，比如麻布巷、骆驼巷、造士街、粮集巷等。

泾阳作为茯砖茶的加工制作发源地，历史悠久。史料记载，北宋神宗熙宁年间（1068～1077），泾阳茯茶（散茶）在泾出现；明洪武元年（1368）前后，泾阳茯砖茶定性、定型、定名；清道光年间，泾阳茯砖茶问世。当时，茶工将湖南安化所产的黑毛茶踩压成 90 公斤一块的篾篓大包，运往陕西泾阳，经过二次筛选加工和再发酵后筑制茯砖。整体配料以湖南安化黑毛茶为主，加有不同比例湖北老青茶、四川边茶、广西六堡茶及陕西紫阳茶。茯砖茶制成后，包装封印，时称"封子条"，又称"泾阳砖"。中国茶基本分为红、绿、青、黑、黄、白茶六大类（其中，泾阳茯砖茶属黑茶系列）；按再加工茶特征分为紧压茶、萃取茶、花茶、药用保健、含茶饮料，泾阳茯砖茶属紧压茶类；按功效特征还可归属药用保健茶类。在长期的加工、制作、集散过程中，茶叶受潮"霉变"长出"金花"，之后发现口味竟然独特，且对人体颇有健康功效。当代作家余秋雨曾对茯茶口味有专门撰文。

经研究，"金花"是一种有益曲霉菌，生物学家现定名为"冠突散囊菌"；全国 1000 多种茶品中，唯泾阳茯砖茶品生长繁殖有"金花菌"，泾阳茯砖茶与国内其他黑茶最大的区别在于是否有天然"金花"，故传统上作为高档茯茶的特征。[①]由此销量更好，又经茶工的不断探索、总结，完善制作工艺，形成了国内仅有的泾阳茯砖茶品。

当地流传有泾阳茯砖茶"三不离"之说，即若离开泾阳当地的水、气候、技术，便无法制出正宗的茯砖茶。这是先人们由无数实践而形成的经验总结，也是泾阳在茯砖茶加工史上占重要地位的鲜明写照。究其原因，一是泾阳地表水质咸涩，酸碱度偏碱性，水中硝酸根离子、钾离子、钙离

---

① 详见中华人民共和国国家标准 GB/T9833.3-2013 紧压茶茯砖茶。

子、氟离子等适宜"金花菌"生长发育的矿物质含量丰富;二是泾阳独特自然环境下所形成的独有气候条件,适宜"金花菌"的培育繁殖;三是泾阳成熟的茶叶制作工艺及匠工的经验和感知技术(比如炒茶的火候及水分含量、发花的温度、筑制砖体的松紧度等)。曾有人试图将泾阳茯砖茶制作技术引向外地,均未成功。可见,泾阳特有的地理位置、自然环境、气候条件及技术水平,才造就出独特的泾阳茯砖茶品。

(4)藏地陕西茶商部分代表人物及其商号

陕西商人在藏地经营"五属边茶"主要采取了"驻中间,拴两头"的最成熟的购销一体化经营形式。即,设总店于雅安、打箭炉等茶叶交易中心("本庄"),通盘指挥协调边茶购销业务,谓之"驻中间"。另在茶区设立坐庄分店收购、焙制茶叶,运康定总店存库待销,并在藏区设分店销购茶叶,分销各路藏族商民,并运回藏区的药材、麝香、毛皮作为回程货,形成购、运、销一条龙经营,谓之"拴两头"。再简便些就是只拴一头,即在茶区购茶焙制运至康定直接由总店批发茶叶给康定的藏商及其他陕帮茶商,由他们各自押送至其在藏区的分号销售,大部分户县(今西安市鄠邑区)"炉客"亦采取这种接力的销售方式(如康定的陕商"恒盛合"茶店,先由康定买茶叶、布匹、绸缎等运往木里销售,再由木里收购麝香等土特产运至康定推销;"德泰合"茶庄亦是如此,由康定买茶叶、布匹、绸缎、杂货运到甘孜销售,在甘孜收购鹿茸、麝香、虫草、贝母及各样皮张运往康定销售①);或由康定总店通过"锅庄"批发茶叶给赴康购茶的藏商,由其驮茶返回藏区售卖。在购销联营与批零结合中,实现多样性和灵活性的经营形式。

在商品营销种类上,亦不仅限于茶马交易。如"德泰合"茶庄起初是康定买茶运甘孜销售,"甘孜收购鹿茸、麝香、虫草及各样皮张运康定销售",后羊毛畅销,德泰合又垄断羊毛收购,"康定羊毛每年上市七十万斤左右"。②泾阳王桥于家"专营茶、药材,商号多设在四川"③(见表5-9、表5-10)。

---

① 李刚、郑中伟:《明清陕西商人与康藏锅庄关系探微》,《重庆商学院学报》2000年第6期,第75~78+84页。

② 杨益三:《陕帮"炉客"在康定——略记户县德泰合兴衰始末》,载《户县文史资料选辑》第3辑,中国人民政治协商会议陕西省户县委员会文史资料委员会编,1987,第24页。

③ 泾阳县商业局:《泾阳县商业志》,陕西人民出版社,1995,第43~44页。

表 5-9　明清陕西商帮部分代表人物名录

吴周氏①	王舆	杜子春	赵锐	杨舜如
姚昂干	鱼皆峨	雷士俊	李氏	程希仁
赵松泉	刘仲木	第五君	朱瀚缭	王桥于
柏森	王子正	严树森	刘柜薛	焦荣栋
柏筱余	张士科	赵渭南	李忠业	常克珍
李潮观	杨作云	禹得彦	张长娃	曹元绅
张广福	张于魁	胡历廉	黄台子	姜恒泰
吕侯旦	康帮候	姚民	王铁闸	李树敏
侯智荣	阎士选	赵钧	李松林	温纪泰
张良臣	赵裕	王洪绪	刘锡寿	党景平
张臻	张民	何兴邦	白启泰	唐景忠
刘信轩	庸海	马止川	李乐耕	雷太初
师从政	严金	张少峰	魏德涧	梁选橡
师庄南	刘承渠	木士元	党士元	王绩
王一鹤	何诚	吴尉文	贺达庭	白凤起
孙豹人	王恕	周梅村	贺士英	高饶山
张恂	温纯	邓监堂	常光珍	刘香亭
党恕轩 党燕堂	李士逵	权允清	吴大鹏	刘帮贞
	吴荫亭	张处士	苏彼彼	张克量
	张高楼	育伯子	杨昆山	曹昆璋
	刘锡	宋友槐	张秋仿	
		毛雄		

资料来源：陕西西咸新区泾河新城陕商文化博览馆。

---

① 据不完全统计，泾阳吴周氏经营店铺主要有：平凉西峰总号，天水陇西棉布行，永济秦晋木货栈，运城盐栈，武汉珠宝店，泾阳粮货栈，宝鸡泰凤酒楼，南京国货行，上海总号，潼关典当行，蒲城钱庄，三原西街布行，高陵南糖糕点店，三原钱庄，三原粮行，蒲城粮行，淳化山杂货栈，咸阳粮行，乾州棉花行，西安百货行，岐山面馆，西安盐栈，泾阳铁木货栈，扬州裕隆全盐务总号，重庆江岸川货土产杂品行，泾阳裕兴重茶庄。

表 5-10　泾阳经营湖茶的商号表

店名	资本（两）	经理人	年龄（岁）	籍贯	地址
裕兴重	20000	邓监堂	52	陕西三原	中山大街
元顺店	5000	董杰山	44	陕西大荔	西大荔
庆余西	9000	王滋敬	42	陕西富平	造士街
茂盛店	5000	张德初	51	陕西大荔	东关
天泰店	5000	冯讼非	49	陕西三原	骆驼湾
积成店	16000	朱芝庭	61	陕西朝邑	安静街
昶胜店	15000	田承厚	45	陕西临潼	北极宫
泰合诚	10000	李芝生	46	陕西长安	北极宫
万兴生	5000	崔祥初	43	陕西大荔	西大街
祥盛永	10000	胥峻山	64	陕西朝邑	北极宫
福茂盛	10000	王信卿	60	陕西朝邑	北极宫
协和源	10000	穆唤堂	59	陕西朝邑	北极宫
协信昌	10000	苏梦楼	64	陕西泾阳	西大街
天泰运	5000	苏梦楼	64	陕西泾阳	骆驼湾
义聚隆	5000	孙祉宜	61	陕西大荔	西大街
合盛行	5000	李文卿	53	甘肃民勤	四明楼巷
德泰益	5000	张理初	30	陕西高陵	西大街
魁泰和	5000	杨子丹	50	陕西渭南	造士街
天泰全	10000	吴忠德	43	陕西高陵	北极宫
天泰通	5000	杨华亭	61	陕西朝邑	西大街
乾厚意	4000	崔健堂	33	陕西大荔	西大街
乾益成	2000	冯广仁	41	陕西临潼	东关

资料来源：泾阳县商业局：《泾阳县商业志》，陕西人民出版社，1995，第156~157页。

康藏以及野番地方土产出口，悉为陕人经营，成为巨商。以长安、泾阳、鄠县人为多，相传于唐初侯君集征边，随军营商谙于藏语，嗣后布满全藏。因陕人和蔼忠实，受土人爱护，呼为老陕，成为习惯。凡此老陕至十六七岁时，先至康定学习简便之藏语，以能言事者为标准，富者自行营业，无力者由同乡商号供给货物，定期一年归本，向为惯例。近东部者以康定为大本营，近西部以昌都为总汇，此种小贩，西至藏卫，南至野番，而受地方欢迎，择舍而居，房饭不出分文。盖藏俗买卖出入，有房主三分手续费，以致殷勤招待，其他人不敢歧视。以货掉货，春放秋收，各种药材皮革，往往有针线一束易麝香一枚，毛绸数尺换鹿茸一架。待至冬月，将所得之货运回，归还原本，皆利之千百倍数。故陕人于此经营日久，成为巨商，悉由此起名曰陕帮。藏人称为充本拉，言其大也。当程凤翔进桑昂曲宗时，得陕人王久能通保俹树种言语，遂聘为翻译。此一小贩学习土语，能以沟通野番，实为难得。①

藏区商品交换的显著特点之一，是绝大部分手工业品和全部工业品依赖于其他民族地区，首先是汉区。茶叶全部从汉区输入，绸缎、棉布、银饰和瓷器亦来自汉区。贫苦藏民无力购买茶叶，就采集气味略近的树叶来焙制成假茶。铜器、铁器分别来自云南、雅安。如此造成对藏区产业发展的双重影响，即促进经济联系和制约藏区手工业发展，使其与藏区农牧业仅有初步分工。因此，藏区保留有两种市场。一种属于地方性日常生活用品市场（如盐）；另一种属于民族间更广范围交易市场。自清代中期特别是末叶以来，甘孜藏区的生产力有一定提高，商业日渐兴盛。

后来，由于边茶贸易的衰落、边茶引岸制度的消亡及康藏交通运输条件的改善，对陕藏茶叶交易也产生了重大影响。笔者结合其他文献提及的时间点，归纳出影响其兴衰的三件大事。其一，1939 年国民政府设立西康省，茶、药材成为政府重要税源，加之当时国内动乱、外敌入侵，加拿大、英国、印度茶叶在藏区大量倾销，使内地边茶变得无利可图。其二，1942年，民国政府废除边茶引岸制度。大宗商品不再经由康定中转，锅庄因此失去活力来源，其在汉藏贸易中的地位和作用也逐渐减弱。其三，民国后期，陇海铁路开通，极大地改善了南北、东西物资运输条件，过泾阳的茶叶及其他物品锐减。伴随西安、咸阳、宝鸡、潼关等铁路沿线城市的逐渐崛起，泾阳、三原作为关中主要贸易集散地却日渐式微。特别是 1954 年川藏公路的贯通，导致原有运输方式的变革，康定完全丧失口岸作用，陕藏

---

① 平措次仁、陈家琎主编《西藏地方志资料集成》第 2 集，中国藏学出版社，1999，第 54～55 页。

贸易对康定的地理依赖随之弱化并淡出舞台。①

从 18 世纪中期至 19 世纪中期，英国引领着世界经济的发展。鸦片战争之后，英国为了打破中国对茶叶的垄断，在英属印度的阿萨姆地区试种茶叶，并于 20 世纪 60 年代种植成功。印度茶叶随即凭借规模种植和工业化以及人力成本等优势，在茶叶产量和质量上有了大幅度提高，到了 19 世纪 80 年代末期英国消费的茶叶几乎都来自印度产茶区，并出现了过剩。之后印度借口发动了两次对中国西藏的战争，迫使清政府签订《拉萨条约》，从此打开了中国西藏的大门，印茶开始大量向西藏倾销。与印茶和滇茶销量增长相对应，边茶在藏区销售情况则呈现日渐萎缩的趋势，边茶藏区销售数量的锐减非常明显：1918 年为 800 万斤，1928 年为 700 万斤，1933 年为 650 万斤，1935 年为 510 万斤，1938 年为 400 万斤。② 边茶对康区茶叶市场的垄断不再，普通民众不再依赖边茶，他们纷纷根据自己的需求选择适合自己的茶叶，"今日仍饮康茶者，仅为少数之贵族，如喇嘛，及一部之中下等人。其大部藏民，则转饮印茶与滇茶"，③ 而边茶之所以能维系一部分市场，主要是因为藏民的守旧及长期饮用边茶的习惯使然。曾经为边茶所独占的垄断市场，终究没有抵挡住历史的趋势，为边茶、滇茶与印茶三方所瓜分，成为一个三方竞争的自由市场。

辛亥革命后，由于川藏道路阻塞，国内商贩多从北路入藏，路远费繁，使内地边茶贸易利润下滑。于是，从清末到民国，川茶几乎只能在康区和安多藏区销售，仅有一部分滇茶通过水路运往西藏销售。

1942 年，随着边茶引岸制度的废除，康定不再作为贸易集散地，锅庄数目锐减；特别是 50 年代川藏公路的贯通，交通线路及方式剧变，康定口岸作用已无。民国后期，陇海铁路开通，极大地改善了南北、东西物资运输条件，西安、咸阳、宝鸡、潼关等铁路沿线城市逐渐崛起，泾阳、三原逐渐失去昔日关中重要商业枢纽的地位。由泾阳、三原至雅安、康定的贸易线路渐被遗忘。

---

① 任福佳：《藏彝走廊"锅庄贸易"的机制和启示——康定锅庄贸易现象研究》，硕士学位论文，中央民族大学民族学与社会学学院，2012，第 16 页。
② 吴健礼：《古代黄河、长江流域与青藏高原的文化联系》，西藏人民出版社，2015，第 330 页。
③ 钟毓：《西康茶业》，建国书店，1942，第 29 页。

第三节　明清时期陕川藏贸易的影响

1. 促进了民族贸易的往来及区域经济的繁荣

西藏主要出口商品为毛、生皮、山羊柔毛、硼砂、盐、麝香、药草、骡、马。茶叶与马匹分别是农业和畜牧业这两种不同的经济部门进行相互交换的代表性商品。即使是茶马贸易，既有茶叶和其他实物商品之间的贸易方式，也有银钱和茶叶之间的交易，及商业信用中介的茶叶贸易。在市场上体现为汉地茶、绢、布等，与藏地马匹、食盐、金砂、麝香、贝母、皮货、红椒等商品相交换。通过陕西商帮及其他商帮，青藏土司、头人和寺庙代理人等，借助直接贸易或经由邻近藏区官吏的间接贸易两种途径，陕、青、藏商品流通的种类、数量不断增加，大大推进了物资流通功能转变，从满足少数人奢侈生活需要的炫耀性产品交易向满足更大多数人生存发展需要的必需品买卖的转变，真正确立了中国商品经济雏形，对汉藏经济发展做出了历史性贡献。

2. 保证了民族关系的稳固及边疆统治的安定

茶马互市的出现，从根本上讲，还是由于各族人民生产与生活的迫切需要，是统一多民族国家中各族人民相互联系、相互依存的必然产物。然而，它的发展在客观上又起着增进民族和睦、维护社会安定、有利于国家统一的重要作用。16世纪，在全球化的国际背景及国内新的经济结构下，明政府一系列完备的茶马交易政策陆续推出，以维护稳定、促进贸易为目的的道路驿站不断被开通、拓展。最重要的是历代中央王朝通过"茶马互市"和"茶马古道"，实现了"羁縻"政策，从而更加巩固了西南边疆，维护了国家的统一。茶马古道上西藏地方和中央政府官员、商贾僧众往来穿梭，上令下达和下情上报更加顺畅，保障了中央政府对西藏地方的治理；引发了内地人口向边疆的迁移，带去了物质与精神的交流。征战或驻兵期间固防的军事需要带来历次栈道的修造工程，亦是交通建筑史上的伟大创举，它改变了汉藏人民在政治、经济、文化等方面发展不平衡的状态，连接了中国古代经济发展较早、较快的关中与蜀汉地区，又促进了西藏经济的后发优势，对西南滇、藏、川大三角区域的拓展不可或缺；又把西北和西南连成一片，促进了国家的统一和民族的团结，对汉藏人民的生存、生产及生活起到了积极推动作用，让中华文明同世界文明一道为人类提供正确的精神指引和强大动力。

3. 推动了民族文化的传播及民族关系的融洽

通过丝绸之路历经千年的跨域贸易，无形中拉近了客商与当地民众的距离。而且，丝绸之路不仅是货运通道，亦是文明传播渠道，是不同民族交融互鉴的载体，呈现出民族经济文化跨域传播的立体格局。明清行政区划的变动、拓展亦未能阻挡这种区域间交往，反而影响了藏地雪域文化，继而又"反哺"了中原文化。这种蕴含在地理环境、经济往来、社会演变之中的汉藏文化，通过绵延 500 年之久的明清汉藏贸易，使华夏民族为主体的中华民族各地域文化（包括黄河、长江及其周围汉水流域形成并延续至今的中原文化、巴蜀文化、雪域文化、岭南文化等）和各民族（包括汉、藏等）文化发生持续的交流、竞争和融合，呈现出民族经济文化发展多地域、多民族、多层次的立体网络。当前，西藏作为"重要的中华民族特色文化保护地"，与中华民族文化具有不可分割的紧密联系。这种联系是在中华民族多元一体的历史中建构的，是在藏族与中华民族休戚与共、共同繁荣发展的历史联系中实现的。民族贸易中所形成的物质与非物质文化遗存，各种汉藏史料，为我们提供了探究汉藏文明传播的诸多线索。特别是对"一带一路"的交叠拓展下的古代商道的鉴定研究，对后续类似德国、芬兰的古道申遗，以及文化交往如藏传佛教的举证等亦有深远影响，研究的意义及其价值可见一斑。

第六章　明清时期藏地的陕商研究

第一节　康定社会状况分析

一　地理因素

特殊的地域文化总与其所处生态环境相联系，生态环境的差异也是导致地域文化差异的要因。藏族居住地域一般被分为"卫藏""安多""康区"三大区域。其中，"卫藏"包括拉萨、日喀则及山南，"安多"涉及青藏高原东北部甘、青地区及川西北区域，"康区"则涵盖川西高原大部、滇西北及藏东。[①]特别是"康区"，地跨藏、川、滇、青四省区，属于农牧混合经济过渡地带、民族走廊地带，地处西北与西南交通要道，是自古以来民族互动和政权更迭的地区。[②]

康定在地域范围上属于"康区"，又名"达折多"，系川藏茶马古道上3个贸易集散重镇之一（其他两处是：西藏昌都的"察木多"和青海玉树的"结古多"）。藏语"多"意为交会融合之地；"达折多"乃两河交汇之意。位于甘孜州东部的康定，由雅拉神山和雅拉英措圣湖流下的冰雪之水雅拉河与折多河水交汇形成，处于滇、藏、川大三角的中心位置。东达四川，西通雪域高原，西北可出甘肃至"西北丝绸之路"，南连云贵地区接"南方丝绸之路"。汉代以前，藏区的先民们就已横穿康定或南下或向东迁移。途中虽然险峻却较平缓，可用骡马运输抵达目的地。藏区与内地的商人交换货物之多，"为中国本部所无者，每于此地见之"。从此，康定亦成

---

① 石硕：《西藏文明东向发展史》，四川人民出版社，2016，第213页。

② 石硕：《藏族的地域特点及相关问题——兼论康区之特点》，《青海民族大学学报》（社会科学版）2015年第7期，第1~6页。

为藏地与中原的经济交会之地，形成了独特的文化氛围。又因康定曾称"打箭炉"，据说乃古时以马易茶的商旅必经之地，藏商谓之"达甲洛"，即"马茶坐屯地"，后来音误被传为"达甲路"，直至演化为"打箭炉"，赴康定等藏地的陕西商帮亦被称为"炉客"。

据《卫藏通志》《西藏志》记载，清朝乾隆年间康定辐射的道路主要有：东道通雅安，经木雅、雅家梗、摩西、冷碛的龙巴布，至化林坪、汉源、荥经、雅安；另一条从康定出，经烹坝、昂州（泸定岚安）、天全，出南门至折多山、东俄洛、泰宁、雅砻江、甘孜。北道翻达波（大炮山）至丹巴或经过康定的中谷、新店子、过大炮山（达波）、台站沟、疙瘩梁子、泰宁等，均为古官道。还有许多便道，如东北、东南、西南便道等。

二 历史因素

汉代以前，康定属于古牦牛国的疆域，谓之夷部。汉武帝建元六年（前135）曾设牦牛县，后又废之。唐以土官分治。

宋代，处于分裂割据时期的吐蕃，茶叶烹制饮用的方法由佛教僧侣传向普通百姓。据史书所载，"吐蕃崩溃后，部落数千家，小者百余户，各有酋长，不相统属。内受佛教僧伽之教化，人必宁谧，外因邻接诸国之衰乱，不相侵扰。边境安靖，越400年，惟其时中夏需买，蕃人嗜茶，互通有无，商业勃兴。茶马贸易，成为西陲第一要政"[1]。起初，宋对茶实行统购统销的官卖制度，即"榷茶制度"，"川峡路民茶息收十之三，尽卖于官场，更严私交易之令，稍重至徒刑，仍没缘身所有物，以待赏给。于是蜀茶尽榷，民始病焉"[2]。熙宁六年（1073），在接近康区的黎、雅等地，开辟了主要茶马市场；[3] 熙宁七年（1074），"遣三司干当公事李杞入蜀经画，买茶，于秦、凤、熙、河博马"[4]。神宗年间，每年以茶叶交换的战马达两万余匹，（茶叶有百余万斤）[5] 川藏茶马古道的兴盛，使作为连接川与藏区的咽喉地

---

① 任乃强：《康藏史地大纲》，西藏古籍出版社，2000，第46页。
② （元）脱脱等：《宋史·食货志下六·茶下》卷183，中华书局，1977，第4498页。
③ 李旭：《茶马古道——横断山脉、喜马拉雅文化带民族走廊研究》，中国社会科学出版社，2012，第28页。
④ 李旭：《茶马古道——横断山脉、喜马拉雅文化带民族走廊研究》，中国社会科学出版社，2012，第85页。
⑤ 王辅仁、索文清：《藏族史要》，四川人民出版社，1981，第26页。

位的康定，开始得以发展。

元代，国家统一，西南地区的茶马贸易渐变为内地和藏区特产的贸易。元世祖在汉藏聚居区交界处设置碉门宣慰司，其属地跨川西、滇北的交通要冲及汉藏茶马贸易地带。

明代，陕西布政使司管辖的广大西北地区，是边关之地，古人有"西出阳关无故人"之叹。陕西既属边疆，"明边重西北"①，"九边"中就有固原、延绥、宁夏、西宁四处隶属陕西，政府为解决军需实施"食盐开中"，陕西商民"疾耕积粟，以应开中"②；政府遂将"食盐开中"的理念运用于茶马交易领域，实行"开中商茶"，允许民间商人参与并予以奖励，陕商入川赴藏。为强化茶叶在汉、藏之间的联系作用，洪武六年（1373）征沿边土官进京封为万户都护府。民国26年（1937）三月任汉光在关于《康市锅庄调查报告书》中谈道："惟据安家锅庄主人称，按家谱该庄当建于五百年前，复据江家锅庄主人称，该庄明洪武年间已成立，则谓元明之际，康定已有锅庄建设，当无大误。"③ 据《明史·食货志》茶马互市载，"其通道有二，一出河州，一出碉门，运来五千万余斤，获马一万三千八百匹"。永乐五年（1407）征滇、碉茶马转输粮饷。天顺二年（1458）规定"今后乌斯藏地方该赏食茶，于碉门茶马司支给"。成化三年（1467）"命进贡番僧自乌斯藏来者皆由四川，不得径赴洮、岷，著为例"。成化六年（1470）明令僧俗官员入贡"由四川路入"，从此，川藏道取代青藏道，成为入川正驿。④

清顺治元年（1644）清军入关，西南地区的茶马互市再次展开。康熙四十五年（1706），泸定铁索桥建成，打箭炉"蕃汉咸集，交相贸易，称闹市焉"⑤。雍正四年（1726），西藏叛乱，此处为入藏要道；川茶易马亦日渐繁华。雍正五年（1727），荥经额行边茶引23314张，陕、川商分销，各自

---

① 刘光蕡：《烟霞草堂集》卷4，收入《清代诗文集汇编》第751册，上海古籍出版社，2010，第177页。
② （明）叶春及：《理屯盐》，收入《明经世文编》卷366，中华书局，1962，第3962页。
③ 杨国潜：《康定锅庄与民族商业》，《甘孜州文史资料》第7辑，中国人民政治协商会议甘孜藏族自治州委员会编，1988，第74页。
④ 贾大泉：《川茶输藏与汉藏关系的发展》，《社会科学研究》1994年第2期，第100~106页。
⑤ 焦应旂：《藏程纪略》（《西藏志》《卫藏通志》合刊），西藏人民出版社，1982，第65页。

行引 14851 张、8463 张，陕商占据着边茶贸易的主导地位。① 不仅茶叶，其他大宗商品经销均是如此。既有茶叶和其他实物商品（比如茶马贸易，茶粮贸易，茶叶与红缨、毡衫、布、椒、蜡等贸易）之间的贸易方式，也有银钱和茶叶之间的交易，及商业信用中介的茶叶贸易（包括茶叶的赊买赊卖和预付货款两种形式），这意味着在促进茶叶商品流通之外，茶叶生产的货币资本形式成为可能，进一步使商业资本在某种程度上转化为产业资本。这表明，源于中国农村的产品加工贸易并不排斥商品生产。② 在这片曾归属陕西管辖并有陕籍军队驻扎的甘孜藏区康定，为陕商创新发展提供了实践的土壤，使陕商从随军行商逐步转为坐商。巴塘搜集到的清朝《竹枝词》中曾记述："听来乡语似长安，何事新更武士冠，为道客囊携带便，也随袴褶学财官"。描述了陕商贿差带货，赴康区经商贸易的历史情境。③

第二节　康定陕商经营活动

一　概况

直到民国时期，陕商始终活跃于康区汉藏商贸领域，贡献颇大。正如恩格斯指出的那样："中世纪的商人……象他一切的同时人一样，本质上是结合主义者。"④ 一家一族因商发家后，在合族同亲、祸灾相恤的乡土宗族观念支配下，往往会带动四邻，惠及乡党，形成一邑一县的经商风气，形成传统性的经商方向。如泾阳"县西北殷实小康，诸户又多以商起家，其乡之姻戚子弟从而之蜀、之陇、之湘、之鄂者，十居六七……推而计之数不知其凡几"⑤；三原亦多常年外出经商者，由于泾原商民多经商陇青，故该地多"西客"；渭南情形类似，因同州府商民多贸易川省，故该地多"川

---

① 游时敏：《四川近代贸易史料》，四川大学出版社，1990，第 40 页。

② 孙洪升：《明清时期茶叶贸易形式探析》，《思想战线》2014 年第 6 期，第 16~21 页。

③ 来作中：《解放前康区商业简述》，载《甘孜州文史资料》第 7 辑，中国人民政治协商会议甘孜藏族自治州委员会，1988，第 108 页。

④ 恩格斯：《资本论第 3 卷的增补与跋文》，载《资本论》第 3 卷，人民出版社，1953，第 1177 页。

⑤ 宣统《泾阳县志·实业志·农田》卷 8，收入《中国方志丛书》，华北地方，第 236 号，台北成文出版社，1969，第 313~314 页。

客"；户县（今西安市鄠邑区）牛东附近各村在炉（打箭炉，即后之康定）从事商业者，可以上溯约 300 年的历史，在康定经营店铺者，户县人占十之八九，故户县多"炉客"。

户县牛东乡是"炉客"之乡，也是陕商的发祥地。牛东乡位于户县东部，距县城 9 公里；秦渡镇以西，距秦渡镇 4 公里。历史上为户县东乡，与秦渡镇同为户县名村、名镇。村南远眺秦岭山脉，横屏南境。苍龙河从村南、西蜿蜒而过；沣河经秦镇、马王流至咸阳汇入渭河，距牛东最近处仅 3 公里。大禹曾治理沣河，三过家门而不入，户县县城北有三过村，秦渡镇附近有禹王庙村。西周沣、镐二京就建于沣河东西两岸。乃沣京圣地，华夏之源。① 每年，陕商赴康定两次，去时都在牛东集中，一个老炉客带一至四人，徒步向康定奔走。据牛东村贾小龙家藏"中和堂"，道光二十四年（1844）十月二十二日陕、川两省路引记载，"炉客"到康定要走过 66 个铺、村、驿、县、府等住宿点，38 个主要驿站，方到达目的地。道路行程大致如下。

牛东 80 里—兴平 90 里—武功 120 里—岐山 110 里—宝鸡 100 里—黄牛埔 110 里—凤县 85 里—南星 97 里—大留坝驿 95 里—马道驿 95 里—褒城驿 90 里—勉县 84 里—大安驿 98 里—宁强州 80 里—转斗铺 60 里—朝天镇 87 里—广元县 40 里—昭化县 80 里—南剑（剑门关）70 里—剑州 80 里—武连驿 80 里—梓潼县 75 里—沉香铺 75 里—皂角铺 85 里—孟家店（孟家乡）70 里—汉都（广汉）77 里—成都 90 里—新津 85 里—邛州 80 里—百丈驿 75 里—雅安府 75 里—新添栈 55 里—黄泥铺 60 里—清溪县 70 里—宜头（宜东镇）85 里—化林坪 75 里—泸定桥 60 里—瓦斯沟 65 里—康定。总行程 3088 里，历时 40 余日②。

元代初年，牛东先辈就沿陕川商道向西、向南销售、经商。元代中期，就有大批牛东及其附近商人进入打箭炉经商，是最早进入康定地区的汉族

---

① 纪孝悌：《至圣牛东（牛东村志）》，银河出版社，2014，第 1~2 页。
② 调研采自牛东村贾小龙家藏"中和堂"《陕、川两省路引》记载 [道光二十四年（1844）十月二十二日]，资料照片限于篇幅，故从略。

商人。从洪武三年（1370）开始，更多牛东及其附近商人凭借政策、地域、资源等优势，赴藏地经商，积累商业资本，开拓经营范围，适应当时商业由奢侈品消费向生活日用品消费转型的社会需求，涵盖食盐、布匹、药材、茶叶、水烟、毛皮、金融七大国计民生领域，其商铺分布在三原、泾阳、紫阳、汉中、成都、雅安、康定、巴塘等地区。以下摘自傅衣凌先生《明清时代商人及商业资本》一书中的一段引文或可反映陕商活动轮廓及其地位。

> 河以西为古雍地，今为陕西。山河四塞，昔称天府，西安为会城。地多驴马牛羊旃裘筋骨。自昔多贾，西入陇、蜀，东走齐、鲁，往来交易，莫不得其所欲。至今西北贾多秦人。然皆聚于沂、雍以东，至河、华沃野千里间，而三原为最。若汉中、西川、巩、凤，犹为孔道，至凉、庆、甘、宁之墟，丰草平野，沙苇萧条，昔为边商之利途，今称边戍之绝塞矣。关中之地，当九州三分之一，而人众不过什一，量其富厚，什居其二。闾阎贫窭，甚于他省，而生理殷繁，则贾人所聚也。①

具体而言，陕商又因来源地域不同而区分为"河南帮"与"河北帮"。"河南帮"即渭河以南的户县、临潼、蓝田、长安的陕商，以户县人居多；在户县又以牛东、沙河寨、第五桥等村民为众，谓之"牛东帮"。"河北帮"即渭河以北的泾阳、三原、韩城、朝邑的陕商，泾阳人为主，三原人次之。牛东人自元代（特别是明代）开始集聚于康定；泾阳人自清代集聚于雅安。由于雅安、康定分别为制造中心、集散中心，来自泾阳和牛东的陕商在业务上互相衔接、扶持。比如，茶叶由陕西"泾阳帮"在雅安收购并加工后，卖至康定的"牛东帮"，每年达 4000 驮（每驮 4 包，每包重 60 斤），再由康定商号将茶砖派伙计亲自或转交来自拉萨的藏商，人力背负，前往巴塘、理塘、昌都，最后至拉萨，全程 2000 余里，每年运往藏地的茶叶有 4500 万斤。康定"陕西街"与雅安"三元街"远近闻名，遥遥呼应陕商故里。

民国时期《康定概况》记："全县汉、康人民合计，不过二万余丁口。汉人皆属客籍，而以川、陕、云南之人为最多。康人则皆土著，亦有汉人

---

① （明）张瀚：《松窗梦语·商贾记》卷 4，上海古籍出版社，1986，第 73 页。

娶康人之女为妻，或入赘康人之家所生之混合血族，为数亦至多。"[1] 统计资料表明，1927 年，康定的汉族人口为 4800 人，陕西人占多数，除户县人外，还有泾阳、长安等地人；仅泸河西岸就有户县商号 40 余家。[2] 1933 年康区商贾总数约为 12000 人，其中，陕、川、藏商分别为 7000 人、3000人、2000 人。[3] 直至现在，康定仍由不少人操陕西口音，其人数之众，可见渊源颇深。

在康定"陕西街"，来自户县的"炉客"扎堆的康定折多河以南，开设陕商店铺百余家，[4] 仅聚居于此的茶店就占八十余家。[5] 除"河北帮"开设铺面（包括天增公、义兴茶庄、永和茶庄、恒泰茶号、德昌裕、德生元等）以外，"河南帮"的"牛东帮"所开设著名商号如下。

恒盛合：元至正六年（1346），在康定创堂号；新中国成立后歇业，历时 600 余年，是康定最古老的商号。由留犊堡人孙氏与新阳村人葛氏每人各出 200 两白银合资开设，孙氏住康定，葛氏住木里（藏区），由康定买茶叶、布匹、丝绸等运往木里销售，再由木里收购金子、麝香等到康定推销。极盛时总资本约白银 2 万两。

利盛公：明嘉靖元年（1522），在康定开商号。主要从事药材业务经营，并在甘孜、玉树、邓可等地设有分号；极盛时，总资金达白银 3 万两左右。历时 400 余年，新中国成立后衰败，1955 年歇业。

魁盛隆：明万历二十二年（1594），由留犊堡人贾氏在康定创立堂号。主要业务为药材、麝香等的经营，上海设有分号；极盛时，有资本白银 3 万两左右。历时 300 多年，光绪二十年（1894）歇业。

昌义发：清康熙八年（1669），在康定创立堂号。主要业务为药材的经营。上海设有分号。极盛时，有资本白银 4 万两左右。历时 200 余年，光绪二十五年（1899）歇业。

茂盛福：清乾隆五年（1740）由留犊堡人孙义珍的先祖，在康定创立

---

[1] 王业鸿：《康定概况》，《新西康》1938 年第 1 期，第 22 页。

[2] 刘阿津主编《千年秦商列传》，电子科技大学出版社，2015，第 255 页。

[3] 刘阿津主编《千年秦商列传》，电子科技大学出版社，2015，第 266 页。

[4] （清）徐珂：《清稗类钞》卷 1，中华书局，1984，第 12 页。

[5] 杨益三：《陕帮"炉客"在康定——略记户县德泰合兴衰始末》，载《户县文史资料选辑》第 3 辑，中国人民政治协商会议陕西省户县委员会文史资料委员会编，1987，第 22 页。

堂号。主要业务为药材、麝香等的经营。木里、上海设有分号；极盛时，有资本白银七八万两。历时180余年，清末衰败，民国10年（1921）歇业。

永盛堂： 清乾隆七年（1742），由留犊堡人贾忠的先祖在理塘开设商号，主要从事药材、毛皮经营。清至民国，由贾忠及儿子经营，一个进藏区深处收购，一个在理塘出售，历时200余年。

怀盛堂： 清乾隆十年（1745），由留犊堡人刘氏在康定创立。主要业务为药材、布匹的经营。极盛时，总资本达白银5万两左右。清末歇业，历时一百余年。

德协和： 清嘉庆二年（1797），由留犊堡人孙继鹏的先祖在康定创立堂号。主要业务为药材的经营，玉树、上海设有分号，极盛时，总资本达5万余两白银。民国末年歇业，历时150余年。

德泰合： 清乾隆三十五年（1770），在康定开创堂号。主要业务为药材、茶叶、布匹等的经营。极盛时，为康定最大商号。在甘孜、雅安、乐山、成都、重庆、武汉、上海等均有支号。新中国成立前歇业，历时170余年。

吉泰长： 清乾隆年间，在康定创立堂号，主要业务为药材的经营。

泰来恒： 清末，由王卫村辛炳兰在康定创立堂号。1941~1951年时，生意非常兴隆。

如意合： 在康定主要经营药材、布匹。

德茂源： 民国二十二年（1933），由卢五桥人韩利川在"茂盛福"垮台后重新创立。主要业务为药材、布匹的经营。①

二 "德泰合"的具体经营案例

"德泰合"应属康定"陕西街"影响颇大、历时较久的商号之一。由户县牛东乡宋村宋家与县北稻务村的南景山等合办，历经清嘉庆、道光、咸丰、同治、光绪、宣统诸朝及民国百余年，而以仁馨、蒂棠（甘卿）两代人时为其鼎盛阶段。最盛时资金有18万两，店员有80多人，年营业额约20万两白银，流动资金为100多万两。限于篇幅，以下着重从商品价值实现的"流通—分配"两个环节进行论述。

---

① 纪孝悌：《至圣牛东（牛东村志）》，银河出版社，2014，第31~33页。

1. 商品流通环节

"德泰合"主营药材生意。一般来讲，陕商经营药材主要在清代。药材产川、甘及本省（陕西）南北山，由三原转贩豫、晋、鄂、苏等处销售。其中，陕北、关中各县特别是陕南及商洛地区均有名贵药材出产。经采集、加工炮制（包括切片、捣细、蒸晒、糖裹、蜜煎等环节）后，批量出省外销。甘肃所产药材多来自秦州、岷州。另外，陕商亦赴川、藏、云、贵、青等地收购、贩运当地名贵药材，在收购地采取设庄收购、委托代收及赊购方式，再将其远销长江中下游及华北各省，获利丰厚。

为扩大区域商品流通，"德泰合"于甘孜、炉霍、雅安、重庆、成都、武汉、上海等地，皆有分号，主营鹿茸、麝香、红花等名贵药材和羊毛生意。麝香年成交量占康定上市量三分之二（700~800斤），羊毛生意年成交量70万斤，并出口到日本、德国，号内配有专门翻译人员。康定与上海、武汉等地互持可兑现号内银票，足见其时资本及信用和盛况。对此，较详细记载见于民国川蜀史地研究专家任乃强先生《西康札记》，选取原文如下，或可反映当时情形。

> 德泰合系陕商所创，开设炉城，已一百余年。号东早已□绝，现在系该号诸掌柜联合经营，大抵皆陕西□（户县）县人也。共设号口六处：打箭炉为总号，收买麝香、鹿茸、虫草、贝母、狐皮、猞猁，与一些草地输出物，亦发售茶、布、绢、绸等川货于草地；雅州分号，采购茶布；成都分号，办理汇兑；重庆分号，办理炉货出口装运报关等事；上海分号，发售麝香、贝母、毛皮等出洋货物。皆无门市。又于陕西西安设坐号，专司汇兑红息，周转成本等事。各分号统受总号指挥，分号之大掌柜，统由总号掌柜指派。①

再如"德泰合"经理人杨益三晚年回忆，记述如下。

> ……三东指派二柜陈冠群（崔家湾人）当经理。此人有学识，大有才干。他任用甘孜杨自林、上海宁俞、重庆阎治平三个行家里手。

---

① 任乃强：《西康札记》，中国藏学出版社，2009，第117页。

只十多年号资增至白银十八万两左右，店员六十多人。那时尚无银行，邮局亦未办汇兑，他又出汇票在雅安、重庆、成都几处流通，轰轰烈烈，算是康定、四川大有名堂的商号。[1]

另据表 6-1 所记述"德泰合"宣统年间进出口商品及其价格、总值，可知每年出口超银 5 万两左右（见表 6-1）。

表 6-1   1910~1912 年康定每年商品进、出口一览

类别	名称	数量	价格	总值
出口类	麝香	2 万两	每两银 13 两	26 万两
	虫草	2.5 万斤	每斤 4 两 2 钱	10.5 万两
	贝母	2 万斤	每斤 3 两 5 钱	10.5 万两
	知母	2 万斤	每斤 2 两	4 万两
	鹿茸	1000 斤	每斤 40 两	4 万两
	羊毛	70 万斤	每百斤 25 两	17.5 万两
	皮张			10 万两
	藏红花			2.5 万两
	藏青果			8000 两
	硼砂			1 万两
	牛黄			5000 两
	藏卜（葡）萄			3000 两
	牟（毪）子			1 万两
	盐巴	16 万斤	每斤银 1 钱	1.6 万两
	大黄等药材			2 万两
	酥油	6 万斤	每斤银 3 钱	1.8 万两
	牛肉	4 万斤	每斤银 2 钱	8000 两
	青杠菌	2 万斤	每斤银 4 钱	8000 两
	花椒			3000 两
	黄金	5000 两	每两银 30 两	15 万两

以上总值银 111.3 万两

[1]　杨益三：《陕帮"炉客"在康定——略记户县德泰合兴衰始末》，《户县文史资料选辑》第 3 辑，中国人民政治协商会议陕西省户县委员会文史资料委员会编，1987，第 25 页。

续表

类别	名称	数量	价格	总值
进口类	边茶	22 万包	每包银 3 两	66 万两
	广布	5 万匹	每匹银 3 两	15 万两
	绸缎			11 万两
	百货（土布、哈达、针、线等）			7 万两
	杂货			1 万两
	草烟、黄烟			6 万两

以上总值银 106 万两

资料来源：由杨益三对宣统三年（1911）设于打箭炉的"德泰合"每年进出口商品的粗略统计，见于杨益三：《陕帮"炉客"在康定——略记户县德泰合兴衰始末》，《户县文史资料选辑》第 3 辑，中国人民政治协商会议陕西省户县委员会文史资料委员会编，1987，第 25 页。

2. 利润分配环节

"德泰合"在长期经营过程中发展出一整套较成熟的制度，包括"资本积累制度"与"职员激励制度"。

"德泰合"的经营方式，经历了"东西制""记名开股"以及"委托制"等，很好地克服了秦人农商起家、资本存量有限的涉远程大宗商品筹资难题，在积极寻求农业累积资本之外，以适宜的资本积累手段及融资、管理等经营制度的创新，保证了在康定 600 年之久的经营历史。

> ……其报酬专在分红，每年总计各号盈亏一次，共有红利若干，先提二厘本息，余依等级分配各员司，掌柜分最多，剩余之数，分配二柜以下，成分不一。员司分息后，如肯积存号内，至数千元，乃得升为掌柜，即股东也。……失本之号，并不责其掌柜赔偿，唯查有拉亏舞弊者，得议处罚，停其红息。伙友有违背号规者，亦即开除。其组织似粗，而实严密，各方皆能顾到，故少失败，人各乐于努力，乐于积存，故其业有兴无败也。[1]

---

[1]　任乃强：《西康札记》，中国藏学出版社，2009，第 117 页。

由于"德泰合"的良好信誉，赴康"炉客"多在此做学徒，经多年后离号，大抵经营技巧娴熟且有积蓄，得益于斯而致其家道殷实者如下文所述。

> 君讳瑜，字佩卿，姓宁氏，鄠县张良寨人……弱冠入康定德泰合号习麝香业，勤恳逾侪辈，号长深器之。案本草纲目，麝出益州、雍州，而秦州、文州诸蛮尤多，采取者非远涉蒙藏，即无由得。君受号长命，单骑驰数千里，深入不毛，至于层冰积雪。足重兰□手皲柝而不顾，阅四五寒暑而后返，先后两抵□草地，未尝以为苦。无何，以号长命经营沪上，始至即以价廉货真闻于肆。……初沪上榷百货，麝当佗值三分之一，当事者欲一之，同业者怵惕不敢言，君据章申辩，卒寝其议。人以是益称之。……①

经分析，笔者认为"德泰合"的经营经验主要表现为以下几个方面。

首先，企业股份全员所有制的推行。陕商赴康创业之初，由于购货、运货及销货时均需资本投入，采用"万金账"的形式，开启了企业产权契约制与合伙股份制的现代组织制度。每隔 2~3 年的企业分红以投资人股份多寡计算；甚至存在出资者、经营者身份重合的案例，又是对混合所有制的较好尝试。比如，"德泰合"初创者南某、宋某年老回陕，号资逾白银 2.5 万两，遂将经营掌管商号之事托付于贺某，实现了所有权与经营权的分离，开创了以委托经营为主要特色的企业管理制度；后来鉴于贺某的经营业绩，南某、宋某提议抽调部分原始股份予贺某，"德泰合"股东因此增之为南某、宋某、贺某三人，创立了企业经理人"记名开股"制度。号里掌柜的不止一人，还有二柜和三柜等，分红的成数也非一致，各有差等。譬如：一掌柜为三分（三分就是三成），二掌柜为二分半，三掌柜为二分，先生为一分半，少的还有订几厘的。把式有订生意者，依此类推。分红也叫"破账"，一般是二年或三年一次。先将应得之红利总额，列为被除数，以合号所有订生意者的成数之和除之，再以除得的商，与一个人所订的成数相乘，即为其人应分的数字。每年分号中，盈亏不等，但采取综合计算盈

---

① 调研采自清授修职郎宁君佩卿（鄠县宁瑜先生）的墓志铭，醴泉宋伯鲁撰并书（资料照片限于篇幅，故从略）。

利皆能分红；仅对其经营失当舞弊者，得议处罚，停其红息。该种人性化管理为企业吸引、留住了优秀人才，有力保证了企业后续发展。

其次，企业扩大再生产资金积累的坚持。"德泰合"实施"红转资"的做法，把企业投资人扩展至每位店员，将企业经济效益与人才激励机制相统一，实现了近代民营企业的产业资本积累，有助于扩大化再生产。这种在几百年间从家族企业合伙股份制甚至混合所有制，至有限股份制的转向与蜕变，比西方的股份制公司制度早300余年。对此，以企业店规、号规为主要内容的内部管理制度起到了关键作用。按照"德泰合"的号规，"年终结算一次，不管赚钱多少，先提一半作为号上积金"，使企业资本从原始投资的1000两银子增加至最盛时的20万两，流动资金100万两，至清末一次提出资金3万两，开设了"聚成茶号""裕泰隆绸缎店"，有力促进了企业经营。①

最后，企业职员培养留任激励措施的实施。一方面，店内职员不仅有薪酬奖励，亦有职务晋升。分红并非尽其利润，还须留一小部分，作为下次破账给把式学徒的奖励金，名为给"财神会"蓄款。另一方面，之前生意做赔了，不免有债。一般债务的承担是资方的"无限责任"，营业损失责任，不限于一定资本，凡自己的财产，均为债务之担保；而与劳方无关。②后来，从无限责任至有限责任的转变，较好地调动了职员积极性，有效释放了企业活力。

第三节　结语

"沉舟侧畔千帆过，病树前头万木春"，由于清末政治、经济、社会、军事等多方面原因，陕商逐渐衰落，曾经的"意出秦关"变成离家的"一种相思，两处闲愁"。调研中，陕西西咸新区泾河新城"陕商文化博览馆"展馆还原了三原周家四合大院的门楼，横批"忠厚延年"，楹联"守先辈家风惟孝惟友，教后人恒业日读日耕"反映了陕商对子女后代孝道教育、读

① 杨益三：《陕帮"炉客"在康定——略记户县德泰合兴衰始末》，载《户县文史资料选辑》第3辑，中国人民政治协商会议陕西省户县委员会文史资料委员会编，1987，第29页。
② 段幼峰：《谈谈"万金账"》，载《户县文史资料》第3辑，中国人民政治协商会议陕西省户县委员会文史资料委员会编，1987年10月，第96~97页。

书教育、建功立业教育的博大胸怀，也是家风家训的传递。[①] 事实上，当陕商商业利润累积至相当程度时，非即析箸[②]，而是担负整个家族的供养，"三致千金，积而能散"，这与"故秦人家富子壮则出分，家贫子壮则出赘"[③] 的旧俗似有不同。更重要的，关中人地矛盾并没有徽州那么紧张，在一定程度上，人们更接受一种亦商亦农的生活方式。所谓"以末致财，以本守之"，以农为本，以商为末。这也导致陕商始终没有脱离小农意识，在经营上不思进取，见好就收，"人贵知足，有足富者，非可以必终，何日仆仆然毋有已期也"，"财不贵积"，"苟可以足日用……夫何以厚为哉"。这种"财取足用"的局限，使陕商在后期资本积累规模上远远逊色于晋商和徽商。财富或捐资兴修庙宇会馆，或买田置地，又或经营高利贷等，手工业的社会化大生产投资不足，缺乏技术创新意识，一旦遭遇战乱、天灾等突发因素则"家产荡然""焚掠殆尽"。"炉客"相继歇业回陕，最终未能完成现代工商业的蜕变。

随之而来的是，康定在民国以后逐渐失去其重要交通枢纽地位。川茶可顺长江水路至印度经加尔各答转至拉萨；滇茶多经滇藏商道，绕过康定，改由盐井过昌都而达拉萨；印藏公路的通车，使西藏及昌都等地药材、皮张、土特产直接出口国外，亦不再经康定转输内地；即便京津及其设在兰皋、西宁等地的分号，亦由当地行商至青南、昌都、康北等地收取土特产、畜产品，改道运往汉区，不再经康定中转。在此情形下，康定不仅与西藏的经贸往来从此匿迹，还切断了与国内东部区域的经济联系。[④]

沉寂多年，如今藏地的康定与陕西的户县，两座遥遥对望的城镇，再次因为"一带一路"的历史被重新唤起。

从理论层面，"一带一路"使我们有机会把原来一种定点民族志的田野研究，放置到诸多形式的通路、商道等更为广阔的文明互动与流变的形成轨迹之中去考察，这便成为今日"一带一路"视野新拓展的当务之急。商道，商人，商品，成为不同民族、区域之间往来沟通的物质载体。起自陕

---

① 资料采自陕西西咸新区泾河新城"陕商文化博览馆"。

② 明代对"分家"比较文雅的说法，其典故的源流有待后续考察。

③ （汉）班固：《汉书·贾谊传》卷48，中华书局，1962，第2244页。

④ 杨国浦：《康定锅庄与民族商业》，载《甘孜州文史资料》第7辑，中国人民政治协商会议甘孜藏族自治州委员会编，1988，第86~87页。

西前往藏地的通道，并非来自遥远的固定化了的场所，而是在一种由人的活动所带动的动态的通道线索之中存在的；消费贸易背后是不同文化价值的存在与交流，它的亲和力及融合力是其他任何一种形而上的文化融合观念都无法真正去加以替代的。这需要我们以"未来学"的眼光重拾"丝路学"，真正转向更多从人因物的追求和转运而产生的特征性的行动轨迹的追溯。

　　从实践层面，2015 年 5 月 25 日，商务部等 10 部门联合印发《全国流通节点城市布局规划（2015~2020 年）》，拉萨、西安被列入国家级流通节点城市，日喀则、咸阳则属于区域级流通节点城市。2017 年 8 月 15 日，国家商务部在拉萨组织召开全国商务援藏工作会议，总结"十二五"以来全国商务系统援藏工作，贯彻落实中央第六次西藏工作座谈会，部署新时期商务援藏工作。2017 年 8 月 19 日"首届世界西商大会"的召开，又一次引发各界对"西商"的关注与展望。藏、陕地理区位优势的重要性及"西藏与内地"区域联合发展的必要性、迫切性可见一斑。而且，陕西（西安）在城市面貌和发展环境不断优化的背景下，"跳出城墙思维"，吸引吉利、京东、阿里巴巴等公司的一批大项目、好项目相继落户；2017 丝博会签约项目总投资超过 1.1 万亿元，华侨城集团与西安市政府签署 2380 亿元规模的全面战略合作协议；更有一大批海内外陕商游子，返回故里投资兴业、创新创业、建功立业，继续践行"开拓进取"及"仁中取财"的商道情怀。

第七章　明清时期陕商精神研究

第一节　陕商川藏贸易活动钩沉

　　明清时期，中国具有影响的十大商帮一般均以地域乡缘为组织纽带，形成了陕商、晋商、徽商、苏商、浙商、闽商、粤商、鲁商、赣商和豫商。前三位、后七位分别属于明代、清代产生的商帮。当时，陕西商人活动的范围主要是包括甘、宁、青、疆、蒙、藏在内的广大西部地区。明代，上述地区仍是荒寒之地，被视为边外畏途。"只道河州天尽头，谁知更有许多州。八千里外尼巴国，行客经年未得休。长城只自临洮起，此去临洮又数程。秦地山河无积石，至今花树似咸京。春风一夜冰桥坼，霹灵声□北面雷。亦有渔人捕鱼者，短歌微送月明回。"① 直至清末民初，陇上"吴越贾客，为数无几……东南士人，未能深入西北"就是对这种情况的最好证明。尽管如此，明初，陕西商人已将商贸活动的触角伸入远上凉肃的嘉峪关，使陇地商业与"陕西人关系独多"。② 清初，陕商西北方向随军出关屯垦哈密、巴里坤，使该地区成为陕商北趋新疆的堡垒，然后沿丝绸古道，深入乌鲁木齐、伊犁、塔尔巴哈台、叶儿羌等地从事商贸活动；西南方向沿千里栈道走蜀地趋川边，垄断川藏边界贸易，且随川盐入黔，将商贸活动进一步推进至云南、贵州，沿途重要城镇遍布陕商铺店字号，至清末，仅在贵州仁怀做生意的陕西泾阳商人就有五百多人；陕商正北方向沿毛乌素沙漠进发，摆摊设店于蒙地荒原的大昭寺及王府附近，成立市廛，掌握了漠

---

① （明）解缙：《寓河州》，收于《兰州府志》卷3，清道光十三年（1833）刊本，第44页。解缙（1369~1415），字大绅，江西吉水人。洪武时进士，永乐初任翰林学士。诗中描写经由河州直通尼泊尔（尼巴国）道路的盛况，反映河州在国际交通上的重要地位。
② 萧梅性：《兰州商业调查》，甘肃人民出版社，1982，第2页。

北伊克昭盟（今鄂尔多斯市地区）诸旗的商业活动。当时，陕西商人几乎垄断了西部贸易，每年经营的布匹达 2700 万匹，茶叶 1125 多万斤，皮革 150 多万张，羊毛 2500 多万斤，药材 1500 万斤，水烟 700 万斤。那么，清代陕西商帮具体有怎样的开创性义举？以下分别记叙。

一　创新商业贸易模式

明清时期，陕西商人携货至青藏、康藏高原贸易，自办货栈，用于寄货住宿做饭。这种自办货栈的形式，因地域不同而称谓不同。在青海叫"歇家"，即汉语"歇伙"之意；在康藏叫"锅庄"，即汉语"垒石造饭"之意。后来当地土人见办"歇家"和"锅庄"有利可图，开始与陕商联合举办类似沟通汉藏贸易买卖的中介组织，贸易经纪人由此诞生。陕西商人自青海"歇家"和康藏"锅庄"开始，在青海西宁、湟源等地创办了 18 家歇家，在康定等地创办了 47 家锅庄，开启了崭新的民族商业贸易模式。

二　建立商业贸易制度

1. 中国最早的合伙股份制企业制度

明代初年，当陕西商帮登上历史舞台时，他们的发展面临着三个方面的主要困难。即资本存量狭小与资本用量巨大之间的矛盾；家庭人员有限与经营地域无限之间的矛盾；家族人力资源短缺与企业用人数量巨大之间的矛盾。为了解决这一困扰他们发展的问题，陕西商帮创造了中国历史上最早的"合伙股份制"企业制度，包括"万金账""东西制""开股制"和"学徒制"。

（1）以"万金账"为主要内容的融资制度。他们通过一个称为"万金账"的集资账簿，将分散在不同人手中的资本，集中在商号企业，形成巨大投资，由商号统一运营，所获利润，按投资比例进行分红，称为"按股均分"，一般两年分红一次，叫"破账"，充分保证了投资人的利益，形成"风险共担，利益共享"的利益机制。

（2）以委托经营为主要特色的"东西制"企业管理制度。由于陕西商人主要从事大规模的贩运批发贸易，又实行产、供、销一体化资本运作模式，分号遍布全国各地，投资人人力有限，鞭长莫及。为了适应市场的变化，增强企业经营的灵活性，他们创造性地实行资本所有权与资本经营权相分离的"委托经营制"企业经营制度,即"东西制"。投资人为东家,也叫"财东",只投资,不干预经营。由财东组成"股东会",也叫"神仙会"聘任富有经营经验和诚实可靠的经理人,当时称作"掌柜",负责经营,企业的一切经营活动悉听掌柜调度,财东不得干预,叫作"只有满天飞的掌柜,没有满天飞的东家",实行企业所有权与经营权的彻底分离。

(3)"记名开股"的利益分配制度。在东西制下,为了调动掌柜经营的积极性,他们创造性地在企业内部实行"记名开股"的利益分配机制。即由财东给掌柜配股,也就是掌柜以人身作为技术入股,在企业占有一定比例的股份,按股分红。一般采取"四六分成"的比例,即财东占六成,掌柜占四成。所谓"人不占银,银不占人"。在这种制度下,一方面实行了投资者与经营者利益的一致性,掌柜不仅可在企业拿工资,当时叫"花红",更多地要靠利润分红,掌柜就会将企业看成自己的企业,从利益的考虑上认真经营;另一方面,调动了掌柜经营的积极性。掌柜要想多分盈利,也必然要想方设法地使企业赚钱。

(4)以"驻中间,拴两头"为主要内容的企业经营制度。由于陕西商人主要从事不同经济区域之间的长途贩运、批发、零售业务,企业集购、产、运、销于一身,他们创造性地实行了总、分号联营的企业经营机制。设总号于泾阳、三原,统揽商号全局,设"总管"进行管理,叫"驻中间";然后分别在产地设分号,叫"住坐庄",收购当地产品或原料;运往总号所在的泾阳、三原进行炮制或改制,在销地设分号,叫"销货庄",进行销售,实行购、销"拴两头"经营模式。这种"驻中间,拴两头"的经营模式,既有总号的统一调度和指挥,各分号又有购销经营上的独立性和灵活性,将统一性与灵活性相结合,使企业充满了活力。

(5)以"学徒制"为主要内容的企业人力资源管理制度。企业的人力主要由掌柜招募,根据从业年限和经验分为学徒、师傅、把式、走街、二掌柜、大掌柜等不同名目。学徒要经过严格的岗位培训和业务学习,学徒期间只管吃住,不拿花红。一般学徒六年,经过严格考试,才能出师,成为企业的正式职工,叫"相公";相公勤于工作,有突出贡献方可升为"把式"即业务负责人。把式中人际关系好、头脑机灵的人员,可升为"走街",也就是市场调查员,他的任务就是招揽主顾,探查行情,相当于"三掌柜";二掌柜是记账的账房先生,相当于财务总监兼会计;二掌柜经过多年历练方可升为大掌柜。这一套设计合理的"股份合作制"企业制度，相当于今日的股份有限责任公司体制，既有给职工实现人生价值的机会，又有给职工利益上的刺激，成为保证陕商 500 年正常发展的制度安排。它比西方的股份制要早 200 多年。

2. 中国最早的契约股份制

康乾年间，陕西商人投资四川自贡井盐业，创造了转股、接退、坐下节的资本接力投资形式。由于一井常为多人投资形成，从而使陕西商人在自贡创造了以"每限井"为主要内容的契约股份制企业制度。这种以"日分"为主要形式的契约股份制已呈现现代股份制的雏形，比西方股份制早了百余年，是陕西商人对世界经济史做出的重要贡献。它包括：以"出山约"为主要形式的联合投资制度；以每天 24 小时划分的"日分"股票制度；股份买卖以契约交割的形式进行；投资风险的有限责任制度；以"陕西大关"为主要形式的委托经营制度；以"厂规"为主要内容的企业管理制度。

三　完善商业贸易组织

明清时期，陕西商人为了联乡谊、敬神灵、议商事、保太平，促进各地贸易事业，他们在各地建造了作为自己贸易根据地和异乡重聚的会馆。究其原因，明朝中期以后，"开中法"取消，食盐主要产地在两淮，集散地又在扬州，具有地缘优势的徽州随之雄起。为了与徽商抗衡，风俗习惯相似的陕商与晋商逐渐结合、互相合作，遍布全国的"山陕会馆"就是这种秦晋之好的地缘产物。因此，明清时期，中国商界流传"天下会馆数陕西"。

据考证，明清时期，分布在全国各地的陕西会馆有 295 个。其中，北京 45 处，陕西 44 处，四川 38 处，河南 37 处，甘肃 34 处，湖北 32 处，山东 13 处，河北 8 处，湖南 6 处，新疆 6 处，江西 5 处，安徽 5 处，江苏 5 处，云南 4 处，贵州 3 处，广东 2 处，浙江 1 处，福建 1 处，青海 3 处，宁夏 2 处，广西 1 处。

陕西商人建造最早的会馆是崇祯年间河南"山陕会馆"，河南的"山陕会馆"也最有代表性。明代以来大量陕商在此经商，最著名的是韩城王庄党家，即今日的党家村。清代乾隆四十七年（1782）由山陕商人集资 87786

两白银，耗时 110 年，建造了"天下第一会馆"。1923 年，党家后人党某成为"会首"。

第二节　陕商精神及其历史性贡献

一　陕商精神

陕商精神植根于哪里？来自古老的中国文化。作为农耕文明发达的国家，中国人的观念里显然更崇尚自然，安土重迁，带有朴素唯物主义痕迹。

首先，极端的乡土社会是老子理想的社会。"生于斯，死于斯"的结果必是世代的黏着。道家的理论框架虽是"自然"，但其着眼点在"人"，"道之尊，德之贵，夫莫之命而常自然"，曾用"昔之得一者，天得一以清；地得一以宁；神得一以灵；谷得一以盈，万物得一以生；侯王得一以为天一正"，"一生二，二生三，三生万物"等描述自然与人相克相生的哲学关系。

其次，细究人际结构，以"己"为中心，向外推演，人伦纲常由此产生。孔子提出从政治主张至处世方法的五类哲学即"五常"，共同指导着古老中国社会核心价值体系。古代中国的家庭、家族、家国结构，以及这种在传统乡村秩序、家族伦理、家国秩序基础之上发展出来的儒家学说，也包括儒家的一整套有关国家、社会和个人的政治设计，它与希腊罗马城邦制基础上发展起来的文化相当不同，在俯仰天地间不乏修齐治平的社会理想，以至于美国学者赫伯特·芬格莱特说，孔子发现的是"人类兄弟之情以及公共之美"。

最后，孔子说过"未知生，焉知死"，而对彼岸世界的追问，是佛教对中华文明的智慧贡献。在长安，佛教、伊斯兰教、基督教分别完成了本土化历程，并自盛唐以后，向日本、朝鲜、越南、柬埔寨乃至欧美各国传播。纷纷涌入中国的各种外来宗教，一方面引起了传统儒家的危机感，另一方面也在由危机感而产生的抵抗中，渐渐彼此融合生成新的思想与文化。

由此，构成所谓中国人"三教合一"的信仰世界。宇宙观方面以易经与老庄为代表，伦理社会观是以孔孟之说为代表，佛家则以宣扬因果轮回、众缘唯心的道理与儒道互相辅助而成。"礼崩乐坏"的春秋战国时代，也是"文化启蒙"的时代，导致"百家往而不返，必不合矣"的分化现象，孔子、墨子和老子等学者，儒、墨、道等百家学派，加上各种各样的观点、信仰和风俗，正是在这个多元而分裂的时代产生的，如同余英时先生所说，"道术将为天下裂"的时代，正是中国思想的"轴心时代"，这恰恰为后世提供了各种思想与文化的无尽资源。

于是，从明初到清末，山陕商人以其轻生重死、厚重质直的气概，从盐业起步，将业务扩展到棉、布、粮、油、茶、药材、皮毛、金融等诸多行业，贸易范围不仅包括国内，还远及海外，其独特的商业文化，成为中国古代文明史上的重要一页。陕商和晋商被合称为"西商"，有"无西不成商"之说。陕商秉持"厚重质直、忠义仁勇"的核心价值观，基于"厚重"之自然禀赋和文化积淀、"质直"之内心气质和为人素养、"忠义"之行为风范和处世原则、"仁勇"之经营理念和性格特色，用几代人的坚守诠释着"商之有本、大义秦商"的精神构架。

二　陕商历史性贡献

陕商对陕西经济的发展有着不可磨灭的历史性贡献。陕西既是明清陕西商帮的发祥地，又是陕西商帮的归宿。在明清之际纵横全国的十大帮中，唯有陕西商帮是依靠本土的资源和地域优势发展起来的著名商帮。他们实践并完成了"三个转化"，即将资源优势转化为经济优势；将地域优势转化为效益优势；将技术、资本存量转化为技术和资本增量。500年来，陕西商人跋山涉海，闯荡天涯，鬻货觅财，历经艰险，都是为了这块厚重的黄土地。作为以陕西为依托、以秦俗为纽带所形成的陕帮商人，他们500年的历史活动，对明清陕西经济的发展起到了历史推动作用。

1. 增进了民族政治交往

明、清与藏地的互动，是基于自元代业已奠定的中央政府处理与西藏地方关系的基本范式而运行的，这就是元朝对西藏的统治，已造成了西藏各地方政教势力对中原中央王朝权威的普遍认同，并使西藏从政治、宗教、经济方面产生了心向中原的内驱力；而中央政府通过扶持西藏教派势力以实现对藏地统辖的施政范式，也已渐成定式，且自元朝在藏区充分行使治权之后，藏内各教派、寺庙和世俗贵族争相向中央政府寻求封授职位、名号和领地，并一再亲自或派人进京请封，以便获得中央王朝的追认或颁赐新的封诰，并以之为荣、以之为合法。明清正是在继承故元业绩与施政范式的基础上，相继展开与藏地的互动。

清朝继承了元明以来形成的通过对藏地僧俗首领进行册封以确立中央对藏统属权的治藏模式；清朝继承了明代以宗教教化、引导为手段，因俗而治的思想与政策；清朝继承了明朝对藏区多封众建、分而治之的策略；清朝继承了明代对西藏"厚往薄来"的贡赐政策①；清初继承了明朝对藏区推行的"茶马互市"政策。

茶马贸易本属汉藏民族间的一种纯经济的物资交易活动，明朝统治者发现其有可资利用之处，遂将之作为控驭藏区的一种政治手段，纯粹的经济活动被赋予了重要的政治内涵。清代前期基本上承袭了明代茶马互市制度，在陕西设巡视茶马御史五：西宁司驻西宁、洮州司驻岷州、河州司驻河州（今甘肃临夏）、庄浪司驻平番（今甘肃永登）、甘州司驻兰州。顺治初年，厘定茶马事例。上马给茶篦十二，中马给九，下马给七。按清代通行算法，每十斤为一篦，所以上马应给茶一百二十斤，中马给茶九十斤，下马给茶七十斤。虽然西北五茶马司的主要互市对象是甘、青及新疆地区的蒙古族及藏民族，但大量的茶叶，随着其他百货被甘南、临夏等地的商人源源不断地运到西藏各地。但由于官营茶马互市缺乏有效的管理，从清初开始，私茶盛行，屡禁不止。康熙四十年（1701），虽令严查陕西往来民人，凡带茶十斤以上而没有官引者，一律论罪。但商人们采取分带零运的对策，地方官吏对此毫无办法。由于上述原因，实际上茶马互市从清初就逐步走向萎缩，五司的储茶积压不断增加，以致腐烂变质，顺治、康熙年间曾多次下令削价变卖。雍正十三年（1735），清廷废除茶马之法，令五司之茶一律改为商茶。这是茶马贸易的政治功效消退，商贸作用与经济规律复归的反映。

2. 增进了民族经济交往

陕商向西南取道洮州至西康经商，明初"炉客"入川赴藏贸易，入清又将贸易活动推进至藏区道孚、东西果洛、巴塘乃至青藏边区玉树、结古，甚至在川黔边岸从事川盐运销和购运当地土特产品的商贸活动，清末再赴

---

① 比如清朝的大量赏赐：对各大寺院实行经费补贴制度与给予各种布施，成为黄教寺院长期的、比较稳定的经济来源；以及清政府各项优惠政策带来的收益，如地租、房租、商业贸易，加之西藏牧民的供奉等，使黄教的发展有了较好的经济保障。

雅安、康定等地从事贸易,在藏地经商逾 600 年之久。甘青川康藏区由于生存条件较为恶劣,经济发展基础薄弱,落后于相邻区域,产生"我群"与"他群"的认同落差。但是,大量考古资料表明"民族的才是世界的"。毛泽东在《论十大关系》中指出:"各少数民族对中国历史都做过贡献。汉族人口多,也是长时期内许多民族混血形成的。"甘青川康藏区,作为我国少数民族藏、回等的主要聚集地区之一,通过从明清时期不计其数的道路中,选取陕甘青、陕川藏商道,经由物品生产、流通、交换、消费过程,在生存、生产、生活的物质往来与精神交流中,反映出这种跨域贸易活动背后的民族文化价值的存在脉络,对协调彼此的利益分配机制、价值体系重构、社会秩序修复作用重大。从该意义而言,繁荣了川边经济。

3. 增进了民族文化交往

川西藏区(如康定)是以藏族为主的多民族聚居区,藏、汉、回、羌等多民族在此长期共同生存、生活、生产。血缘上彼此交融,文化上彼此吸纳。拥有诸多汉藏、藏彝、回藏通婚家庭,相互尊重对方的民族文化,基本保持着本民族的习俗习惯,生动展现了"各美其美,美人之美,美美与共"的和合文化特征。明清行政区划的变动、拓展亦未能阻挡这种民族间交往,反而影响了藏地雪域文化,继而又"反哺"了中原文化。这种蕴含在地理环境、经济往来、社会演变之中的汉藏文化,通过绵延 500 年之久的明清汉藏贸易,使华夏民族为主体的中华民族各地域文化(包括黄河、长江及其周围汉水流域形成并延续至今的中原文化、巴蜀文化、雪域文化、岭南文化等)和各民族文化(包括汉、藏等)发生持续的交流、竞争和融合,体现出汉藏合璧家庭及其后裔的社会文化样态,呈现出民族经济文化发展多地域、多民族、多层次的立体网络。

第八章　研究展望

　　本专著追溯明初陕商崛起背景，聚焦陕商赴川西藏区数百年跨域贸易，探讨陕川藏商道历史情境，以发展眼光整体观照"一带一路"的交叠拓展。具体以明清陕藏贸易为研究对象，紧扣"商帮""商道""商品""商业"，研究并解决"明清时期陕商川藏贸易"等问题。

第一节　本研究取得的进展

　　概括来讲，本书超越地域、民族界限，以商道、商品、商帮层层递进的多重逻辑视角，系统阐释明清川西藏区陕商，弥补以往学术史研究中重"面"不重"点"的缺憾。面对田野和现实，拓展全方位、多层次、宽领域的商帮文化传播格局。以下具体从陕西商道、商品与商帮的建设与发展提出研究展望。

一　商道体系建设与发展

　　近年来，陕西以党中央的新时代中国特色社会主义思想为指导，落实追赶超越和"五个扎实"要求，经济社会发展迈上了新台阶。历届省委、省政府始终把对口援藏工作作为重要政治任务，加强组织领导，加大资金项目支援力度，聚焦扶贫帮助阿里地区群众改善生活，为西藏经济社会持续健康发展做出了积极贡献。下一步，陕西将坚决落实习近平总书记在中央第六次西藏工作座谈会上的重要讲话要求，加大对口援藏工作力度，把两省区对口协作不断推向深入。2017 年以来，随着圆通、海航、京东等多个大型物流企业相继落户西安，把大西安建成"一带一路"商贸物流中心的规划形成。2017 年 6 月，《打造"中国孟菲斯"宣言》由陕西西咸新区、西部机场集团、海航现代物流集团等合作伙伴共同于西安发布，提出将结合"一带一路"建设共同打造"中国孟菲斯"。西成高铁已于2017年12月6日通车运行;"成渝西"城市群以5万亿元经济总量带动西部经济;秦巴山集中连片贫困区串起高铁扶贫路,催生经济增长。作为国家中长期铁路网规划中"八纵八横"高铁网京昆通道的重要组成部分,西成高铁与大西高铁共同形成华北至西南地区的新通道,连接西北、西南、华北地区,贯通关中平原、成渝、京津冀、太原等城市群。成都至北京的铁路通行时间从14小时压缩至8小时,四川盆地北上高速铁路彻底打开;成都—重庆实现"1小时交通圈";西安、昆明、贵阳、兰州等西部中心城市未来有望形成"4小时交通圈";由此推动西部形成连接京津冀、长三角、珠三角的"8小时交通圈"。特别是,陕西与西部其他各省交通发展迅速,徐兰高铁郑西段于2010年2月6日开通运营、徐兰高铁西宝段于2013年12月28日开通运营、徐兰高铁宝兰段于2017年7月9日开通运营。至此,陕西境内已有郑西、大西、西宝、宝兰四条高铁,西北高铁网横贯中原,与华东、华南等地区连接成网。而且,西安北站于2011年1月11日开通运营,实现了多条高速铁路(银西、徐兰、大西、西成等)在此交会。至"十三五"末,陕西国内国际航线达300条,公路网规模将突破18万公里,高速公路通车总里程超过6000公里,铁路总里程将达6500公里,力争解决汉中、铜川等6市通高铁问题,努力实现西安与周边8个省会城市高铁连通。

与此同时,西藏在党中央、国务院的亲切关怀下,在有关部委的大力支持下,交通建设发展迅猛。截至"十二五"末,西藏公路总里程比2010年增长33.7%,基本建成覆盖全区的公路网,结束了不通公路的历史,拉林高等级公路建成300公里;青藏铁路修至日喀则;川藏铁路提前施工,拉林段建设进展顺利。国内外航线72条,通航城市41个。目前,西藏正继续完善综合交通运输体系,加快川藏铁路拉萨至林芝段、林芝至康定段铁路,滇藏、川藏、新藏公路,以及拉萨至林芝、拉萨至那曲、泽当至贡嘎、昌都至邦达等高等级公路建设,着力打造以拉萨为中心,辐射日喀则、山南、林芝、那曲"3小时交通圈"。

目前,我国正加快建设积极构筑西藏与陕川贸易的陆路大通道(拉萨—成都—西安),形成互动发展的格局,强化与周边省区的基础设施互联互通,推动进出藏通道建设,形成横贯东西、沟通南北的综合立体交通走廊,西藏由航空(西藏至内地各省会城市、拉萨至东南亚及南亚国际航线）、铁路（日喀则—亚东铁路、青藏铁路、川藏铁路、拉日铁路）、公路（旅游环线公路、重点景区公路等）等重大交通网线组成空中、地面综合交通网络体系。借助成都、西安作为我国南北丝绸之路的起点优势，利用西部已开通的成西高铁、西宝高铁、宝兰高铁、兰新高铁所形成的延绵 3000 公里的"高铁丝路"（成都—西安—乌鲁木齐），西起西藏维系的南亚贸易陆路大通道，东连西安推动的亚欧大陆桥大通道，向外辐射京津冀、长三角、珠三角"8 小时交通圈"，努力实现"物畅其流、人畅其行"，构筑起现代立体综合的交通体系。成渝西 2019 年初同时跻身国家第三批自贸区；西安和成都以"西飞"和"成飞"为代表的军民融合产业合作空间广阔；成渝西跃升为西部城市物流的三大增长极。因此，应积极深化陕西、四川、西藏省区协作，推动共同发展，促进经济交往的不断加强。

他山之石，可以攻玉。课题组专门实地考察了西安国际港务区，并走访相关人员，了解到其发展现状及规划。即按照"港—区—城"的发展路径，旨在"建设丝绸之路经济带上最大的国际中转枢纽港和商贸物流集散地，打造现代生产性服务业新城"，依托三大核心平台（西安综合保税区、西安公路港、西安铁路集装箱中心站），形成了以中亚班列"长安号""西安港"、一类陆路开放口岸、跨境电子商务产业园为基础的对外开放基础格局。其中，"长安号"国际货运班列采取了"一干两支"的西安—鹿特丹、西安—莫斯科、西安—阿拉木图开行路线，以及分两期实施的西安—中亚、西安—欧洲开行规划。作为我国首个拥有国际国内"双代码"的内陆港，"西安港"（国际代码：CNXAG，国内代码：61900100）开创了一条内陆开放的新道路，探索出"港口内移、就地办单、海铁联运、无缝对接"的中国内陆港模式。2012 年 2 月，西安港继与上海港、天津港、青岛港、连云港等沿海港口及霍尔果斯、阿拉山口等沿边口岸实现战略合作之后，形成了海港与陆港的联盟。目前，西安全市拥有 4 个综合保税区等海关特殊监管区，西安海关与 10 个丝绸之路沿线的海关启动了通关一体化，拥有便捷的贸易通道。基于此，课题组提出如下建议。

1. 立足区位优势，构建陕川藏现代立体综合交通体系

为加快建设积极构筑西藏与陕川贸易陆路大通道（拉萨—成都—西安）互动发展格局，进一步强化与周边省区的基础设施互联互通，推动进出藏通道建设，形成横贯东西、沟通南北的综合立体交通走廊。西藏由航空

（西藏至内地各省会城市、拉萨至东南亚及南亚国际航线）、铁路（日喀则—亚东铁路、青藏铁路、川藏铁路、拉日铁路）、公路（旅游环线公路、重点景区公路等）等重大交通网线组成空中、地面综合交通网络体系。借助成都、西安作为我国南北丝绸之路的起点优势，利用西部已开通的成西高铁、西宝高铁、宝兰高铁、兰新高铁所形成的延绵 3000 公里的"高铁丝路"（成都—西安—乌鲁木齐），西起西藏维系的南亚贸易陆路大通道，东连西安推动的亚欧大陆桥大通道，向外辐射京津冀、长三角、珠三角"8 小时交通圈"，努力实现"物畅其流、人畅其行"，构筑起现代立体综合的交通体系。

2. 立足口岸优势，构建陕川藏现代物流配送服务体系

充分发挥目前已有五个国家级口岸（樟木、普兰、吉隆、日屋、亚东）及那曲物流中心的功能，大力发展藏区物流业。调整藏区产业结构，按照标的类型建立出口商品基地。可考虑将那曲、拉萨及日喀则等重要商贸节点建成物流中枢，在当地招商引资，促进本土企业扩大经营规模、实施技术创新及管理服务改善。配合对市场经济发展的资金支持及政策扶植力度，改善仓储中心及冷链物流建设，升级物流信息平台服务，依托西部在"十二五"期间迅速崛起的经济特区，通过完善藏区节点性运输、物流设施，打通国际国内双向辐射大通道，培育物流、商贸、信息、结算要素聚集平台，营造聚集经济流的政策和政府管理环境，发展藏区重大城市枢纽经济，促进资源合理配置，助推贸易关系良性互动，形成立体式整合型物流体系。

二　商品体系建设与发展

1. 立足企业，壮大陕西经济发展支柱

（1）强化陕西市场主体地位，用好国家减税降费、住房社保、引进人才各项政策，打造协调服务、综合服务、金融服务、企业孵化、服务支撑五大服务平台，构建"亲""清"政商关系，努力打造参天大树与茵茵绿草共生的市场生态。

（2）大力发展非公经济，实施民营经济创新发展工程、民营经济转型示范工程，推进金融体制改革，促进资源优化配置，推动解决企业融资难、融资贵的问题。

（3）激发民间资本活力，以陕西自贸区建设为契机，在市场准入、市场培育方面支持民间资本，提高资源配置效率，发挥资本力量，提升企业活力。

2. 聚焦县域，把准陕西经济上台阶的突破口

（1）以产业为支撑，增强县域经济实力，重点依托县域资源、产业基础及龙头企业，以现代工业、特色优势产业及文化旅游业为基础，形成一批实力强、人气旺、环境优的特色农业大县、新型工业大县、魅力旅游名县。

（2）以扩权释能为抓手，深化改革，突破经济权限按行政层级划分的束缚，发挥市场在资源配置中的决定性作用，增强县域自我发展的内生动力与现实基础。

（3）以城镇建设为基础，优化县域经济发展环境。确定全省城镇化率超过60%的目标；陕西省2016年县域城镇人口超过1000万，县域城镇化率43.4%。加快县域发展会议，提出"县域主导产业发展""县域城镇化推进"两个方面提出各项要求与安排。要在园区内集中、集聚，搞好基础设施建设，降低成本，推进四化同步。这是借鉴邻省经验的重大举措，也是"五新"战略的具体实施途径。

3. 尊重市场，培育陕西良好市场环境

（1）依据市场规则、市场价格、市场竞争，实现效益、效率最大化，金融业开放，建立城乡用地市场，培育陕西良好市场环境，使各要素资源在充分流动中最优配置。

（2）消除不同所有制、不同区域的差别待遇，坚持平等，打破部门保护、地方保护壁垒，公平竞争。

（3）规范政府行为，持续简政放权，深化行政体制改革，整顿规范市场秩序，开展三项重大专项行动：脱贫攻坚（在2020年如期全面摘帽）；环保，治污降霾（冬春季节是多发期）；整顿市场秩序（依法依规严肃追究问责，把上级下达的市场审批权接住、用好、用到位，好事办实、实事办好，跟进监管）。

（4）借鉴菲律宾苏比克湾自由港区经验，建议合资成立工业（科技）园区，下设装备制造业联盟，以"植入式"方式成功引进国际（内）先进技术、管理经验、优势资本及服务理念，通过参股、收购等方式与其展开

深度合作，建立健全装备创新体系，缩短"代工—代理—系统集成—自主研发"的摸索期，加速科技就地转化。

（5）借助西安、成都的国际国内旅游城市影响，以中心城市为节点，以交通干线为发展轴，以线连点，陆桥为轴，点轴推进，连线成网，依托中心城市辐射周边区域，推出"西安—成都—拉萨"中华民族特色文化旅游集群，促进旅游发展与文化传播，实现经济、文化、生态环境的可持续发展。构建乡村多元文化旅游产品体系，重视并推进健身疗养、科考旅游、会展旅游、教育旅游等专项旅游活动项目建设，以及基于本土文化遗产资源题材的影视、动漫、出版产业，及与此关联的特色饮食文化以及酒文化和茶文化产业等。鉴于古镇商业的沧桑历史感及文化传承性，其与城市商业群最大的区别在感观差别，由此带来由约瑟夫·派恩（Pine B. Joseph）、詹姆斯·吉摩尔（Gilmore James H.）于 1998 年所提出的"体验经济"（Experience Economy①），使它可以回归至"前店后厂"的小规模作坊形态，"仿古"元素的加入将使游客有回归田园的美好体验。当然，该类街区型小商铺要有鲜明特色，比如古法烹制的特色食品及其过程，增强人们对悠久"茶文化"等的记忆。

4. 扶植人才，形成陕西创新创业优势

（1）坚持党管人才，健全各级党的领导班子人才工作目标责任制。

（2）创新、创造、创业，理顺用人关系，加快转变人才管理简政放权松绑。

（3）人才制度创新，完成协同、用人、育人模式，健全人才评价机制及顺畅流动机制，打破"玻璃门""天花板"，学习借鉴好的经验，不断研究阐释新理念、新要求，理论创新是其他一切创新的先导。

（4）吸引更多学科的学者协同创新开展研究，增加跨国、跨区、跨校的学者交流和合作。以更多项目合作、课题论证、实地调研、基地共建等为契机，构建民族地区产业研究的本土经济管理理论；应用管理学理论及定性、定量研究方法，深入创意产业公司管理、内部运作、人力资源管理等组织内部，深入进行微观经济主体的模型和系统化研究。

---

① Pine B. J. and Gilmore, J. H. "Welcome to the Experience Economy", *Harvard Business Review*, 1998（4），pp. 55-69.

三 商帮体系建设与发展

明朝以前陕商位居三大商帮之首，曾有"国商"之誉，足见陕商的重要历史地位。明清之际产生的地域性商帮中，唯独陕商具有 5000 年商业文明发展史。西北大学李刚教授认为，为了突破"陕商"的历史狭窄性与局限性，使用"秦商"的概念可以更好地概括秦地商人的特点。因为"秦商"既可将"陕商"与周秦汉唐以来秦地商业发展史相联系，又可涵盖明代以后陕西商业的发展。因此"秦商"是泛指自秦汉以来在秦地从事商业活动的人（群），"陕商"则特指明代以后形成的"陕西商帮"，即以陕籍乡土亲缘为纽带所形成的商人集团。[①] 清末之后，陕商虽不复辉煌，但其留下的精神依旧在三秦大地回响。千年秦商，始于秦汉，兴于大唐，盛于明清，没落于清末，追溯其脉络可大抵发现，秦商与古丝绸之路、陕康藏茶马古道、走西口等密切相关，对于陕西的经济发展贡献颇大。

21 世纪，随着陕西民营工商业的复兴，民间陕商再度崛起、蓄势待发。陕西汽车控股集团、法士特汽车传动集团、陕鼓动力股份有限公司、西安飞机工业等大型装备制造企业生机勃发，位居国内行业翘楚；洗之朗、海星、金花、步长、海天等一批民营企业规模也不断扩大，开始跻身全国优秀企业之前列，中小企业群体也正在逐步壮大中。张朝阳、荣海、郭家学、吴一坚、王国庆、刘耀文、马悦等越来越多的陕商代表人物正逐步为世人所耳熟能详，成为闪闪发亮的商界明星。

当代，为传承陕商精神，自 2009 年至 2019 年，陕西省已举行十届秦商大会，让古老商帮重回商业舞台。陕西省委书记胡和平对秦商颇为重视，其将秦商与陕西的发展建设关联在一起。

首届全球秦商大会召开以来，大会充分利用世界各地和国内各省市秦商代表会聚西安的机遇，构筑海内外秦商交流、合作平台，促成一批好项目落地陕西。据统计，累计已有 270 余个合作项目在全球秦商大会上集中签约，签约金额达 3000 多亿元，为秦商企业家和创业者提供了"爱家乡、建家乡、干大事、创大业"的机会，也为陕西经济发展带来了新的动力。值得关注的是，从 2017 年起，秦商大会还打破一贯以来只有陕籍企业家参会

---

① 刘阿津主编《千年秦商列传》，西安电子科技大学出版社，2015，第 43~47 页。

的惯例，敞开胸怀接受所有关心陕西发展、在陕投资兴业的企业家、各大商帮来陕，开展更加广泛、务实的交流与合作。在 2018 年举办的第九届全球秦商大会上，吉商、浙商、豫商等国内著名商帮负责人受邀来到陕西。自此，全球秦商大会解锁了商人、商会、商帮互学互鉴、互联互通的新技能，为发展蓄能。截至 2018 年年底，全球秦商组织已经发展到 200 多家，会员超过 5 万多家，总资产超过 4 万亿元。成员的增多，力量的壮大，反映出秦商团结起来做大事的意愿，更是折射出秦商将自身发展与陕西建设联系起来的责任担当。目前，秦商服务网络已覆盖全球 37 个国家和地区，全球各地已成立秦商机构（陕西商会）195 家，拥有会员 5 万多家，涉及医药大健康、家装、房地产、制造、商贸、金融、能源、教育、建筑装饰、餐饮酒店、互联网信息、园林绿化、食品加工、人力资源等数十个领域。新任陕西省秦商总会会长郑翔玲说："我们每一位秦商都要积极为陕西发展献计献策，把 44 万亿元的秦商资产聚集起来，把前沿的技术、产品引到陕西，叫响陕西民营企业这个品牌，为陕西经济高质量发展贡献力量。"

2019 年是新中国成立 70 周年，是"一带一路"倡议进入第二阶段的新起点，也是陕商发展的新时期。紧扣"追赶超越"要求、落实"五新"战略、大力发展"三个经济"、深度融入"一带一路"，陕西面临的机遇也正是陕商努力作为的方向。陕商将学习和发扬历史上陕商抢抓机遇、乘势而起的坚定信心，不畏险阻、锐意进取的积极信仰，诚实经营、恪守商道的深厚信仰，富而不奢、惠及乡党的忠义信条，立足陕西、联动世界，引进世界、服务陕西，在开启第二个 10 年的节点，撬动 4 万亿元资产，凝聚 5 万家会员力量，助力陕西经济二次腾飞。

长期来看，陕西发展要以高质量发展为导向，大力优化营商环境，大力培植企业家群体，弘扬企业家精神，把"商"字写到三秦大地。

一是要以高质量为导向，优化营商环境。优化营商环境要服务于以人民为中心的发展，体现以人为本、人才为要，增加人民的福祉，增加城乡居民的收入和福利。要服务于贯彻五大理念，坚持走市场化之路，变官本位为商本位。要服务于高质量发展，体现质量与速度的统一，让创新创意创造引领陕西。要服务于两个毫不动摇，坚持平等公平地对待国企和民企。要服务于供给侧结构性改革，坚持法治化思路，让企业轻资产经营。要服务于全省现代化经济体系的建立，坚持系统性思维，建立陕西资源禀赋的经济体系和产业结构。

二是落实营造公平竞争环境、完善政策执行方式、构建起新型政商关系和保护企业家人身和财产安全等六个方面措施。学习浙江、上海、深圳等地优化营商环境的典型做法。摆在眼前的是从"要"到"做",要有利于政策目标的行动分解,形成"颗粒化"方案,快速高效地将26个"要"付诸社会实践。全省营商环境建设在思路上要从过去以"减量"(工作时间)为主逐步转移到"提质增效"(工作质量和效果)上来。还要加大力度,其一是营造更加开放的贸易投资环境,放宽准入限制、专业人士执业许可,推动跨境商事登记全程电子化。其二是探索建立和试点运营中国(西安)内陆型自由贸易港。其三是打造综合成本适宜的产业发展环境和现代产业体系。其四是建立更具吸引力的人才保障机制,明确提出建设保障性住房为主、商品性住房为辅的比例为6∶4的住房供应体系,把人才留住。其五是营造更加透明的政务环境和法治环境。其六是营造更加美丽适居的绿色发展环境。其七是在西安实施严格的知识产权保护,建立创新型的营商环境。

三是良好的营商环境是陕西省实现追赶超越发展的重要资源。优化营商环境既是新时代经济高质量发展的内在要求,也是改革开放40多年取得伟大成就的重要经验。40多年来,市场的作用一步步得到发挥,营商环境不断得到改善,民营企业从无到有、从有到强,已经占据经济总量的"半壁江山"。要以优化营商环境为基础,全面深化改革,这意味着优化营商环境已成为推动国家治理手段和方式现代化,推进改革全面深化的关键性变革,成为国家实施稳增长、调结构、促改革、防风险、惠民生等诸多目标任务时的常态化推进手段。当前陕西省和周边经济发展情况比较好的一些省份,比如四川、重庆、河南相比,营商环境还有差距,改善营商环境对于释放陕西发展潜能、发挥陕西功能优势、推进陕西追赶超越发展具有重要意义。

四是继续对标发达省份的营商环境。其一是切实解决一些审批过程过长的问题。陕西省企业施工许可证审批过程中,投资项目、建设用地预审需要20天,完成项目环评需要60天,而上海市带设计方案的不超过15个工作日,不带设计方案的48个工作日。其二是优化提升营商环境各项政策落地不畅。有的政策条件苛刻,程序烦琐,操作困难,最为突出的是产业扶持政策难执行。中小微企业申请扶持资金的条件设置太多。同时，仍然存在公共信息关系不对称、推诿扯皮、奇葩证明等问题。其三是改革不到位的现象仍很明显，放管服改革仍存在不到位、不够力的问题。国企改革力度不够，国企改革中观念守旧，在推进混合所有制改制，引入外部资金等方面力度小。简政放权并不到位，主要是放权含金量不多，表现为审批事项下放多，减少少，精简少，有的部门放下的是责任，留下的是利，该干的反而不干了，有的甚至形成新的障碍，对僵尸权力，群众关注度不高的权力下放的多，有些权力下放后无相关业务对应，处于空置状态。

五是要把落实国家宏观战略看作建设陕西宏观营商——仅限于改善个体企业运营——的微观环境，也包括国家对陕西省定位和政策的宏观环境。国家对陕西的战略定位如"一带一路"核心区、国家级创新省份、西安国际化大都市等，是历史赋予陕西千载难逢的宏观营商环境，应该得到高度重视。提升陕西营商环境应坚持这一战略定位和政策，做到宏观营商环境与微观营商环境建设并重。

六是激发企业家精神应作为提升陕西营商环境的重要目标。企业家精神是市场创新的动力之源，是市场优势得以发挥的重要基础。企业家精神的本质是一种探险精神，是一种试错精神。陕西地处内陆，全社会思想都偏于保守，对于新事物的接受程度远不及东部沿海，经常将探险和试错视为"标新立异"乃至"异端"，民众舆论和政府行政均有着这方面的倾向。实现陕西追赶超越发展，推进陕西走向创新之路就需要建立容错机制，鼓励企业家探索创新，支持企业家担当作为。对大胆探索、锐意改革所出现的失误，只要不属于有令不行、有禁不止、不当谋利、主观故意等情形者，要予以容错，为担当者担当、为干事者撑腰。政府应当完善企业家正向激励机制，倡导鼓励创新、宽容失败的价值取向，增强企业家创新活力、创业动力，坚定企业家信心，稳定企业家预期。同时，要对民营企业家的产权做到真正尊重和法律保护，更好发挥企业家遵纪守法、恪尽责任的示范作用，营造尊重企业家、崇尚企业家、彰显企业家价值、发挥企业家作用的良好社会氛围。

七是推进行业协会发展应作为提升陕西营商环境的重要手段。行业协会的宗旨在于促进本行业的集体性利益或共通性利益。其优势包括以下几点。其一，市场经济条件下政府失败的一个重要的表象就是政府机关抑制不住的权力扩张冲动，总是希望扩大机构规模，提高行政级别与层次，其结果就是浪费社会资源，而行业协会的建立非常有助于发挥有效阻却作用。其二，行业协会这种"公与私混合"的自治性组织是解决市场失灵与政府失败的有效方案。市场经济国家大量公共资源的有效配置，在很多情况下既不是靠国家也不是靠市场，恰恰是依赖社会自治组织解决了有效配置的问题。其三，行业协会在信息网络的建构与互动方面发挥着不可小觑的作用。信息的获取与交换是要花费成本的，就同一行业而言，其所搜寻的信息大都一致，如果相互之间没有合作与协议，那么极易发生所有企业都为搜寻同一信息而各自付出费用的情形。而行业协会完全可以为同类企业搭建一个资源共享平台，费用在各个企业间平摊，以最低的成本支出获取最充分的信息就成为现实。其四，行业协会是行业内部一致行动的组织者。行业协会通常都会面临一些共同的威胁需要整个行业共同应对，也可能有一些一致的利益需要动员全行业力量来争取或抗衡。其五，行业协会是自律规则的制定者和实施者。在一个行业内部，成员之间的冲突在很大程度上依赖其自身的规则就可以很轻松地得到解决，这是一种制度构建，是一种自觉、自愿、自律性的制度安排。其六，行业协会组织的运作方式也能够体现对经济民主的追求。现代市场经济条件下的行业协会已经是一个民主、开放和积极进取的社会团体组织，其进入和退出的自由、表决的民主性等手段体现了行业协会在其内部运作方面也是民主的支持力量。

八是世界银行关于营商环境的评价体系应作为提升陕西营商环境政策设计和评价的重要参考。世界银行关于营商环境的评价体系经过长期在众多国家的实践和不断修正，覆盖范围从起初的 133 个经济体扩展到 2017 年的 190 个经济体，评价指标体系从最初的 5 项一级指标 20 项二级指标，逐步完善到现在的 10 项一级指标 42 项二级指标，涵盖了企业从开办、扩建、经营到破产的全过程，体系不断完善。其完全可以作为陕西营商环境评价的重要参考用于分析当前存在问题和对制定政策的执行情况进行评价，其所设定的 10 个一级指标（开办企业、办理施工许可、获得电力、登记财产、获得信贷、保护投资者、纳税、跨境贸易、执行合同、办理破产）对于陕西省营商环境政策规划的框架设计具有重要借鉴意义。

短期来看，融合发展是方向，企业是主体，人才尤其是企业家是重点，党政干部是关键。首先要与全国市场乃至世界市场积极对接和融合发展，要立足市场，开发陕西省的资源，而不是相反，基于我们的资源禀赋来找市场。过去，我们经常是根据能源、矿产、科技、文化资源禀赋决定开发开放，这种以产定销的思维必须打破，找市场是我们的当务之急。传统技术与颠覆性技术创新要融合，这点要学习广东省、学习深圳，不能为高科技而做高大上的追求，高技术意味着高风险、高投入，这是陕西目前不能承受的，西安"硬科技之都"的提法不妥，应该把西安建成技术服务高地，既有对传统技术的连续性创新，又有颠覆性技术的创新，它们的融合与创新是方向。要倡导制造业与现代服务业的融合发展，要像陕西鼓风机（集团）有限公司一样，把制造业打造成现代服务业和金融产业，不能脱离制造业谈现代服务业的发展，如物流产业，要立足于陕西省的能源化工和制造业的发展，从这个意义上说，三个经济是基于陕西能源业、矿产业、制造业，文化产业的发展是一种融合产业。城乡融合和产城融合，不能离开关中乡村（中国农耕文明的农村部落代表）谈西安的大发展，也不能离开城市尤其是县城谈乡村振兴。要推进人和产业、项目的融合发展，要大力发展有就业容量的产业和项目，要把人融入经济发展之中，让人民富起来。

目前来看，稳增长是当务之急，要在大开发和大保护中求发展。但在稳增长中我们的政策选择手段不多、办法不多，还是要坚持政府主导、投资拉动、资源开发并举一直以来的做法。全省上下的心思要聚焦到发展上，畅通机制，重点抓投资，上项目，优结构，强企业。这里的关键是如何发挥党政干部的作用，如何发挥市场的决定性作用，如何提振企业家的信心，如何构建宽松的社会环境。首先要通过抓投资抓项目促发展，具体来讲，可以包投资到项目，包户到企，包产到人，立足现有企业促发展，释放红利。另外，还要招商到人到企，在市场中找新商机。

第二节　本研究的主要结论与展望

一　主要结论

1. 陕商历史性贡献值得肯定

清代，陕商利用其在从事西部畜牧产品与中部农耕产品交易中的优势，促成了关中、秦巴、川边、藏地的冶铁、木厢、造纸业等的市场经济萌芽，及焙茶、制革、水烟等产业开发；推动了西部经济的融合发展；构筑起西南、西北贸易网络。吸收借鉴其历史经验，激发当代陕商的生机与活力。

2. 清代川西藏区民族融合的历史价值与当代意义重大

川西藏区作为"边疆的内地，内地的边疆"，清代一跃成为清廷中央"治藏必先安康"策略的实施对象和治藏的战略依托，致使丰富的民族文化长期交会融合，成为其直接碰撞和交会的枢纽。在民族交往的互动过程中，因其独特的地缘、政治、经济、文化因素，既吸收融合又继承创新，从而以差异性与共享性的统一、历时性与共时性的统一、共生性与涵化性的统一，消弭民族隔膜、化解民族矛盾、促进民族融合。

3. 促进西南滇、川、藏与西北陕、青、甘的经贸文化合作共建机制正逢其时

构建准确权威、开放共享的经济资源公共数据平台，加强典籍整理编纂及经典文献互译出版工作，推进全方位、多层次、宽领域的民族文化传播格局，不断丰富、细化"一带一路"背景下的民心相通内涵及实施举措。

二 今后研究的展望

当然，由于时间及水平所限，本报告依然存在不足。比如，明清陕藏贸易研究的面向略显单一，注重经济现象而忽略了由此蕴含的社会、制度、文化等。尚未彻底深入川西藏区县、镇级别及沿线区域完成细致的调查文本，更多听取政府、学界、民众三层主体对清代川西藏区民族交往的不同认识。有待选取更丰富生动的清代川西藏区陕商与藏商（甚至川商等）经典生活案例，发掘政治、经济、社会、文化活动背后的共性规律及个性特征，归纳该地域民族交往特征、影响因素及趋势。

今后将继续深入研究陕川藏贸易引发的时代特征、变迁原因及道路沿线的民族迁徙、文化交流现象；将不断丰富民族学研究理论，进行清代川西藏区民族融合的多维度历史考察；将始终致力于为新时代民族工作和民委工作提供有重要参考价值的研究成果，为促进当代民族地区经济社会文化发展发挥实实在在的作用。

参考文献

一 古籍

1. （西汉）司马迁：《史记》，中华书局，1959。

2. （西汉）司马相如：《上林赋》，收入王海燕、尚晓阳注析《历代赋选》，南海出版公司，2007。

3. （西汉）桓宽：《盐铁论校注》，王利器校注，中华书局，1992。

4. （东汉）班固：《汉书》，中华书局，1962。

5. （东汉）何休解诂，（唐）徐彦疏《春秋公羊传注疏》，刁小龙整理，上海古籍出版社，2014。

6. （晋）常璩：《华阳国志校补图注》，任乃强校注，上海古籍出版社，2009。

7. （唐）李肇：《唐国史补》，古典文学出版社，1957。

8. （唐）樊绰：《蛮书校注》，向达校注，中华书局，1962。

9. （唐）魏徵、令狐德棻：《隋书》，中华书局，1973。

10. （唐）封演：《封氏见闻记校注》，赵贞信校注，中华书局，2005。

11. （后晋）刘昫：《旧唐书》，中华书局，1975。

12. （宋）王溥：《唐会要》，中华书局，1955。

13. （宋）欧阳修、宋祁：《新唐书》，中华书局，1975。

14. （宋）司马光：《资治通鉴》，中华书局，1956。

15. （宋）胡仔纂集《苕溪渔隐丛话前集》，廖德明校点，人民文学出版社，1962。

16. （元）脱脱等：《金史》，中华书局，1975。

17. （元）脱脱等：《宋史》，中华书局，1977。

18. （元）忽思慧：《饮膳正要》，刘正书点校，人民卫生出版社，

1986。

19.（明）陈子龙等：《明经世文编》，中华书局，1962 年影印本。

20.（明）王士琦：《三云筹俎考》，《万历三大征考、三云筹俎考》（合订本），台湾华文书局，1968。

21.（明）王士性：《广志绎》，中华书局，1981。

22.（明）汤显祖：《汤显祖诗文集》，上海古籍出版社，1982。

23.（明）张瀚：《松窗梦语》，萧国亮点校，上海古籍出版社，1986。

24.（明）王世贞：《弇山堂别集》，魏连科点校，中华书局，1985。

25.（明）徐光启：《农政全书校注》（中），石声汉校注，上海古籍出版社，1979。

26.（明）林希元撰《林次崖先生文集》，何丙仲校注，厦门大学出版社，2015。

27.（明）康海撰《康对山先生全集》，贾三强等点校，三秦出版社，2015。

28.（明）温纯：《温恭毅集》，《影印文渊阁四库全书》，台湾商务印书馆，1983 年影印本。

29.（明）申时行等修、（明）赵用贤等纂《大明会典》，《续修四库全书》，上海古籍出版社，2002 年影印本。

30. 嘉靖《陕西通志》，董健桥总校点，三秦出版社，2006。

31. 嘉靖《河州志》，《中国地方志集成·甘肃府县志辑》，凤凰出版社，2008 年影印本。

32. 嘉靖《渭南县志》，《中国地方志集成·陕西府县志辑》，凤凰出版社，2005 年影印本。

33. 嘉靖《耀州志》，《中国地方志集成·陕西府县志辑》，凤凰出版社，2007 年影印本。

34. 隆庆《华州志》，《中国地方志集成·陕西府县志辑》，凤凰出版社，2007 年影印本。

35. 万历《扬州府志》，《北京图书馆古籍珍本丛刊》，书目文献出版社，1991 年影印本。

36.《明实录》，中研院史语所，1962 年校印本。

37.（清）王弘：《砥斋集》，收入《续修四库全书》，第 1044 册，上海古籍出版社，2002 年影印本。

38.（清）顾炎武：《日知录集释》，上海古籍出版社，1985。

39.（清）徐松辑《宋会要辑稿》，刘琳、刁忠民、舒大刚、尹波等校点，上海古籍出版社，2014。

40.（清）顾祖禹：《读史方舆纪要》，中华书局，2005。

41.（清）沈云龙：《甘肃通志》，海文出版社，1966。

42.（清）魏源：《圣武记》，中华书局，1984。

43.（清）徐珂编撰《清稗类钞》，中华书局，1984。

44.（清）赵尔巽等：《清史稿》，中华书局，1987。

45.（清）张廷玉等：《明史》，中华书局，1974。

46.（清）杨屾：《豳风广义》，郑辟疆、郑宗元校勘，中国农业出版社，1962。

47.（清）严如煜：《三省边防备览》，《续修四库全书》，上海古籍出版社，2002 年影印本。

48.（清）贺长龄辑《皇朝经世文编》，贾三强等点校，岳麓书社，2004。

49.（清）方孔炤撰《全边略记》，收于《明代蒙古汉籍史料汇编》第 3 辑，王雄编辑点校，内蒙古大学出版社，2006。

50.（清）陈宏谋：《培远堂偶存稿》，载《清代诗文集汇编》，上海古籍出版社，2010 年影印本。

51.（清）彭启丰：《芝庭先生集》，载《清代诗文集汇编》，上海古籍出版社，2010 年影印本。

52.（清）顾炎武：《天下郡国利病书》，华东师范大学古籍研究所整理，黄坤、顾宏义点校，见《顾炎武全集》第 12~17 册，上海古籍出版社，2011。

53.（清）憺漪子辑《天下路程图引》，杨正泰校注，山西人民出版社，1992。

54.《清文献通考》，《万有文库·十通》，商务印书馆，1936。

55. 雍正《陕西通志》，见《影印文渊阁四库全书》，台湾商务印书馆，1982 年影印本。

56. 乾隆《直隶秦州新志》，见《中国方志丛书》，台湾成文出版社，

1976 年影印本。

57. 乾隆《武威县志》，见《中国地方志集成·甘肃府县志辑》，凤凰出版社，2008 年影印本。

58. 乾隆《甘肃通志》，见《影印文渊阁四库全书》，台湾商务印书馆，1983 年影印本。

59. 乾隆《三原县志》，见《中国地方志集成·陕西府县志辑》，凤凰出版社，2007 年影印本。

60. 乾隆《泾阳县志》，见《中国地方志集成·陕西府县志辑》，凤凰出版社，2007 年影印本。

61. 乾隆《韩城县志》，见《中国地方志集成·陕西府县志辑》，凤凰出版社，2007 年影印本。

62. 乾隆《雅州府志》，见《中国地方志集成·四川府县志辑》，巴蜀书社，1992 年影印本。

63. 乾隆《澄城县志》，见《中国地方志集成·陕西府县志辑》，凤凰出版社，2007 影印本。

64. 乾隆《续商州志》，见《中国地方志集成·陕西府县志辑》，凤凰出版社，2007 影印本。

65. 乾隆《宜川县志》，见《中国地方志集成·陕西府县志辑》，凤凰出版社，2007 年影印本。

66. 乾隆《陇州续志》，见《中国地方志集成·陕西府县志辑》，凤凰出版社，2007 年影印本。

67. 嘉庆《安康县志》，见《中国地方志集成·陕西府县志辑》，凤凰出版社，2007 年影印本。

68. 严如煜：《三省山内风土杂识》，见《关中丛书》，陕西通志馆，1936。

69. 道光《紫阳县志》，见《中国地方志集成·陕西府县志辑》，凤凰出版社，2007 年影印本。

70. 道光《秦疆治略》，见《中国方志丛书》，成文出版社，1969 年影印本。

71. 道光《宁陕厅志》，见《中国地方志集成·陕西府县志辑》，凤凰出版社，2007 年影印本。

72. 道光《大荔县志》，见《中国地方志集成·陕西府县志辑》，凤凰出版社，2007 年影印本。

73. 咸丰《同州府志》，见《中国地方志集成·陕西府县志辑》，凤凰出版社，2007 年影印本。

74. 光绪《三原县新志》，见《中国方志丛书》，台湾成文出版社，1969 年影印本。

75. 光绪《凤县志》，见《中国方志丛书》，台湾成文出版社，1969 年影印本。

76. 光绪《富平县志稿》，见《中国地方志集成·陕西府县志辑》，凤凰出版社，2005 年影印本。

77. 光绪《洋县志》，见《中国地方志集成·陕西府县志辑》，凤凰出版社，2007 年影印本。

78. 宣统《泾阳县志》，见《中国方志丛书》，台湾成文出版社，1969 年影印本。

79. 民国《续修南郑县志》，见《中国地方志集成·陕西府县志辑》，凤凰出版社，2007 影印本。

80. 民国《商南县志》，见《中国方志丛书》，台湾成文出版社，1969 年影印本。

81. 民国《城固县乡土志》，见《中国方志丛书》，台湾成文出版社，1969 年影印本。

82. 民国《武威县志》，见《中国方志丛书》，台湾成文出版社，1969 年影印本。

83. 民国《汉南续修郡志》，见《中国地方志集成·陕西府县志辑》，凤凰出版社，2007 年影印本。

84. 民国《续修大荔县旧志存稿》，见《中国地方志集成·陕西府县志辑》，凤凰出版社，2007 年影印本。

85. 民国《续修大荔县新志存稿》，见《中国地方志集成·陕西府县志辑》，凤凰出版社，2007 年影印本。

86. 民国《续修鄠县志》，见《中国方志丛书》，台湾成文出版社，1969 年影印本。

87. 刘光蕡：《烟霞草堂集》，见《清代诗文集汇编》，上海古籍出版社，2010 年影印本。

88.（民国）黄慕松:《使藏纪程》，见《西藏学汉文文献丛书》第 2 辑，全国图书馆文献缩微复制中心出版，1991。

二　中文专著（按出版先后为序）

89. 刘安国:《陕西交通挈要》，中华书局，1928。

90. 马鹤天:《甘青藏边区考察记》，商务印书馆，1936。

91. 钟毓:《西康茶业》，建国书店出版社，1942。

92. 李亦人:《西康综览》，正中书局，1946。

93. 白寿彝编《中国近代史资料丛刊》（第四种）《回民起义》4，神州国光社，1952。

94. 傅衣凌:《明清时代商人及商业资本》，人民出版社，1956。

95. 李文治编《中国近代农业史资料》第 1 辑（1840-1911），生活·读书·新知三联书店，1957。

96. 史念海:《河山集》，陕西师范大学出版社，1963。

97. 范文澜:《中国通史简编》（修订本）第 3 编第 2 册，人民出版社，1965。

98. 范长江:《中国的西北角》，新华出版社，1980。

99. 梁方仲:《中国历代户口、田地、田赋统计》，上海人民出版社，1980。

100. 吴镇烽:《陕西地理沿革》，陕西人民出版社，1981。

101. 王辅仁等:《藏族史要》，四川人民出版社，1981。

102. 焦应旃:《藏程纪略》（《西藏志》《卫藏通志》合刊），西藏人民出版社，1982。

103. 李健超:《陕西地理》，陕西人民出版社，1984。

104. 陈椽:《茶业通史》，中国农业出版社，1984。

105. 吕思勉:《中国制度史》，上海教育出版社，1985。

106. 达仓宗巴·班觉桑布:《汉藏史集》，陈庆英译，西藏人民出版社，1986。

107. 王森:《西藏佛教发展史略》，中国社会科学出版社，1987。

108. 樊光春:《紫阳茶业志》，三秦出版社，1987。

109. 庄晓芳：《茶史散论》，科学出版社，1988。

110. 鲁子健：《清代四川财政史料》，四川省社会科学院出版社，1988。

111. 贺觉非：《西康纪事诗本事注》，西藏人民出版社，1988。

112. 《近代中国史料丛刊三编》，台湾文海出版社，1988。

113. 郭琦：《陕西五千年》，陕西师范大学出版社，1989。

114. 王致中等：《明清西北社会经济史研究》，三秦出版社，1989。

115. 贾大泉、陈一石：《四川茶叶史》，巴蜀书社，1989。

116. 杨国安：《中国烟草文化集林》，西北大学出版社，1990。

117. 游时敏：《四川近代贸易史料》，四川大学出版社，1990。

118. 王崇焕：《中国古代交通》，天津教育出版社，1991。

119. 杨重琦：《兰州经济史》，兰州大学出版社，1991。

120. 《生活与博物丛书·饮食起居编》，上海古籍出版社，1991。

121. 刘迈：《西安围城诗选注》，陕西人民出版社，1992。

122. 马长寿：《陕西回民起义历史资料调查记录》，陕西人民出版社，1993。

123. 崔振禄、李式嵘主编《陕西粮食史志资料汇编》，陕西粮食史志编纂委员会，1993。

124. 魏永理：《中国西北近代开发史》，甘肃人民出版社，1993。

125. 黄玉生：《西藏地方与中央政府关系史》，西藏人民出版社，1995。

126. 田昌五、漆侠主编《中国封建社会经济史》，齐鲁书社，1996。

127. 耿占军：《清代陕西农业地理研究》，西北大学出版社，1996。

128. 郭琦等：《陕西通史》（经济卷），陕西师范大学出版社，1997。

129. 龙登高：《中国传统市场发展史》，人民出版社，1997。

130. 陈光国：《青海藏族史》，青海民族出版社，1997。

131. 李清凌：《西北经济史》，人民出版社，1997。

132. 马克垚：《中西封建社会比较研究》，学林出版社，1997。

133. 李刚：《陕西商帮史》，西北大学出版社，1997。

134. 陕西省地方志编纂委员会编《陕西省志》，陕西人民出版社，1997。

135. 秦晖等：《陕西通史》（明清卷），陕西师范大学出版社，1997。

136. 郭琦等：《陕西通史》（历史地理卷），陕西师范大学出版社，

1998。

137. 陈楠:《藏史丛考》,民族出版社,1998。

138. 马正林:《中国历史城市地理》,山东教育出版社,1998。

139. 张天锁:《西藏古代科技简史》,大象出版社,1999。

140. 田培栋:《明清时代陕西社会经济史》,首都师范大学出版社,2000。

141. 任乃强:《康藏史地大纲》,西藏藏文古籍出版社,2000。

142. 咸阳市地方志编纂委员会编《咸阳市志2》,三秦出版社,2001。

143. 蔡巴·贡嘎多吉:《红史》,陈庆英等译,西藏人民出版社,2002。

144. 陈庆英:《西藏历史》,五洲传播出版社,2002。

145. 大司徒·绛求坚赞:《朗氏家族史》,赞拉·阿旺译,西藏人民出版社,2002。

146. 李全武等:《陕西近代工业经济发展研究》,陕西人民出版社,2005。

147. 李刚:《陕西商人研究》,陕西人民出版社,2005。

148. 赵心愚、秦和平、王川:《康区藏族社会珍稀资料辑要》,巴蜀书社,2006。

149. 李刚:《明清时期陕西商品经济与市场网络》,陕西人民出版社,2006。

150. 田培栋:《陕西社会经济史》,三秦出版社,2007。

151. 崔永红等:《古道驿传》,青海人民出版社,2007。

152. 王尧等:《敦煌古藏文文献探索集》,上海古籍出版社,2008。

153. 伍湘安编著《安化黑茶》,湖南科学技术出版社,2008。

154. 杨咏中主编《甘肃交通史话》,甘肃文化出版社,2008。

155. 陈渠珍:《艽野尘梦》,西藏人民出版社,2009。

156. 任乃强:《西康札记》,中国藏学出版社,2009。

157. 武沐、刘光华:《甘肃通史》(明清卷),甘肃人民出版社,2009。

158. 巴卧·祖拉陈瓦:《贤者喜宴-吐蕃史译注》,黄颢等译,中央人民大学出版社,2010。

159. 范少言:《丝绸之路沿线城镇的兴衰》,中国建筑工业出版社,2010。

160. 黄纯艳：《中国古代社会经济史十八讲》，甘肃人民出版社，2010。

161. 李刚：《李刚话陕商》，三秦出版社，2010。

162. 齐涛：《中国古代经济史》，山东大学出版社，2011。

163. 孟凡人：《丝绸之路史话》，社会科学文献出版社，2011。

164. 李旭：《茶马古道：横断山脉、喜马拉雅文化带民族走廊研究》，中国社会科学出版社，2012。

165. 费孝通：《乡土中国》，中华书局，2013。

166. 李刚等：《天下第一商帮：陕商》，中国社会科学出版社，2014。

167. 薛正昌：《宁夏境内丝绸之路文化研究》，甘肃教育出版社，2014。

168. 纪孝悌：《至圣牛东（牛东村志）》，银河出版社，2014。

169. 丁援等：《中国文化线路遗产》，东方出版中心，2015。

170. 刘阿津主编《千年秦商列传》，电子科技大学出版社，2015。

171. 吴健礼：《古代黄河、长江流域与青藏高原的文化联系》，西藏人民出版社，2015。

172. 石硕：《西藏文明东向发展史》，四川人民出版社，2016。

173. 冀朝鼎：《中国历史上的基本经济区》，岳玉庆译，浙江人民出版社，2016。

174. 胡志强等主编《明清榆林边商研究》，陕西人民出版社，2017。

三 中文期刊论文（按发表先后为序）

175. 刘孔贵：《边茶贸易今昔》，《贸易月刊》1937年第1期。

176. 王业鸿：《康定概况》，《新西康》1938年第1期。

177. 杨逸农：《中印茶叶藏销问题》，《中农月刊》第3期第5卷，1942。

178. 王雷鸣：《清代关中农村经济之变动及其对建设西北之影响》，《西北论衡》1942年10卷1期。

179. 叶知水：《西北茶市概况及其发展途径》，《中农月刊》1943年4卷6期。

180.《边茶与边政》，《边政公论》第3卷第11期，1944年。

181. 周伟洲：《古青海路考》，《西北大学学报》（哲学社会科学版）1982年第1期。

182. 田培栋：《明代关中地区农业经济试探》，《北京师院学报》（社会科学版）1984 年第 2 期。

183. 文荣普：《〈御制泸定桥碑记〉考析》，《四川文物》1984 年第3 期。

184. 吴礽骧：《也谈"羌中道"》，《敦煌学辑刊》1984 年第 2 期。

185. 严耕望：《天宝荔枝道》，载《唐代交通图考》第 4 卷《山剑滇黔区》，中研院史语所专刊之八十三，1986。

186. 杨益三：《陕帮"炉客"在康定——略记户县德泰合兴衰始末》，《户县文史资料选辑》第 3 辑，中国人民政治协商会议陕西省户县委员会文史资料委员会编，1987。

187. 段幼峰：《谈谈"万斤账"》，《户县文史资料选辑》第 3 辑，中国人民政治协商会议陕西省户县委员会文史资料委员会编，1987。

188. 杨亮升：《十九世纪末二十世纪初帝国主义的侵略与四川藏区的商品经济》，《西南民族学院学报》（哲学社会科学版）1987 年第 3 期。

189. 屈松泉：《泾阳县人口简史》，《泾阳文史资料》第 3 辑，中国人民政治协商会议陕西省泾阳县委员会文史资料研究委员会编，1987。

190. 杨国潜：《康定锅庄与民族商业》，《甘孜州文史资料》第 7 辑，中国人民政治协商会议甘孜藏族自治州委员会编，1988 年。

191. 来作中：《解放前康区商业简述》，《甘孜州文史资料》第 7 辑，中国人民政治协商会议甘孜藏族自治州委员会编，1988 年。

192. 李明伟：《贸易路上的西北商镇》，《兰州商学院学报》1990 年第 4 期。

193. 鲁子健：《清代藏汉边茶贸易新探》，《中国藏学》1990 年第 3 期。

194. 秦川：《明朝中期茶马贸易的民间化与政府的对策》，《西北师范大学学报》（社会科学版）1991 年第 4 期。

195. 贾大泉：《川茶输藏的历史作用》，四川藏学论文集，中国藏学出版社，1993。

196. 泽旺薄吉：《藏族茶文化论析》，《中国藏学》1994 年第 4 期。

197. 李之勤：《陕西植棉业史的考察》，《东北亚研究—西北史地研究》第 6 编，中州古籍出版社，1995。

198. 秦川：《明朝中期茶马贸易的民间化与政府的对策》，《西北师范大学学报》（社会科学版）1991 年第 4 期。

199. 泽旺薄吉：《藏族茶文化论析》，《中国藏学》1994 年第 4 期。

200. 钞晓鸿：《陕商主体关中说》，《中国社会经济史研究》1996 年第 2 期。

201. 陈良伟：《松潘丝道沿线的考古调查——丝绸之路河南道的一支》，《中国社会科学院研究生院学报》1996 年第 6 期。

202. 来作中：《解放前康区的商品交换》，《甘孜州文史资料选辑》第 13 辑，中国人民政治协商会议甘孜藏族自治州委员会，1998。

203. 聂静洁：《略论历史上的茶马贸易》，《黑龙江民族丛刊》1999 年第 1 期。

204. 张永国：《茶马古道与茶马贸易的历史与价值》，《西藏大学学报》（汉文版）2006 年第 2 期。

205. 梁小民：《明代地域商帮的兴起》，《商界》2006 年第 8 期。

206. 范金民：《明代地域商帮的兴起》，《中国经济史研究》2006 年第 9 期。

207. 贾大泉等：《浅谈茶马贸易古道》，《中华文化论坛》2008 年第 12 期。

208. 李刚等：《论历史上三条茶马古道的联系及历史地位》，《西北大学学报》（哲学社会科学版）2011 年第 4 期。

209. 华林等：《西部民族历史文献多元性研究》，《思想战线》2013 年第 3 期。

210. 陈沛杉等：《元明清时期西藏地方与中央政府的属领关系——对后宏期藏文文献中关于汉藏关系记载的考察》，《思想战线》2014 年第 2 期。

211. 孙洪升：《明清时期茶叶贸易形式探析》，《思想战线》2014 年第 6 期。

212. 赵旭东：《线索民族志：民族志叙事的新范式》，《民族研究》2015 年第 1 期。

213. 石硕：《藏族的地域特点及相关问题——兼论康区之特点》，《青海民族大学学报》（社会科学版）2015 年第 1 期。

214. 赵旭东：《人类学与文明互动的三种形态》，《中原文化研究》2015 年第 3 期。

215. 崔永红：《青海丝绸之路：玉石之路、羌中道研究》，《中国社会科学》2015 年第 3 期。

216. 段渝：《南方丝绸之路：中—印交通与文化走廊》，《思想战线》2015 年第 6 期。

217. 霍巍：《西藏西部考古新发现的茶叶与茶具》，《西藏大学学报》（社会科学版）2016 年第 1 期。

218. 李健胜：《丝绸之路青海道历史地位述论》，《青藏高原论坛》2016 年第 2 期。

219. 张林：《让历史回归经济学研究》，《思想战线》2016 年第 5 期。

220. 陈保亚：《茶马古道与盐运古道、丝绸之路的关系－基于词与物的古道类型学研究》，《思想战线》2016 年第 6 期。

四 报纸（按发表先后排序）

221. 张毅：《陕西与意大利共建"中意航空谷"》，《经济日报》2015 年 11 月 24 日，第 14 版。

222. 吴绍礼等：《陕西高速路突破 5000 公里》，《人民日报》（海外版）2015 年 12 月 11 日，第 5 版。

223. 李艳：《"十三五"陕西交通：投入 5000 亿元实施"八大工程"》，《陕西日报》2016 年 4 月 7 日，第 1 版。

224. 李艳：《陕西本土航空公司长安航空首航》，《陕西日报》2016 年 5 月 10 日，第 1 版。

225. 刘芯妤：《长安航空 助陕西构建空中丝路枢纽》，《中国旅游报》2016 年 6 月 6 日，第 C1 版。

226. 李艳等：《陕西高铁"一日交通圈"形成 西安可直达北上广深等城市》，《人民日报》（海外版）2016 年 7 月 29 日，第 5 版。

227. 张庚晨：《交通商贸物流将加快陕西国际化》，《陕西日报》2016 年 8 月 9 日，第 14 版。

228. 亦鸣：《京东将在陕西打造低空无人机航空物流网络》，《中国工商报》2017 年 2 月 24 日，第 4 版。

229. 张力峰：《陕西 打造交通脱贫攻坚样板》，《中国交通报》2017 年 6 月 30 日，第 5 版。

230. 邓建胜等：《发展是解决西藏所有问题的关键——访西藏自治区主席齐扎拉》，《人民日报》2017 年 9 月 11 日，第 13 版。

231. 龚仕建：《跳出城墙思维，融入一带一路》，《人民日报》2017 年 9 月 12 日，第 10 版。

五 译著（按出版先后为序）

232. 〔美〕葛德石：《中国的地理基础》，薛贻源译，开明书店，1945。

233. 〔德〕弗里德里希·恩格斯：《资本论第三卷的增补与跋文》（《资本论》第三卷），人民出版社，1953。

234. 〔俄〕列宁：《俄国资本主义的发展》，人民出版社，1975。

235. 〔英〕李约瑟：《中国科学技术史》（第一卷），科学出版社，1975。

236. 〔日〕藤井宏：《新安商人研究》，傅衣凌、黄焕宗译，收于《徽商研究论文集》，安徽人民出版社，1985。

237. 〔日〕松田寿南：《古代天山历史地理学研究》（增补本），陈俊谋译，中央民族学院出版社，1987。

238. 〔法〕布罗代尔：《菲利普二世时代的地中海和地中海世界》，唐家龙等译，商务印书馆，1996。

239. 〔德〕贡德·弗兰克：《白银资本：重视经济全球化中的东方》，刘北成译，中央编译出版社，2000。

240. 〔美〕何炳棣：《明初以降人口及其相关问题（1368—1953）》，葛剑雄译，生活·读书·新知三联书店，2000。

241. 〔德〕马克思：《资本论》第 1 卷，人民出版社，2004。

242. 〔美〕史景迁：《追寻现代中国：1600-1912 年的中国历史》，黄纯艳译，上海远东出版社，2005。

243. 〔英〕杰弗里·霍奇逊：《经济学是如何忘记历史的：社会科学中的历史特性问题》，高伟等译，中国人民大学出版社，2008。

244. 〔法〕石泰安：《汉藏走廊古部族》，耿昇译，中国藏学出版社，2013。

245. 〔英〕安格斯·麦迪森：《中国经济的长期表现（公元 960 年-2030 年）》（修订版），伍晓鹰、马德斌译，上海人民出版社，2016。

附录 南路边茶大事记

一 汉代

1. 西汉，雅安茶叶被运至邛筰（大相岭）开始传入大渡河以西地区，同当地邛人、筰人进行以物易物的贸易，此道史称牦牛道。

二 唐代

2. 贞观十五年（641），文成公主进藏，雅安茶叶作为随嫁礼品传入西藏。

3. 开元十六年（728），吐蕃请交马于赤岭（青海日月山），互市于甘松（四川松潘）。唐朝准于赤岭，双方表以大碑，刻约其上，开展茶马交易，史称茶马互市。

4. 大和九年（835），唐颁布榷茶制，对边销茶叶实行官营官卖的禁榷制度。

三 宋代

5. 乾德五年（967），朝廷将天全百姓编为"土军三千，茶户八百"，栽种、采摘、焙制乌茶，以备赏番民。雅安黑茶手工制作技艺初步成形。

6. 熙宁七年（1074），由于北方战乱，陕西"马道梗阻"，朝廷派李杞、蒲宗闵入川办茶，"禁南茶入熙河、秦凤、泾源路"，将蜀茶尽榷，茶马互市口岸由西北改至四川。

7. 元丰四年（1081），朝廷令"雅州名山茶，今专用博马"。自此，雅安一直只准生产边销茶叶，供朝廷储边易马。当时一匹四尺二寸大马可换茶一百斤。

8. 建炎元年（1127），成都府路转运判官赵开奏请改榷茶制，宋高宗准奏。自此，茶叶边销凭引票上市，茶商纳钱认引，每引定茶百斤。

9. 建炎四年（1130），朝廷从茶商纳税获银一百七十余万缗。

四　元代

10. 至元六年（1269），始行榷茶制于成都，立西蜀监榷茶场，设长引短引，指定边茶的产销地，严禁贩卖无引之茶。指定四川雅州及周边诸邑生产制造边茶，每年额定四川引票一万张。

五　明代

11. 洪武四年（1371），朝廷设立秦洮河雅茶马司，后又增设碉门（今天全）、黎州（今汉源清溪）两茶马司，以扩大同吐蕃的茶马贸易。

12. 洪武五年（1372），朝廷下令"四川碉门、黎雅之茶宜十取一，以换蕃马"，对"碉门六蕃司民，免去卫役，专令蒸乌茶易马"。当时一匹上马可换茶百斤，中马七十斤，驹马五十斤。

13. 洪武十五年（1382），半年内黎雅两地运茶五十万斤，易马三千八百匹。

14. 嘉靖三年（1524），雅安乌茶手工制作技艺传入湖南安化，并逐渐扩展周边。

15. 嘉靖二十五年（1546），陕西泾阳商帮落户雅安，创办义兴隆茶号、天增公商号。其中义兴隆茶号一直经营边茶长达四百多年，新中国成立后并入国营雅安茶厂。

六　清代

16. 康熙三十五年（1696），康熙准"行打箭炉市，蕃人市茶贸易"，雅安边茶交易中心移至打箭炉。为运输茶叶，雅安至打箭炉开始出现大规模运茶背夫。

17. 康熙四十年（1701），清朝改"茶引制"为"引岸制"。将四川茶叶定为三种专岸，以雅安、天全、荥经、名山、邛崃五县所产之茶专销康藏，称南路边茶；灌县、大邑等地茶叶，行销松潘、理县，称西路边茶。

18. 康熙四十四年（1705），朝廷停青海西宁等处以茶易马，在中国历史上延续千年的茶马互市退出历史舞台，被茶土交流代替。

19. 雍正八年（1730），雅安边茶销藏数量达 104424 引，按每引百斤计为 10442400 斤。

20. 嘉庆年间（1796~1820），四川边茶一项，清政府就增收课税银 49170 两。

21. 光绪初年（1875），雅州"大夫第"李家兴顺茶号被余家接手，改名孚和茶号。

22. 光绪十六年（1890），英国逼迫清政府签订中英《藏印条约》。

23. 光绪三十一年（1905），清政府派唐绍仪赴印度与英国交涉，力争治藏主权，次年签订《藏印续约》，对英势力和印茶入侵进行抵制。

24. 光绪三十三年（1907），为抵制印茶，四川边务大臣赵尔丰主持，组织成立官督商办的"筹办边茶股份有限公司"，力图对雅安边茶实行统制。雅安边茶业同业公会委派雅州义士郭孔亮赴印藏考察调研印茶情况，历时一年半完成。

七　民国

25. 由于受印茶冲击影响，雅安边茶销藏数量，从民国七年（1918）的 800 万斤，至民国二十二年（1933）下降至 659 万斤，再至民国二十四年（1935）下降至 510 万斤。下降比例超过百分之四十。

26. 1921 年至 1933 年，由于四川军阀混战祸及雅安，先后有二十多家茶号关门歇业。邛崃、名山生产边茶商号全部倒闭。

27. 1939 年至 1941 年，国民政府财政委员会先后两次派人至西康对南路边茶产制销进行调查，我国著名摄影家孙明经先生同行，在雅安拍摄影片"西康边茶"和大量照片。

28. 1939 年，西康建省，由地方政府和茶商筹资一百万法币组建"康藏茶业股份有限公司"，将雅安、天全、荥经三地茶号统一编为十厂。注册商标"柯罗"牌。

29. 1931 年，雅安天增公茶号放弃经营多年的布匹、药材、生丝、茶叶，专营边茶。由于资金雄厚，很快成为雅安边茶大户。

30. 1940 年，西康成立货物税局，改增收税赋为对物计征，历时三百年的边茶引岸制宣告结束。

31. 1944 年，义兴隆、天增公、聚成等茶号表态退出康藏茶叶股份有限公司。

32. 1949 年底，雅安茶号仅存四十八家。其中，雅安三十家，天全十家，荥经八家。年生产边茶仅 17 万包，合计 240 万斤，乃史上产量最低年份。

八　当代

33. 1950 年 2 月，雅安解放，政府接管中国茶叶公司、西康企业公司、康藏茶叶公司，成立国营一至四厂。当年生产茶叶 10 万包，有力支援了解放军解放西藏。

34. 1951 年 3 月，雅安孚和茶号经申请政府批准，率先成为第 1 家公私合营的边茶企业。

35. 1951 年 5 月，雅安义兴隆、天增公、恒泰、聚成等六家茶号组建成立"五一边茶合作社"。

36. 1952 年 5 月，时任西南军区司令员的贺龙同志视察雅安茶厂。

37. 1956 年，"五一边茶合作社"和中翁茶厂经政府批准组成地方合营雅安茶厂。

38. 1958 年，地方公私合营雅安茶厂并入国营雅安茶厂。天全、荥经的合营茶厂亦分别并入天全、荥经的国营茶厂。

39. 1985 年，西藏自治区成立二十周年，受国务院委托，雅安茶厂生产优质礼品茶 40 万份，运至拉萨。时任自治区党委书记伍精华写信致谢。

40. 1986 年 8 月，十世班禅额尔德尼确吉坚赞视察雅安茶厂，并题词颂扬雅安茶厂为汉藏民族团结所做贡献。

后 记

2015 年夏，我有幸应邀参加国际历史科学大会。至今仍然清晰记得，颁奖晚会时偶遇 80 岁高龄的国际历史协会主席玛利亚塔·希耶塔拉女士的情景。对于我，此次会议的意义不仅是百年来第一次在亚洲举办，更像在诉说"路虽远，行则必至"的真理。我颇受触动，利用博士后期间的学习机会，系统梳理调研的经济史学方面的明清时期陕商的川藏贸易经历资料。

明初，陕商凭借地缘优势、资源禀赋、政策助推，率先崛起于黄土高原，集群式北上延绥、西走青新、东至扬州、南下川藏，掀起继秦汉、隋唐后的第三次经商高潮。特别是，陕商自陕西户县、泾阳、三原等地，分赴打箭炉等地经商，自称"炉客"；从事贸易种类繁多，"川省正经字号皆属陕商"，"豆腐、老陕、狗，走遍天下有"。这段在川西藏区持续 600 年的陕商西南贸易史，影响深远，意义重大。

因此，本专著系以陕西为出发点的南向经济史研究，以明清时期川西藏区陕商为研究对象，探讨"炉客"民间生存、生产和生活的历史情境，以便求真、求解、求用于现实。

本书的完成，蕴含众多长辈师友的鼓励、鞭策与启发。

首先，源自母校陕西师范大学国际商学院对我博士阶段的培养。受教于何炼成、李忠民、雷宏振、孔祥利、张治河、周晓唯、张正军、王琴梅等诸位师长，特别是我的博士生导师雷宏振教授、孔祥利教授，给予我诸多宝贵指导。在校学习期间，我有幸荣获教育部"国家奖学金"奖励，获评全校"优秀毕业生"等荣誉称号。而且，博士毕业后借参会之机仍然经常与诸位恩师谋面讨教，实乃我人生收获。

其次，来自中央财经大学经济学院博士后工作站期间的锻炼。获益于中央民族大学原副校长、博士生导师兼藏学研究院院长喜饶尼玛教授，国家发展和改革委员会宏观经济研究院原副院长刘富垣研究员，中国社会科学院博士生导师兼中国经济史学会会长魏明孔研究员，中央财经大学财经学院院长、博士生导师安秀梅教授等诸位恩师的面授指导。特别是我的博士后合作导师邹东涛教授，曾先后担任中国社会科学院研究生院常务副院长、社会科学文献出版社总编辑，兼任世界生产力科学院院士，他学识渊博、为人谦逊，给我颇多教益启示。

再次，出自陕西省社会科学院诸位领导、专家学者对我的鼓励与支持。陕西省社会科学院院长兼党组书记、博士生导师司晓宏教授，副院长白宽犁研究员，科研处处长王建康研究员，文化所所长王长寿研究员，以及陕西省社会科学院原院长任宗哲研究员、原副院长石英研究员、原宗教研究所所长王亚荣研究员，陕西省委党校卢鹰教授等均给予我鼓励并提出了宝贵的意见与建议。近年来我陆续申请并主持完成的国家级、省部级、厅局级等研究课题已逾15项，本书亦将作为我主持的国家社科基金西部项目的阶段性成果申请出版。

最后，对给予转载和引用权的资料、图片、文献的所有学者及工作人员深表敬意及谢意。我曾查阅了中国国家图书馆、北京"中国藏学研究中心"、四川大学"藏学研究中心"、陕西省图书馆等地所涉的川西藏区各县县志和文史资料、陕西107个行政区县的地方志，将其整理、归类、分析、陈述。课题组调研了相关地域，比如曾赴陕西省西安市鄠邑区秦渡镇55个行政村，在牛东村与约30位陕商"炉客"后裔座谈研讨，搜集整理路引、族谱、传记、碑刻等，追忆还原当年祖辈生平事迹；赴陕南眉县"齐家寨"、山阳"漫川古镇"，川西雅安、康定等地，踏勘了其行踪路线，发掘整理了陕商遗存，走访了川西藏区熟悉陕西掌故的老前辈们，比如原甘孜州社会科学界联合会主席郭昌平、雅安博物馆原馆长杨绍淮等；跋涉至台湾"中研院"史语所、四川自贡市盐业历史博物馆、雅安博物馆、甘肃山陕会馆、陕西丹凤船帮会馆等地，广泛听取吸纳了各界观点、意见。邂逅拜访了国内相关专家学者，比如西北大学李刚教授、四川师范大学副校长王川教授、四川省社会科学院任新建研究员、西藏大学拉巴次仁教授等诸位师长，与你们的促膝长谈或匆匆谋面均是我难得的人生邂逅。在此谨表谢忱！

特别地，衷心感谢社会科学文献出版社的编辑团队认真负责的文稿编辑、校对工作，使本书将有面世的机会与可能。若能以此为陕西省的经济建设提供些许参考资料，则备感欣慰。

当然，限于个人水平及经验，偏颇与谬误在所难免，恳请业界前辈、师长、同仁不吝指正。期待与国内外学术机构团体、相关部门、商帮商会等建立并发展良好的合作关系，争取支持，助力陕西发展。

刘立云

2019 年 6 月

图书在版编目（CIP）数据

明清时期陕商川藏贸易研究／刘立云著. -- 北京：
社会科学文献出版社，2020.3
ISBN 978-7-5201-6362-0

Ⅰ.①明…　Ⅱ.①刘…　Ⅲ.①贸易史-陕西-明清时
代②贸易史-研究-西南地区-明清时代　Ⅳ.
①F729.48

中国版本图书馆 CIP 数据核字（2020）第 041282 号

明清时期陕商川藏贸易研究

著　　者／刘立云

出 版 人／谢寿光
组稿编辑／恽　薇
责任编辑／宋淑洁

出　　版／社会科学文献出版社·经济与管理分社（010）59367226
　　　　　地址：北京市北三环中路甲 29 号院华龙大厦　邮编：100029
　　　　　网址：www.ssap.com.cn
发　　行／市场营销中心（010）59367081　59367083
印　　装／三河市尚艺印装有限公司

规　　格／开　本：787mm×1092mm　1/16
　　　　　印　张：13.75　字　数：223 千字
版　　次／2020 年 3 月第 1 版　2020 年 3 月第 1 次印刷
书　　号／ISBN 978-7-5201-6362-0
定　　价／88.00 元

本书如有印装质量问题，请与读者服务中心（010-59367028）联系